Wilfried Erdmann

Gegenwind im Paradies

20 000
Meilen durch die Südsee

BASTEI
LÜBBE

BASTEI-LÜBBE-TASCHENBUCH
Band 66 105

1. Auflage 1982
2. Auflage 1986

© 1980 by Verlag Kiepenheuer & Witsch, Köln
Lizenzausgabe: Gustav Lübbe Verlag GmbH,
Bergisch Gladbach
Printed 1986
Einbandgestaltung: K. K. K.
Titelbild: Image Bank
Gesamtherstellung: Ebner Ulm
ISBN 3-404-66105-2

Inhalt

Zu diesem Buch

Einen Traum, den viele träumen, nämlich mit einem Segelboot ganz weit weg von allem zu sein und so die große Freiheit der Meere zu genießen, haben wir uns erfüllt. Über drei Jahre war die »Kathena faa« unsere große kleine Welt, dazu in der Südsee, dem wohl schönsten Teil der Erde. Und weil wir die Freiheit nicht als Touristen gekauft haben wie eine Ware, sondern mit eigenem unmittelbarem Einsatz im tieferen Sinne des Wortes selber erworben, habe ich diesen gewinnbringenden Unterschied zu einem Erlebnisbericht zusammengestellt.

Für Astrids Geschmack ist er reichlich privat geraten, aber ich habe die Reise so – mit Hilfe der Logbücher – nacherlebt.

Da Freunde und Familie gleichfalls an unserer Reise teilhatten, habe ich ihrer Korrespondenz Auszüge entnommen und sie jedem Kapitel vorangestellt.

Das Salz dieser Tour ist abgespült. Was haftengeblieben ist, lesen Sie in diesem Buch, das ich für Kym geschrieben habe, damit er später die Reise nacherleben kann. Möge es ihm und vielen ähnlich gehen – beim Lesen – wie Astrid und mir beim Schreiben: die Reise war schön, und je länger wir an Land sind, um so schöner wird sie.

W. E.

1

Und ihr wollt wieder fort?

> »Du schreibst ziemlich betrübt, daß dies wohl
> Deine letzte große Reise sein wird. Da möchte
> ich Dich ein wenig trösten: Was glaubst Du, wie
> gerne ich mal all meine Verpflichtungen über
> Bord werfen würde, um dann einfach davonzu-
> segeln. Nur: Mit Frau und fünf Kindern ist das
> komplizierter.«
> *Alois F. aus Leopoldshafen*

Von allen Bildern unserer Reise sticht in meiner Erinnerung dies am deutlichsten hervor: Ich stehe am Heck und
zerreiße meine Schecks. Der Wind erfaßt die Schnipsel,
und das Kielwasser schluckt sie – meine letzte Bindung
an wohlversorgtes Leben an Land.

Ich genieße diese Symbolhandlung. Ich präge sie mir
ein wie ein Hippie seinen letzten Trip. Jahre ohne festes
Einkommen liegen nun vor mir, aber auch ohne Rech-
nungen im Briefkasten. Die Probleme des bürgerlichen
Alltags sind hiermit abgeschüttelt.

Der Ort der Handlung: An Bord des Segelbootes
»Kathena faa« im südlichen Pazifik. Genau auf den Koor-
dinaten 32 Grad, 52 Minuten Süd und 176 Grad, 46 Minuten Ost.

Der Zeitpunkt: 27. April 1976

Die Personen: Astrid Erdmann, eine im Hafen muntere
Düsseldorferin, 32 Jahre alt und meine Frau. – Ich, Wilfried, 36 Jahre alt, in einem Dorf in der Prignitz groß
geworden und immer unterwegs. – Und unser Sohn
Kym, genannt Pinky, genannt Ole, blond, blaue Augen,
drei Jahre alt.

Mit der »Kathena faa« haben wir uns vorgenommen, die Hinterpfade der Südsee kennenzulernen. Auf diesen holprigen Nebenrouten, die von anderen Seewanderern ihrer widrigen Winde, schlechten Ankerplätze oder drückenden Hitze wegen gemieden werden, wollen wir unsere eigenen Abenteuer schaffen. Untertauchen in der Natur, zurück zu den Ursprüngen und dabei das Wir erleben.

Eine Rekordmarke wird nicht anvisiert.

Keineswegs soll es nur leicht, so ein selbstgefälliges Dahinschippern sein und schon gar nicht nur vergnügliche Unbeschwertheit für uns – (bekennen wir uns mal dazu) flüchtende Drückeberger.

Für sich selbst mit der Machete eine Bananenstaude schlagend, am Strand im Schatten der Palmen eine Blätterhütte errichten, gespeerte Fische überm offenen Feuer rösten. Mir spuken immer »soone« Panoramen im Kopf herum. Und wenn ich ganz wild denke, entere ich mit der Machete zwischen den Zähnen die Palmen, um Trinknüsse zu holen. Dazu noch mit eigenem Boot – nichts kommt dem in etwa gleich. Und so war ich auch derjenige, der diese Reise ausbaldowert hat. Wer sonst? Astrids Abneigung gegen die Segelei war mir ja bekannt. Ihr behagt das amphibische Leben nicht: Seekrankheit ist ihre Mystifikation. »Es geht mir dabei wie jemandem, der die Brandung liebt, aber nicht den Wind.« Dieser Vergleich, oft von ihr in gemütlicher Runde vorgebracht, trifft tatsächlich zu. Wenn das Boot hübsch und ruhig vor Anker liegt, da ist Astrid beschwingt und von verbindlicher Geselligkeit, aber erst wieder auf See, ist alles weggewischt. (Etwas Konträreres gibt's gar nicht.)

All das war mir bewußt von unserer gemeinsamen Weltumseglung, die wir von 1969 bis 1972 mit der »Kathena II« unternommen hatten. Schon damals sagte sie und meinte es auch: »Nie wieder!«

Und jetzt . . . schon wieder?!

»Komm, laß uns noch mal eine große Fahrt machen«, fing ich dann auch nur spaßeshalber irgendwann an. Ich fühlte mich nämlich selbst nicht wohl mit meiner Idee, und deshalb brachte ich sie auch nur bruchstückhaft hervor: »Bevor Kym in die Schule kommt . . .« Das irritierte, sie ahnte offensichtlich, daß ich festere Vorstellungen hatte. »Du bist ein Witzbold«, kam es dann auch nur schwach. Und: »Behalte deine Träumereien für dich.«

Dabei ist das Spiel mit Ideen eine meiner liebsten Beschäftigungen.

»Ach, weißt du, ich will ja gar nicht mit euch um die Welt segeln. Stell dir vor . . . also: Wir fliegen nach Neuseeland, erwerben dort ein Segelboot, und schon stehen wir Wochen später damit in der Szenerie einer Südseeinselwelt.«

Die Überraschung war mir gelungen, zunächst kam nämlich nichts und dann auch nur recht zaghaft: »Mein Gott, willst du all das hier aufgeben: die Arbeit, unsere Freunde, die hübsche Wohnung. Du bist ein Phantast. Muß das sein?«

»Das muß nicht sein, aber schön wäre es . . . Astrid, Neuseeland kennen wir beide, und du weißt, da gibt's viele Boote. Da werden wir doch was finden.«

»Noch mal diese Unbequemlichkeit. Wieder stets nur eine Tasse Wasser zum Waschen und das Zittern bei den Riffen und im Sturm. Ich habe nicht den Mut. Und überhaupt Abenteurer, da steht im Lexikon Vagabund, Stromer und so was. Das will ich nicht wieder sein. Mach deine Reise allein, Wilfried!«

Ich gehöre nicht zu denen, die Angefangenes leichtfertig aufgeben, und deshalb fühlte ich mich ein bißchen wie ein Schurke, als ich weiterhin versuchte, Astrid »rumzukriegen«. Ich ging da sozusagen mit Tempo 0,1 vor. (– Forderungen sind Temperamentssache. –) Und so über Monate verlor der »Spaß« seine anfängliche Starre.

Es ist ja auch so, daß das, was einfach zu erreichen ist, oft die Anstrengung nicht lohnt.

Also, mit dem Attribut »Idylle« kann ich Astrid nicht locken. Kind? Unserem Kind ein Grunderlebnis geben! Mitzuerleben, wie er mit uns die Segel setzt, Taue aufschießt und den Kompaßkurs feststellt. Wie er mit uns groß wird. Das wäre genauso, wie viele Kinder früher auf dem Bauernhof zwischen Kühemelken und Korndreschen aufwuchsen. Die körperlichen Vorteile (kann schwimmen »wie ein Fisch«) und die seelischen Aspekte (weltoffen, gestärktes Selbstbewußtsein) hob ich hervor und hoffte, sie zu überzeugen.

Die Idealisierung einer solchen Reise mußte ich nicht etwa im Mief einer Großstadt oder in einem »Märkischen Viertel« Deutschlands vorbringen, nein, vielmehr an der Côte d'Azur, dem wohl schönsten Teil Europas, und wer sich dort auskennt, wird sich unseren Standort genauer vorstellen können: Cap Ferrat – das hier am Anfang und am Ende dieses Buches stehen wird.

Dieser meerumschlungene Zipfel mit seinen grünen Hügeln und steil abfallenden Felsenküsten ist unser Wohnort. Hier leben wir, und wer das tut, der sollte eigentlich zufrieden sein und nicht wieder abfahren wollen. Schmuck und anheimelnd liegen da die Gärten von erfüllender Frische vor Häusern, die an Stelle von Nummern mit Namen gekennzeichnet sind. Parc Palace Audibert – unsere Anschrift. Wie hübsch das klingt – auch in meinem Bucaneerfranzösisch. Ja, hier leben wir, umgeben von bequemer Schönheit – nur über die Straße hinweg, einen Steinwurf entfernt der Strand, die Bucht von Villefranche.

In den kleinen Geschäften darf Kym so richtig in den Spielzeugen rumkramen, ohne daß eine Verkäuferin sich aufregt. Oft wird ihm auf der Straße etwas geschenkt: pour le petit.

Nie spüren wir, ein landfremdes Element zu sein.

Einem Franzosen fuhr ich mal mit unserem Auto das Hecklicht seines BMW ein. Jetzt bist du einige hundert Franc-Scheine los, dachte ich beim Aussteigen, aber alles, was ich hörte, war: Ça fair rien. Macht nichts. Kein Schimpfen, kein Handaufhalten. In so einem Land habe ich noch nicht gelebt – und Astrid auch nicht. Sie will ja auch schon nicht mehr weg. Das geruhsame Leben so im Gleichmaß dahinplätschern zu sehen, befriedigt sie offenbar.

Wir tun auch was. Wir verdienen unseren Lebensunterhalt mit Ausbildungstörns. Dafür liegt im Hafen eine 14 m lange Slup, »Kathena iti«, mit der ich 14tägige Fahrten nach Korsika mache.

Astrids Anteil: Sie organisiert die Werbung, nimmt die Buchungen an, stellt den Proviant für jeden Törn zusammen und säubert das Boot nach jedem Törn. Mein Anteil: Ich segle mit sechs bis sieben Mitseglern, koche, achte auf die Manöver, erkläre gleichzeitig und unterhalte vor allem, denn ich betrachte die Arbeit immer als Spiel. Auch nach einem verpatzten Manöver, wenn ich zum Beispiel »abfallen, abfallen« rief und daraufhin die Frage kam: welche Seite, wurde ich nicht ärgerlich. Das amüsierte mich höchstens. Viele dieser Urlaubs-Abenteurer haben im Beruf schon eine schwere Last, und nun soll ich sie hier scheuchen? Nichts für mich. Ich brachte sie höchstens mit meinem Fußball am Strand zum Laufen oder beim Wettschwimmen um eine Flasche Wein außer Atem. Und schließlich waren immer Frauen dabei, das lockerte die Stimmung auf und inspirierte.

Ich beobachtete mich selber: Will ich wirklich weg? Sollen wir diese verlockende Atmosphäre der drei Cs – Comfort, Cuisine, Calme – aufgeben? Aber auch der Gedanke, daß dies für immer anhalten könnte – bis in den Tod – beunruhigt mich. Mir liegt mehr an leben als an langem, gesichertem Leben. Außerdem: Noch ein paar Jahre weiter so, und wir hätten dies alles nicht mehr zur Kenntnis genommen, uns ebensowenig Gedanken darüber gemacht wie über den Tau auf den Gräsern oder die Wiederkehr des Tageslichts.

Andererseits: Unser florierendes »Geschäft« aufzulösen, nur um einem Gefühl nachzugehen, war wirklich unvernünftig. – Oder vielleicht reizte es mich, gerade weil es unvernünftig war?

Nun, der Drang in die Freiheit bleibt unabänderliche Tatsache: Ich schreibe »Kathena iti« zum Verkauf aus. Für eine Reise, wie ich sie jetzt plane, ist sie nicht geeignet. Von dem Erlös wollen wir den Flug, ein kleineres Boot sowie drei bis vier Jahre Südseeinseln finanzieren.

Bei Astrid bringe ich inzwischen weiter meine Argumente vor: Wenig Seemeilen (gleichbedeutend mit langen Liegezeiten), das Spüren der großen Freiheit: Schwimmen, Faulsein, Mond und Sternschnuppen, das Rauschen des Meeres im Schatten der sich neigenden Palmen, Muscheln suchen, der Sonnenuntergang ganz für uns allein . . . Dazu das Versprechen, rechtzeitig zu Kyms Schulbeginn zurück zu sein, das alles verfehlt seine Wirkung nicht.

So wird Astrid schanghait! Kleines Zugeständnis: Höchstens 20% der Reisezeit werden Seetage sein. Und in der Schweiz gibt's einen erfolgreichen Hypnotiseur, zu dem will sie auch noch hin. Der soll sie von der Seekrankheit heilen.

Der Verkauf zögert sich hinaus. Der eine Interessent hatte nicht genügend Geld, der andere etwas zu mäkeln, und so geht das über Monate. Wir aber haben es eilig, denn wir wollen im neuseeländischen Sommer unten sein. Ich mache etwas Seltsames. Ich gebe mir spontan ein Gelübde auf: Wenn der nächste Interessent anreist, will ich ihn zu Fuß vom Flughafen abholen. Es kommt einer, ich laufe die 20 km unter Nizzas blauem Himmel zum Flughafen, und mein abergläubischer Einfall wird honoriert. Er kauft »Kathena iti«.

Mit diesem Datum, dem 8. Dezember 1975, beginne ich ein neues Logbuch. Da ich aber keine Lust zum Schreiben habe, schnipple ich die Schlagzeilen dieses Tages aus der »Welt am Sonntag« und der »Frankfurter Allgemeinen« und klebe sie fein säuberlich auf die erste Seite: *Bürgerkrieg im Libanon, Gewaltakte der Molukker, Spätzünder Timor, Rilke – Seelsorge. Die DDR muß Wachstum drosseln. Zwei Blitztore besiegten Bayern. Panzer, Scharfschützen, Belagerungszustand rund um Beilen/Holland.*

Nichts wie raus aus diesem Trubel!

Abschiednehmen hat etwas Unvergleichbares an sich. Unserer wird laut und feucht. Eine buntzusammengewürfelte Crew findet sich ein, Renate und Nepomuk, Münchner, Pink-Floyd-Liebhaber, dekorieren die Wohnung mit Toilettenpapier. Zufällig ist auch Silvester. Filmer Alex unterhält uns mit Gitarrenspiel. Hermann, Weinkenner und Jurist aus Stuttgart, und Philippe hokken am Boden. Philippe will jetzt auch um die Welt segeln. Skipper Horst von der »Ann V« und seine charmante Ute, die uns mit Dom Perignon richtig in Stimmung bringen.

Die beschwipste Astrid: »Daß ich euch verlassen muß, schmerzt mich schon sehr, aber daß ich meine Croissants nicht mehr in der Bäckerei kaufen kann, wo auch David Niven seine Brötchen holt, bedrückt mich echt, ha ha . . .« Ich fühle mich eigentlich miserabel: Noch keinen Pfennig vom Käufer der »Kathena iti«. Und wir feiern! – Das zehrt an den Nerven.

Yves und Babette, die hier ebenfalls eine »école de croisière« betreiben, trösten uns zu vorgerückter Stunde: »Da macht ihr eben hier noch ein Jahr weiter. Sowieso verrückt aufzuhören, wo ihr immer ausgebucht seid.«

*

»Ich will nicht nach Neuseeland!«

Wir sitzen im Wagen und sind auf dem Wege zum Flughafen, als Kym dies klar und deutlich ausspricht. Perplex schauen Astrid und ich uns an – daran haben wir nicht gedacht. Ein Kind, dessen Bett, Bälle und andere Spielsachen wir verschenkten, motzt auf.

Dabei stimmten wir vor Tagen, in der halbleeren Wohnung – mehr aus Jux – für die große Reise ab.

»Ich will.«

»Ich will nicht.«

»Ich will.«

Daß Kym gerade die Windeln abgelegt hat, störte uns dabei nicht. Aber jetzt, der Jux schlägt zwar nicht in Entsetzen um, aber uns bedrückt der Gedanke: Wir unverantwortlichen Eltern schleppen da ein Kind mit, das gar nicht will. Dieser Aspekt ist neu. »Aber Kym, du hast doch deine Matchbox-Autos, deinen Teddy und all die Bilderbücher«, versucht Astrid ihren Jungen zu besänftigen. »Du weißt doch, daß wir viele Pakete nach Neuseeland geschickt haben, und da sind auch deine Legosteine und Malstifte drin.«

An dieses Problem habe ich nicht gedacht. Es kommt noch hinzu, daß wir viele schöne Sachen verschenkt haben oder einfach wegschmeißen. Ich bin ein bißchen zerknirscht und Astrid auch. Melancholisch hockt sie da in einer Ecke der leeren Wohnung und läßt ihren selbstquälerischen Gedanken freien Lauf: »Ich bin ganz traurig. – Sag doch mal, daß ich mutig bin, daß ich Mut zum Unbequemen habe. – Bewundere mich, daß ich Schneid habe, dies alles aufzugeben. – Du sagst gar nichts. – Du nimmst alles so selbstverständlich hin. – Äußere dich! – Haben wir genug Geld? – Das neue Boot wird wieder nicht versichert sein. – Ich will ja, ich weiß, wie schön . . . Ich hab' aber auch . . . Angst.«

Stille.

Ich schließe meine Augen. Der brutale Gedanke, daß

mein Unternehmen schiere Selbstsucht sei, schwirrt durch meinen Kopf, wird dann aber schnell durch die Erinnerung an Astrids positive Eigenschaften verdrängt. Ich weiß, erst mal dabei, ist sie ein echter Mitmacher.

Wir packen uns in einen Jumbo, lassen uns noch mal anschnallen, heben ab – up, up and away – werden in 25 Stunden nach Auckland geschleudert. (Für den Rückweg benötigen wir dann drei Jahre und fünf Monate.)

2

Zickzack-Kurs mit festem Ziel

>Im Dezember 1975 habe ich eine größere Tankstelle übernommen. Dreifacher Umsatz und mehr als doppelt soviel Arbeit. Außer meiner Frau habe ich noch keine zuverlässige Hilfskraft gefunden.«
Manfred F. aus Karlsruhe

Was für eine verrückte Idee! Um ein Boot zu kaufen, sind wir um die halbe Welt geflogen. Vom europäischen Winter in den neuseeländischen Sommer. 23 000 Kilometer – weiter geht's nicht mehr. Und bekannt ist uns nur, daß der Bootsmarkt dieses Landes sich überwiegend um Auckland konzentriert. »Haben wir richtig gewählt?« Eine verwirrende Frage, zu einem Zeitpunkt, wo unser Geld nur so rausströmt, denn sollte sich unser Vorhaben als unvernünftig herausstellen – ein Zurück gibt's schon deshalb nicht.

Wir beschwichtigen uns: Die individuelle Freiheit, das einfache Leben haben halt ihren Preis. Trotz allem, soviel Geld für verschwenderisches Fliegen habe ich noch nie ausgegeben. Wir bekommen dafür zwar volle Bäuche, aber auch schlappe Glieder in der vollbesetzten Quantas-Maschine. Als sie uns dann endlich ausspuckt, suchen wir uns ein hübsches Motel – Kon-Tiki (nomen est omen) – und schlafen gedankenlos bis in den nächsten Tag hinein.

Am andern Tag beginnen wir umgehend mit der Suche. Wir machen den Anfang bei den Brookern, den Agenturen: »We are looking for a 35 feet cruising boat.« Klar umrissen bringen wir unsere Vorstellungen an, doch unter all den Angeboten findet sich nichts Überzeugendes, nichts, was uns vom Stuhl reißt. Vieles ist sogar richtig mies: Plumpe und schwere Betonboote mit selbstgezimmertem Innenausbau oder Sperrholzyachten, die unförmig und anfällig aussehen. Wir finden nichts Geeignetes. Was uns vorschwebt, muß so viel vereinen: eine Slup aus Stahl, um die 10 bis 11 Meter, dazu solide, simpel und auch noch seetüchtig und unserer Geldbörse – mit wenig Wasser unterm Kiel – angemessen.

Wir versuchen, Juan Baader anzurufen, einen namhaften Fachbuchautor und Yachtkonstrukteur. Wir kennen ihn gut von unserem Besuch hier in Auckland mit der »Kathena II«. Er soll uns weiterhelfen. Aber Herr Baader ist nicht mehr da, er hat sich aus dem Staub gemacht. Er ist in seine Heimat, Argentinien, zurück und hat seine Frau hier allein gelassen. Wir erreichen wenigstens sie. Sie leiht uns sofort ihren Wagen, mit dem wir uns dann allein auf den Weg machen: Hobson Bay, Half Moon Bay, Whangarei, Bay of Islands. In einem Fluß stoßen wir auf ein hübsches, hierzulande gebautes Boot, das endlich unseren Vorstellungen näherkommt. Es hat keine zu großen Fenster, keine vom Auto- zum Schiffsmotor umgewandelte Maschine, dafür aber einen uns mißfallenden Namen: »Blitzkrieg«. Obwohl der Eigner die Buchstaben mit einer Nonchalance aufgepinselt hatte, wie sie den Kiwis * so eigen ist, kauften wir es nicht. Plötzlich finden wir Fehler und Ausreden. Astrid ironisch: »Es würde mich nicht wundern, wenn wir in irgendeinem Creek noch eine ›Adolf Hitler‹ finden.« Wen kümmert das schon an diesem Ende der Welt?

Wir stöbern in allen Zeitungen den Gebrauchsbootmarkt durch und finden im »Herald« endlich – was heißt endlich: wir sind erst sechs Tage im Land – eine Anzeige, die vielversprechend lautet: Englischer Werftbau, 33 Fuß, Van-de-Stadt-Konstruktion. Da Astrid besser Englisch

* Neuseeländer nennen sich nach dem seltenen einheimischen Vogel Kiwi.

spricht, ruft sie die angegebene Nummer 687-608 an. »Ja, die Slup ist noch nicht verkauft, *aber* . . .«, der übliche Nachsatz: Ein Interessent wolle sich morgen entscheiden. Wir vereinbaren einen Termin. Der Interessent ist sicher nur Geflunker, denn das Ding ist schon seit vielen Monaten annonciert. Ich komme ins Grübeln: »Da muß doch was dran sein.«

Das weiße Schiffchen heißt: »Buttercup of Birnham«, also vom Namen her ist alles in Ordnung, und ich signalisiere dies Astrid mit einem amüsierten Augenblinzeln. Auch die Form, das Rigg und die Beschläge sind ohne Makel. Doch andere Sachen sind es nicht. Beim Öffnen der Luke fällt gleich eine Leiste ab. »Muß nur ein bißchen angeleimt werden«, kommentiert Ken Morton, der Eigner dieses Malheurs. Na ja, wenn es nur das ist, denke ich, werde ich als gelernter Tischler schon fertig werden. Nun erst einmal in der Kajüte: da gibt's nur ein Chaos zu registrieren: die Polster naß, der Teppich stinkig, Wasser vermischt mit Öl und Dreck in der Bilge, der Motor sieht aus, als ob man ihn mit Seewasser getauft hätte. Gelinde gesagt: Es ist schmutzig. Uns wundert es nicht, daß Ken als Verkaufsbegründung das Desinteresse seiner Frau angibt.

Wir trauen uns dennoch zu, die Inneneinrichtung hinzukriegen. An Deck und von der Seetüchtigkeit her ist es sowieso das Beste, was wir bisher gesehen haben. Zudem gibt es noch eine Windfahnensteuerung vom Typ Aries, die das Boot selbst steuert. Ohne diese Anlage wollen wir nicht auf große Fahrt gehen. Rundum gesehen, sieht alles vertrauenserweckend aus. Uns gefällt's. Wir machen Ken ein Preisangebot, ziemlich niedrig, muß ich gestehen, woraufhin er recht drastisch reagiert: »Ihr reichen ›Schits‹ aus Deutschland wollt meinen Preis drücken, nein, niemals.«

Gemeinsam gehen wir an Land. Da schreibt ein Polizist gerade Kens Wagen wegen falschen Parkens auf;

und zu unserer Verblüffung frotzelt Ken den Mann noch schlimmer an als uns: »Geh zum Teufel, du alter Gauner, ich zahle jährlich 30 000 Dollar Steuern, und du . . .?« Das Geschimpfe ist hierzulande offenbar nichts Außergewöhnliches, jedenfalls erhöht der Polizist den Strafzettel nicht.

Jaguarfahrer Ken betont beim Abschied noch mal – etwas unwirsch –: »Niemals verkaufe ich zu eurem Angebot.«

Am nächsten Tag läutet das Telefon im Kon-Tiki. Es ist Ken: »Können wir uns nochmals treffen?«

Wir können. Wir arrangieren uns. Wir haben ein Boot! Unser viertes.

In Westhaven, dem Yachthafen von Auckland, überholen wir es. Zunächst stoßen wir auf unseren Kauf mit einer Flasche »Leopard Beer« an: »Prost. Hiermit ist erst mal Schluß mit dem Ersparnisse-auf-den-Kopf-Hauen.« Ken hat, wie war es anders zu erwarten, das Boot zuvor ausgeräumt, da sind weder Tasse, Topf noch Bleistift zu finden. Alles muß jetzt neu angeschafft werden. Dabei entwickeln wir uns zu Spartechnikern, was wir im Grunde eigentlich schon immer waren. So flogen wir zum Beispiel hier zum Seemannstarif (40 % Ermäßigung) runter.

Genaugenommen ist diese Glasfiberslup ja ein wenig klein für unser Vorhaben, denn für unsere Absicht, sehr lange innerhalb der kleinsten Inselgruppen zu verweilen, benötigen wir enorm viel Stauraum für Vorräte. Und der ist nicht ausreichend vorhanden. Wir helfen uns mit einem Slogan darüber hinweg: besser jung und fit in Enge, als alt und klapprig und Raum in Menge. Verwirklichte Traumvorstellungen sind oft ernüchternd, wir möchten nicht daran scheitern.

Kym ist mit sich und uns unzufrieden; während all der Tage, an denen wir uns ausrüsten, ist er quengelig. Wie sehr, macht ein Australier, der neben uns liegt, deutlich. Als wir ablegen, sagt er: »Jetzt weiß ich, warum ich keine

Kinder haben will.« Ja, Kym quakt viel herum, aber das ist ja im Haus, wenn die Eltern keine Zeit haben, genauso.

Ins Logbuch vom 16. März 76 trage ich ein:

»Ohne Flagge! Ohne Namen am Boot – so laufen wir heute aus. Überhaupt ist noch viel Unordnung an Bord. Auf dem Weg nach Whangarei soll alles seinen Platz bekommen.

Wir segeln prächtig mit Genua und Groß aus dem Waitema-River – sehr schnell. Jedenfalls überholen wir spielend zwei gleichgroße moderne Yachten. Kym fühlt sich besser. Er erzählt und ist neugierig. Astrid ißt auf einen Schlag zwanzig Pfirsiche. Ankern abends in einer Bucht, Manöver unter Segel. Klappt tadellos. Was wollen wir mehr? Unsere Reise hat begonnen, und alle sind ›en plaine forme‹.«

Ich hole aus der Backskiste blaue und gelbe Farbe, dazu einen kleinen Pinsel und male sorgfältig den neuen – unseren – Namen auf die Rettungsringe: »K-a-t-h-e-n-a f-a-a«. Wie seid ihr nur auf den Namen gekommen? Die Frage hat man uns immer wieder gestellt. »Faa« – das schmeckt nach Weite, Abenteuer, Südsee. Für mich. Bei Astrid riecht das Wort nach Sauberkeit, wohl anlehnend an die Seifenmarke. In Wirklichkeit bedeutet dieses Wort in der polynesischen und in anderen Sprachen der Südsee ganz einfach die Zahl vier. Und »Kathena« heißen alle meine Boote.

Astrid, die eine patriotische Einstellung zu ihrem Land hat, sorgt ab hier für die Nationale. Oft setzt sie die schwarz-rot-goldenen Farben, sogar »gebügelt«. Die Aufgabe bin ich los. Das Angeln ebenfalls, das übernimmt Kym. Als ich seinem ersten Fisch, einem hübschen Schnepper, den Kopf absäble, wird er ganz blaß und weint bitterlich. Ich: »Wenn du ein Naturbursche werden willst . . .« Die Mutter erklärt es ihm dann einfühlender. So ißt er tüchtig mit und will morgen gleich noch einen fangen. Mit diesem Erfolgserlebnis spielt er jetzt den großen Meister. Er weiß, wie eine Wende gefahren und wie geankert wird, ». . . dann kommen wir in ruhiges Wasser, und Papi schmeißt den Anker ins Wasser«. Ja, stimmt, Kym! All die, die sich in Artikeln und Büchern über Ankerprobleme die Finger wund schreiben, müßten jetzt erröten.

Whangerei ist ein Städtchen an einem kleinen, stillen Fluß. Ein Plätzchen, wie wir's lieben. 1970 mit der »Kathena II« wurden wir hier bei der Ankunft mit Polaroid-Foto und Blumen vom Hafenmeister empfangen. Und so träumen wir auch diesmal von einigen schönen, geruhsamen Tagen. Doch die Zeiten haben sich spürbar verändert. Ziemlich unhöflich wird uns ein Liegeplatz zugewiesen, der zudem noch an einer zerfallenen Kaimauer liegt, so daß ich, um die fünf Dollar Gebühr zu entrichten, an einigen rostigen Nägeln vorbei drei Meter emporklimmen muß.

Jedenfalls stellen wir fest, daß Weltumsegler-Boote hier ziemlich unbeliebt geworden sind. Wie soll es denen erst ergehen, die in einem Dutzend Jahren ihre große Reise starten?

Da wir unser Leben nicht an einen rostigen Nagel hängen wollen, pumpen wir unser Schlauchboot auf und rudern an Land. Wir wollen einen Freund besuchen. Einen von damals, der hier das alternative Leben praktiziert. »Komm, Kym, wir gehen zu Walter Möhren essen.« Astrid braucht nicht weiter animiert zu werden: unser Freund hat eine Badewanne. Wir machen uns auf den drei Meilen langen Weg zu seinem Haus, eigentlich ist es nur ein Häuschen, eins von den typisch neuseeländischen präfabrizierten aus Spanplatten und mit rotem Wellblechdach. Aber der große Garten, der Dschungel mit alten Kauri-Bäumen und Farnen, höher als unser Mast, und einem Bach drumherum geben Walter die Abgeschiedenheit, die er suchte, als er vor acht Jahren hierher auswanderte.

Walter Last, Naturist und Eremit, Bauer, Kapitän und vormals Chemiker. Augenblicklich kocht er uns sein Lieblingsgericht: geschabte Gurken, Bohnen, Möhren und anderes Grünzeug, darüber träufelt er ausgedrückte Zitrone. »Hier, alles von mir selbst gezogen!« Und stellt uns den Salat, in einer großen Schüssel vermischt, aber ohne jegliches Gewürz auf den Tisch. Es schmeckt fad. Salz paßt nicht in die Küche eines Alternativkonzepts.

»Gefällt es dir in Neuseeland?« Eine Standardfrage, die uns selbst häufig gestellt wird, denn oft werden wir gefragt, warum wir damals nicht in diesem Land geblieben sind. Der Rohköstler kann nicht gleich antworten, er muß noch zwanzigmal kauen, denn eine seiner Weisheiten sagt, daß jeder Bissen zweiunddreißigmal gekaut werden soll. »Nach sechs Jahren Aufenthalt muß ich gestehen, daß die Neuseeländer für mich immer noch die ›anderen‹ sind. Ich lebe neben ihnen. Ich und die anderen Einwanderer werden zu oft als Gäste betrachtet.«

»Das hört sich doch gut an.«

». . . hat aber in Wirklichkeit zur Folge, daß wir uns nur in beschränktem Maße integrieren können.«

»Und was machst du die ganze Zeit?«

»So ein großer Garten macht viel Arbeit, da geht der Vormittag meistens drauf. Danach ›koche‹ ich. Du hast ja heute selbst gesehen, der Zeitaufwand fürs vegetarische Leben ist groß. Abends studiere ich naturistische Schriften und schreibe auch mal einen Artikel über dieses Thema.«

Zum Nachmittag gibt es schwarzen, ungesüßten Tee, dazu ißt Walter teelöffelweise Honig. Ein halbes Pfund hat er schnell weg, der Wochenbedarf für uns alle drei an Bord. Während er unser Erstaunen überhaupt nicht bemerkt, versichert er uns, dem Honig und dem Grünzeug verdanke er seine Frische. Mir sagt seine Lebensweise, trotz des strengen Verzichts auf Komfort und Konsum, sehr zu. Er hat in meinen Augen alles bewundernswert gemeistert. 1969 packte er in Köln seine Familie ins Segelboot und wanderte mit ihr nach Neuseeland aus. Dort kaufte er sich von seinen mitgebrachten Ersparnissen dieses Haus und sagte: »Jetzt lebe ich, wie es mir gefällt. Meine Frau, die nicht hellauf begeistert ist von meiner Lebensart, wird sich schon anpassen.«

Er kämpft auch sonst für die Durchsetzung seiner Ideen. Er machte eine Eingabe bei der Regierung in Wellington wegen der Abschaffung der Wellblechdächer.

»Die drücken aufs Gemüt, auf den Geist. Die Leute werden zu leicht müde davon, und das ist doch volkswirtschaftlich schädigend.« Ich muß gestehen, diese Art Missionseifer würde ich nie aufbringen. Der Bescheid ist natürlich negativ – verständlich, wenn man bedenkt, daß 90 % aller Dächer im Lande mit Wellblech gedeckt sind.

Für Walter ist sein Gemüse Lebenszweck, Sinn seines Daseins. Für seine Frau Erika nicht. Ihr wurde der Verzehr von Kartoffeln und Rohkost auf die Dauer zu dumm. Als Walter schließlich auch seine beiden Kinder zum Hungern anhielt und jegliche Medizin verbot, verließ sie ihn samt Kindern in Richtung Heimat auf Nimmerwiedersehen. So hat leider jedes Extrem seine zwei Seiten.

Ich aber bin ganz aufgedreht nach diesem Tag. Das war wieder ein Erlebnis! »So ein Mensch gibt doch was her. Weißt du«, sage ich zu Astrid, »so ein Hungertag pro Woche täte auch unserem Körper gut. Ist doch einleuchtend, daß der Körper Entschlackung braucht, das . . .«

Astrid bleibt reserviert: »Bei ihm müßte renoviert werden – müßte mal Ordnung in die Bude gebracht werden.«

»Aber du mußt doch zugeben, daß er gesund aussieht und offensichtlich nie krank wird«, beharre ich, aber auch bei mir bleiben Zweifel. Ich weiß, Walter wird unbeirrt seinen Weg gehen, doch zum Teil aus Trotz,

Trotz als Folge des Scheiterns. Denn ich erinnere mich, als wir 1971 so oft bei ihm im Haus waren, daß er Werke schreiben wollte, Werke der Naturheilkunde, Werke mit dem Arbeitsthema Ernährung, und was ist dabei herausgekommen: ein paar Artikelchen. Aber die Situation der Einwanderer hat sich geändert. Damals, als Walter und Familie sich hier niederließen, waren alle Einwanderer willkommen, heute, bei den zunehmenden Wirtschaftsproblemen und Arbeitslosen, wird den meisten die Einreise verweigert. Ein Kiwi, bei dem wir zum Dinner geladen sind, drückt sich da – zwischen Hammelkeule, Mint-Sauce und Apple pie – direkt aus: »Gott sei Dank, daß die in Wellington den Laden dichtgemacht haben.« Sein Hintergedanke bei dieser Bemerkung: den Europäern bloß nicht all die gutbezahlten Jobs zu überlassen. Daß die Weißen aus Übersee das heutige Neuseeland überhaupt erst geschaffen haben, ist vergessen.

1. April: »Astrid, das Dingi ist weg!« Diese Feststellung in der Früh holt uns alle an Deck, aber das Dingi ist nicht am Heck, wo wir es für die Nacht festgelascht haben. »Da haben die Markworths oder Uwe einen Aprilscherz gemacht«, und in aller Ruhe sage ich noch: »Trinken wir erst mal unseren Kaffee.« Doch die deutschen Segler, die mit uns in Whangarei liegen, haben keinen Scherz getrieben. Das Dingi wurde ganz einfach in der Nacht geklaut und fand sich auch nie mehr wieder. Eine schöne Bescherung. Wir sind sehr ärgerlich. Ohne Beiboot können wir uns niemals fortbewegen, denn fast immer werden wir vor Anker liegen. Also ein neues muß her, auch wenn das gegen unsere Spartechnik geht.

Drei Wochen nach diesem Malheur verlassen wir endgültig Whangarei und damit Neuseeland. Ich heiße das Großsegel und hole das Fall mit der knarrenden Winsch dicht. Astrid steuert auf die Flußmitte zu. Und während Kym zum Abschied den anderen Seglern zuwinkt, denke ich an unsere Zukunft. Voraus das Ungewisse. Ganz gleich, wie oft man absegelt: Es ist immer ein Erlebnis. Vor uns liegen 1200 Seemeilen des Pazifiks, und mir scheint das Boot, jetzt vollgestopft mit Proviant und allem möglichen Zubehör, für die nächsten Jahre doch ziemlich klein.

Mit der auslaufenden Tide zieht »Kathena faa« zügig an den sanften leicht gelblichen Gras- und Waldhügeln entlang des Flusses vorüber. Vorbei an Marsden Point, wo die Tanker ihr Öl in die Raffinerie pumpen, vorbei an dem markanten, hoch aufragenden Bream Head und den Poor-Knights-Inseln. Immer schön im Abstand. Denn uns zweien liegt als alten Seglern der Abscheu vor der Küste im Blut. Der Kurs ist 12 Grad. Unser Kurs: die große Freiheit. Wir haben aber im Grunde noch einen Haufen Geld für das Boot bezahlt, wochenlang dran rumgetüftelt, nichts von Land und Leuten gesehen.

Der wirkliche Kurs heißt: Fidschi-Inseln. Untereinander sprechen wir ab jetzt nur noch von »den« Inseln.

Die Bordroutine spielt sich schnell ein. Astrid baut ihre Koje und stopft zusätzlich Kissen rein, dekoriert sich mit einem Salzsäckchen um den Hals, das gegen Seekrankheit helfen soll. Kym schläft, den machen offensichtlich die rollenden Bewegungen des Schiffes müde. Der Wind fällt nämlich von West, also halb, ein. Die »Aries«, unsere Selbststeueranlage, steuert, sie erspart uns das mühselige, ja stumpfsinnige Steuern auf offener See, und das über Tage hinweg. Man stellt sie dem Wind entsprechend ein, und solange der sich nicht ändert, hält das Boot recht genau den gewünschten Kurs, mit Abweichungen im Schnitt von 10 Grad zu jeder Seite. Bei sehr hohem Seegang natürlich mehr. Wir nennen die Anlage nach ihrem Firmennamen Aries. Ein originellerer Name für unseren »Rudergänger« ist uns nicht eingefallen, es sieht so aus, als wäre mit der Namensfindung »faa« unsere Phantasie aufgebraucht.

Eine wohltuende Lethargie umgibt uns. Für Kym hole

ich die Spielkiste aus der Back und schütte die Sachen auf den Teppich: »So, nun spiel mal schön.« Er tut's. Der Wind weht weiter aus günstigen Richtungen. Ausgestreckt in der Koje, mit Büchern auf dem Bauch, taumeln wir durch die ersten Tage.

Die Spannung der letzten Tage im Hafen, die wohl jeder vor etwas Neuem spürt, haben wir abgelegt. Wir sind mit der Welt zufrieden. Nur mit mir bin ich böse. Unser Voreigner hat uns ganz schön angeschmiert. Das Gefühl verstärkt sich täglich. Heiße ich ein Segel, hat es garantiert einen Riß. Will ich nach dem Wasser in der Bilge gucken, sind die Bodenbretter angenagelt. Überhaupt, mit Nägeln ging der frühere Besitzer großzügig um. Jede Luke, jedes Schapp, sogar die elektrischen Leitungen verschonte er nicht. Ich glaube, wann immer etwas an Bord quietschte oder klapperte, holte er seinen Hammer – mit losem Kopf natürlich – und klopfte drauflos. Seine noch größere Leidenschaft: das Isolierband. Damit wurden der Petroleumkocher gedichtet, der Diesel und ganze Schränke zusammengehalten. Später fand ich sogar Isolierbandfetzen am Auspuff.

Während wir uns im Hafen für die Reise ausrüsteten, kam er noch oft vorbei. Jedesmal brachte er etwas mit: Kanister, Schwimmwesten, Werkzeug. Das ganze frühere Zubehör des Bootes, das ich aber extra kaufen sollte, was ich auch tat. Es war immer noch günstiger als eine Neuanschaffung. Als skeptischer Seefahrer habe ich aus den Augenwinkeln immer einen Kontrollblick auf das Barometer. Nach fünf Tagen fällt es plötzlich rapide. Und der Sturm aus Nordwest – fast von vorn – läßt nicht auf sich warten. Die Seen rumsen gegen den Polyesterrumpf, der Wogentanz geht los, Astrid verabschiedet sich in die Hundekoje, gleich am Niedergang liegt sie da am ruhigsten. Während ich an Deck mit den Elementen fertig werden muß, nimmt sie ihren eigenen Kampf auf: gegen die Seekrankheit.

Zuerst bekomme ich Orders aus der Kajüte: »Fock weg!« oder: »Reffen!« Doch ich bin ein sehr zögernder Reffer, und so kommt es nach einer Weile bittend aus der Koje: »Wilfried, bitte, nimm die Fock weg.« Der einseitige Dialog geht über Stunden. Ich stehe währenddessen im geöffneten Luk und wäge das Für (Meilen) und Wider (Sicherheit) ab. Verdammt, ich kann mich nicht entscheiden, die Segelfläche zu kürzen, obwohl ich bei anderen Dingen weiß Gott kein Zauderer bin. Beim Segeln aber warte ich oft so lange, bis mir die Naturgewalten die Entscheidung abnehmen, bis irgendwas bricht oder reißt: zum Beispiel eine Naht im Segel.

Kym jedoch findet dieses »raffe« Segeln Klasse: »Hoppe, hoppe Reiter« spielt sich dabei besonders gut. Als der starke Wind zum Sturm wird, nehme ich schließlich die Fock weg, und wir treiben unter dichtgerefftem Groß mit dem Bug in Wind und See. Unter Deck wird es ruhig, aber Kym erfindet, die Situation nutzend, immer neue Spiele, versteckt sich in den über die gesamte Kajüte verstreuten Segeln und ruft: »Such mich! Wo bin ich?« Bald, so hoffe ich, wird er müde werden, und – welch ein Glück – zwölf Stunden fest schlafen, auch bei Unwetter. Für ein Kind kein Problem.

Ich habe mir das Familiensegeln anders vorgestellt. Ich fühle mich durch Astrids und Kyms Anwesenheit zwar nicht überfordert, aber die unvorstellbare Wuling von Spielzeug und Segeln, die von schmutzigem Geschirr überbordende Spüle, die nassen Kojen mit Kind und einer vor Seekrankheit und Bedenken blassen Frau darin – das setzt mir ziemlich zu.

Einige Zeit darauf – der Sturm ist längst abgeritten – lerne ich freilich eine ganz andere Astrid kennen: Als ich bei der Ansteuerung der Fidschis die Inseln nicht finden kann, als ich ein Wolkengebilde nach dem anderen am Horizont zur Insel erkläre, hilft sie mir.

Ich hatte in der Eile der Abfahrt von Auckland

geglaubt, bis Fidschi ohne die navigatorischen Hilfsmittel, wie Tafeln und Jahrbuch, auskommen zu können, Ich meinte, die errechnete Breite und dazu eine gekoppelte Länge würden genügen, schließlich ragen die Inseln hoch aus dem Meer. Jetzt erhält meine navigatorische Sicherheit einen argen Dämpfer. Ich werde nervös, doch Astrid behält die Nerven und vor allem Übersicht. Ich möchte die Einzelheiten nicht qualvoll schildern. Von Mißerfolgen soll man überhaupt nicht reden. Mit einem Wort: Wir finden unsere Insel – Viti Levu – und gehen in Suva vor Anker.

Meine erste Erkenntnis: Sechs Wochen Vorbereitung für eine Weltreise sind auch für routinierte Fahrtensegler zu wenig.

3

Wer reizt wen?

>>Liebe Freunde auf dem Meer – (kann man das
so sagen?) . . . Du schreibst, keine Probleme
mit Kym, und wie steht's mit Astrid? . . . Ich
habe mein Schicksal hinter mir . . . Die Abnab-
lung findet statt . . . Ich finde mich immer mehr
und komme gut allein zurecht . . . Meine Inter-
essen liegen jetzt anders: Menschen . . . Wenige nur, mit denen's lohnt. Nicht materialistisch
gedacht . . . Man muß versuchen, anderen und
sich die Chance zur Begegnung zu geben . . .<<
Ilka R. aus Tübingen.

Mit etwas unsicheren Beinen betreten wir den Boden
Suvas. Häuser und Bäume scheinen zu schwanken. Wir
kennen ja diese Erscheinung von unseren Fahrten. Aber
Kym scheint sehr überrascht zu sein, jedenfalls hält er
sich an einer Palme fest, und wir hören die bekannten
Geräusche, die sonst ein Seekranker von sich gibt.

Astrid nimmt ihn auf den Arm, und gequält lächelt er
da schon wieder. Zum Glück geht die Seekrankheit an
Land schneller vorbei als auf dem Meer.

Auch in Fidschi hat der Kommerz nicht haltgemacht.
Touristen sind herzlich willkommen. Mit Seewanderern
ist es nicht geradeso. Uns knöpft man acht Dollar fürs
Einklarieren ab. Wir nehmen's gelassen hin, was soll's!
Eigentlich nehmen wir es gar nicht zur Kenntnis. Wir
sind in den Tropen und wollen erst mal alles kommer-
zielle Denken abschütteln. Jedenfalls kann unsere
Euphorie dadurch nicht gestoppt werden. (Vielleicht war
es auch nur die Freude, den Hafen noch gefunden zu

haben.) Beschwingt schlendern wir durch Suva. Das ist eine richtige tropische Stadt mit überdachten Gehwegen und vielen kleinen Geschäften. In einem Café, das an einem Kanal liegt, der an Venedig erinnert, erfrischen wir uns mit eiskalten frisch gehackten Ananasstücken, in einem großen Kelch serviert. Um uns Kokospalmen im Wind und Fidschiinsulaner mit ihrem gerade vom Kopf weggekämmten Haar, so daß jeder einen riesigen Kopf auf einem stämmigen Körper zu haben scheint. Sie lachen – wir strahlen zurück.

Ihre ansteckende Lebensfreude, die Farbe der Hibiskusblüten, der Geruch der Frangipani stimulieren uns. Wir könnten diese heiteren, leichtlebigen und gutmütigen Fidschien umarmen, so wohl geht es uns.

Südsee! Das Spiel kann beginnen – rien ne va plus.

Um die Wahrheit zu sagen, es sind nicht so sehr die Fidschis und Südseemotive, die uns aufputschen, es ist die erfüllte Reisesehnsucht – »wir haben es noch mal gewagt« –. Endlose Jahre des Herumfahrens vor sich zu haben, Inseln, die man ansegelt, Berge, Menschen, das Unbekannte – frei zu sein. Ich meine hier nicht die Freiheit ohne Probleme, ich meine die Freiheit, zu erleben, sich selber herauszufordern und zu entspannen, ohne Zwang von außen. »Ach, haben wir ein herrliches Leben.« Auch meine Frau läßt sich von den Aufwinden meiner Laune anstecken. Sie, die ja trotz Hypnotiseur Palivoda weiter ständig unterm »Kotzen« leidet und mit einer Aversion an die Seetage geht, die sie von vornherein zum Leiden prädestinieren. Die Heilung des Herrn Palivoda wirkte, wenn überhaupt, nur im ersten Monat und dann nur bei leichterem Seegang.

An die Sitzung, von der sie sich so viel versprach, erinnert sich Astrid nur noch belustigt: »Schon der Wagen vor seiner Villa in Zürich beeindruckte: ein Mercedes 600. Aber erst dieser Koloß von Mensch: groß und mindestens 350 Pfund. Sein Gesicht eingefaßt in einen wallenden Vollbart. Mit seinen Fingerspitzen vibriert er an meinen Schläfen, am Hals, unter den Armen und so weiter. Das geht durch den ganzen Körper, dazu der feste Blick seiner starren Augen. Am Ende der Sitzung – hat kaum drei Minuten gedauert – wird mir noch ein Salzsäckchen verpaßt, das ich auf See stets (trocken) zwischen meinen Brüsten zu tragen habe. »Dös koscht nüt«, höre ich noch, als ich beduselt die Praxis verlasse. Hätte es nur was gekostet! Aber auch dann wissen wir nicht, ob es geholfen hätte. Astrids Reaktion trotz allem: »Ich muß mit dem inneren Gewürge allein fertig werden.« So eine Seekrankheit ist ein ziemlicher Schlauch, und um sich selbst zu helfen, klebt sie sich in Suva ein Schnipsel über ihre Koje: »Timschal . . . du kannst!« Das Salzsäckchen reizt mich zu einem Scherz: »Astrid, vielleicht waren deine Brüste nicht groß genug.« Unter Freunden beende ich damit schon mal das Thema.

In Suva tun wir auch was. In einer mehrwöchigen Aktion wird »Kathena faa« innen und außen aufgemöbelt. Ich will mir nicht mehr an Nägeln die Hemden zerreißen und es Astrid gemütlicher machen. Mit Gardinen, Schlingerleisten für Tassen und Teller, neuen Borden für Bücher gefällt es uns besser. Schließlich hat uns das Boot in zwölf Tagen rübergebracht und bewiesen, daß es Stürme abreiten kann, ohne Schaden zu nehmen. Da liegen wir also im Yacht-Club, und vorbei kommt eine alte Lady, die freudig feststellt: »Thiy is the cleanest yacht I have ever seen in this club.«

Diese Bemerkung tut uns gut. »Thank you, Madame.«

»Komm, Wilfried, darauf holst du uns gleich ein Jar Bier.«

Der Club, in dem wir schon 1970 unsere Krüge Bier holten, ist inzwischen ganz schön vergammelt. Offensichtlich fließt das Geld nicht mehr so, seit viele Weiße nach der Unabhängigkeit fort sind. Und daß fürs Duschen in dem Bretterverschlag mit abgerotteten Pfählen noch kassiert wird, ist eigentlich eine Zumutung.

*

Ein Telegramm für uns: »Ankommen 30. Mai, Flughafen«, Besuch aus Wuppertal/ Eva und Jürgen Lehr. Himmel, damit haben wir nicht gerechnet. Mehr aus Spaß haben wir unseren Freunden geschrieben: »Kommt uns mal besuchen.« Und da kommen sie schon. Bei aller Liebe und allem Verständnis, wir hätten nie gedacht, daß die beiden die Mittel für eine so weite Reise auftreiben würden. Sie fliegen nämlich nur für die kurzen Wochen des Jahresurlaubs her. Eva studiert noch und Jürgen auch, obwohl er hauptberuflich sein Geld als Linksaußen beim Bundesligaclub Union Solingen verdient. Ein profilierter und somit gutbezahlter Profikicker also, sonst hätten wir nicht jetzt dies Telegramm in der Hand. Nach der ersten Überraschung freuen wir uns doch darauf, schließlich sind es ja unsere Freunde, und Kym gewinnt der Tatsache ebenfalls Positives ab: »Die bringen mir bestimmt was mit.« Astrid schafft Raum für die künftige »Fünfergemeinschaft« an Bord.

Um auch diese Segelreise gut im Bild festzuhalten, gehen wir in eines der vielen zollfreien Geschäfte in Suva und rüsten uns mit einer Nikon nebst Zubehör aus. Der Besitzer ist ein Inder, die hier nicht beliebt sind und sich schlecht mit der melanesischen Bevölkerung vertragen. Diese Inder sind jene Nachkommen, die Ende des letzten Jahrhunderts als billige Arbeitskräfte für die Zuckerrohrfelder auf diese Inseln importiert wurden. Heute gehört in Suvas schmalen Gassen fast jeder Laden einem Inder. Sie gehen mit ihren Kunden nicht gerade sanft um, zerren sie förmlich vor die Ladentheke, fordern unverschämte Preise und lamentieren gestenreich über die faulen Fidschien. Unser Fotohändler, der hauptsächlich von den Touristen der Kreuzfahrtschiffe lebt, sagt: »Ich hoffe, wir Inder vermehren uns weiterhin stark, damit wir später die Inseln übernehmen und regieren können.« Er ist vor allem erbost darüber, daß Inder kein Land erwerben dürfen.

Mit fünf »Mann« hoch an Deck stehend, den Inselschonern zuwinkend, verlassen wir Suva. Unser Ziel: der 50 Seemeilen entfernt liegende Archipel Kandavu. Ein Paradies in völliger Abgeschiedenheit mit vielen großen und kleinen Inseln. Wir wollen ja unseren Freunden was bieten. Draußen, gleich nach Verlassen des Hafens, ein steifer Passat und eine grobe See. So 6 aus Ostsüdost. Ich habe noch nicht richtig die Schoten dicht, um an den Kurs von Süd ranzugehen, da liegen auch schon alle flach. Das wird auch wieder ein Törn aus der Position des Alleinseglers, denke ich und turne übers Leedeck nach vorn, um die Fock gegen Fock 2 auszutauschen. In dem dauernden Auf und Ab taucht der Bug mächtig weg. Das übergehende Wasser umspült meine Beine, und die Gischt besprüht meinen Körper. In Badehose und dazu in den Tropen ist das nicht weiter schlimm, denn im Nu ist man wieder trocken. Ein in hohen Breitengraden Segelnder müßte sich jetzt erst mal einen Grog machen, um seine Geister nach solchem Manöver zu wecken. Ich mach' es mir dagegen im Windschutz der Cockpitleeseite gemütlich und lecke das angetrocknete Salz vom Körper. Eine Manie von mir, womöglich aus dem Unterbewußtsein, mein alternatives Leben voll auskosten zu wollen. Nachdem ich auch noch ein Reff ins Großsegel gebunden habe, nehme ich an, auch etwas für meine Mitsegler unter Deck getan zu haben.

Nach acht Stunden ist für sie die Qual vorüber, das Ringriff, das den Archipel umschließt, erreicht. Wir steuern das Riff von Lee an, so daß sich die Wellen nur leicht brechen und die braunen und türkisfarbenen Korallen sich unter der Wasseroberfläche deutlich abzeichnen. Auf den ersten Blick scheint das Riff unüberwindlich.

Wir segeln dicht daran entlang, bis wir mit Hilfe der Seekarte und der im Riff liegenden Inseln den Paß finden. Wie er heißt, weiß ich heute nicht mehr, auch in meinem Logbuch finde ich keine Notiz. Um aber mit all den Untiefen klarzukommen und vor allem den jeweiligen Paß rechtzeitig ausfindig zu machen, benötigt man eine hochstehende Sonne und eine Polaroid-Sonnenbrille. Die ist im Grunde noch wichtiger als eine Detail-Seekarte. Sie wirkt, wie schon der Name sagt, polarisierend, d.h. sie holt ganz deutlich auch bei bedecktem Himmel die Farben hervor. Wenn man dann noch weiß, daß Gelb und Braun flaches Wasser anzeigen, kann eigentlich nichts mehr passieren. Eine solche Brille hat die Wirkung eines Radargeräts, man kann sie allerdings nur bei Tageslicht gebrauchen, benötigt dafür aber auch keine Wertung, und der Anschaffungspreis entspricht dem eines guten Essens.

Im Paß wird es munter an Deck. Das ruhige Wasser beflügelt meine Crew, einiges gutzumachen. Jürgen wechselt die Fock gegen eine Genua ein, Astrid trifft die Entscheidung für unseren Ankerplatz – die nächstliegende Insel, Namara. Und Kym lotet uns ran. »Ich fühl' den Grund«, heißt das in seiner Kindersprache. Ich finde es erstaunlich, wie präzis sich Dreijährige ausdrücken können. Gemeinsam springen wir über Bord, tauchen im glasklaren Wasser und beobachten, wie die Fische sich in den bunten Korallen verstecken. Danach essen wir ein paar ordentliche Spiegeleier mit Spaghetti, pumpen unser Dingi auf, um an Land zu rudern und die erfrischenden Trinknüsse als Nachtisch zu holen. Während ich mit dem Messer die Nüsse bearbeite, stehen unsere Gäste rum und wissen nicht so recht, was sie anfangen sollen. Ich erinnere mich an mein erstes unbewohntes Eiland vor Jahren, da stellte ich mich an den Strand, klopfte mit den Fäusten auf meine Brust und ließ so eine Art Urschrei los, so groß war mein Entzücken.

»Was soll man eigentlich auf einer solchen Insel anfangen?«

Das sagt zwar keiner, aber die Gesichter verraten es. Ich denke, das kann doch nicht alles sein, ein Fußballer ist doch sonst viel enthusiastischer, die Gestik nach einem Tor macht ihm so leicht keiner nach. Und was ist jetzt? Selbsttorstimmung!

Viele Menschen haben keinen größeren Wunsch als das Abenteuer eines Besuchs auf einer Südseeinsel, die weit entfernt von Touristenrouten liegt. Und Namara ist so eine, wir haben sie ganz allein. Aber ich bin enttäuscht, und auch Astrid sieht man es an, daß die beiden sich nicht an dem Sausen in den Palmenkronen und der Brandung begeistern können.

Kym und ich machen uns daran, den höchsten Berg der Insel zu besteigen, aber ein schier unüberwindliches Dickicht hindert uns daran. Astrid »doziert« vor unseren Freunden über die verschiedenen Reifungsprozesse der Kokosnuß und deren Genuß: »Da ist zunächst mal die grüne Trinknuß, sie muß gepflückt werden, das Fleisch ist weich und wabbelig und schmeckt süßlich. Die reife Kokosnuß fällt von selbst runter. Sie hat das harte Kokosnußfleisch, das man zum Kochen und zur Kopraherstellung gebraucht. Die Milch darin ist nicht schmackhaft. Diese Sorte kennt ihr, die gibt es ja auch bei uns zu Hause zu kaufen. Die dritte Köstlichkeit ist die abgefallene und liegengebliebene Nuß, die Triebe zeigt. Wenn sich die ersten winzigen Blättchen bilden, verwandeln sich Fleisch und Flüssigkeit im Inneren der Nuß allmählich in eine weiße schwammige Substanz. Das heißt hier Uto, das schmeckt uns sehr.«

Der nächste Tag: Wir verholen unter Segel zur Insel Yaukuve Levu. Ebenfalls keine Menschenseele zu sehen, und die Insel ist noch schöner mit der geschwungenen Bucht, dem breiten weißen Sandstrand und sich weit überneigenden Palmen. Ich bin wieder voller Tatendrang, »Eva und Jürgen müssen doch langsam auftauen«, und jumpe gleich, nachdem der Anker im Grund ist, mit einem Indianergeheul in die See.

Danach durchstreife ich die Insel nach etwas Eßbarem und finde dabei einige Bananenstauden. Ein spontaner Gedanke hindert mich am Abschlagen: »Die anderen sollen auch teilhaben«, ich hole sie. Und mit Kind, Kegel und Machete geht es im Gänsemarsch zurück ins Dickicht. Um unser Unternehmen im Film festzuhalten, stelle ich ein Stativ auf und schraube die Filmkamera darauf. Eva, die uns dabei filmen soll, gebe ich Anweisung: ». . . wenn ich die Staude herabziehe und mit der Machete aushole, dann machst du eine Nahaufnahme . . .«

Eva: »Soll ich anfangen?«

»Nein, ich bind' mir noch ein Stirnband«, ruft Jürgen.

»Du willst wohl richtig wild aussehen?«

»Igitt, hier sind ja riesengroße Spinnen!«

». . . und Krabben!«

»Sind das etwa Kokosnußkrabben?«

»Und Moskitos! – Ich hab' genug, ich geh' zurück.«

Eva schließt sich Astrid an: »Ich halte das nicht mehr aus.« Kratzend entschwindet auch sie.

Kym meldet sich zu Wort: »Ich will Bananen!«

Jürgen, der bisher so tapfer jeden Moskitostich mit einem gezielten Schlag erwidert hat: »Laßt uns das morgen früh machen, dann sind weniger Mücken da.«

»Nun stellt euch nicht so an, wir wollen doch selbstgepflückte Bananen im Film . . . und auf dem Tisch haben«, doch das nimmt schon niemand mehr zur Kenntnis, der Schauplatz wird fluchtartig verlassen. Ich mag die Staude auch nicht köpfen, mir erscheint sie auf einmal zu grün, und womöglich wird sie uns an Bord eher verfaulen als reifen.

Abends, als wir diskutieren, was wir essen sollen, verliert Astrid die Nerven. Eva will nämlich ein Süppchen, Jürgen erinnert sich an etwas Handfestes, als austrainierter Sportler hat er an Bord immer Hunger: »Reis und Corned beef, das hält doch nicht vor.« Ich schlage unglücklicherweise gerade an diesem Tag auch noch, in Anlehnung an Walter Last, vor, einen Hungertag einzulegen: »Der Körper braucht Entschlackung.« Die Stimmung zwischen uns wird immer gespannter.

Ich glaube, wir alle brauchen Abwechslung, und so machen wir uns zur nächsten Insel hier im Kandavu-Archipel auf: Ndravuni. Wir ankern vor dem Dorf, und es kommen auch gleich Kinder zur »Kathena faa« geschwommen und Jugendliche in zerbrechlichen Kanus angepaddelt. Sie schenken uns ein paar Früchte, die, auf fünf verteilt, im Nu verschlungen sind. Wir erzählen den Eingeborenen das übliche: von wo, nach wo, warum, weshalb, wie lange, wie alt etc. Eva und Jürgen verlassen bald das Cockpit, das vor lauter braunen Menschen wimmelt, und ziehen sich unter Deck zu ihren Büchern zurück: Eva liest *Die Zweierbeziehung*, Jürgen *Körperbehinderte und Sexualität*.

Ein täglich kräftig blasender Ostpassat hält uns in Ndravuni länger fest, als uns lieb ist, denn unser Ziel – die Lau-Gruppe – liegt genau in der Richtung, aus der der Passat kommt. Da der Passat um diese Jahreszeit immer aus östlichen Quadranten wehen wird, werden wir die 200 sm aufkreuzen müssen. Die Wuppertaler wollen trotz aller Disharmonie weiter mitmachen: »Sucht die Inseln aus, die ihr für richtig haltet.«

Um unseren abendlichen Gesprächen mehr Würze zu geben, spreche ich so oft wie möglich das Thema Max Merkel an. Dieser Bundesligatrainer segelte nämlich mal mit mir, und ich fand ihn und seine Wiener Art sehr unterhaltsam und charmant. Für Jürgen ist er ein rotes Tuch. Wenn ich ihn auch noch als erfolgreichen Trainer zitiere, kann Jürgen sich nicht zurückhalten: »Der hat mich in Nürnberg kaputttrainiert.« Tatsache ist, daß

Merkel ihn als 18jährigen von seinem Verein in Speyer wegholte und ihn mit seinem überharten Training fertigmachte. »Für den Rest meiner Fußballerjahre.« Jedenfalls brachte er nie mehr die überragende Leistung, um in der ersten Liga zu überstehen.

Der Wind beruhigt sich etwas. Wir »setzen über« zu den sehr abgelegenen Lauinseln. Astrid und unser Besuch überstehen die zweitägige Gegenwindsegelei nur im Liegen – oder wie Eva, gebürtige Speyerin, später sagt: »Wie die dode Kaiser von Speyer.«

Auf Oneata, findet Astrid, sollten wir uns mehr ums Fischen kümmern: »Um Eva und Jürgen die Steaks vergessen zu lassen und vor allem, um ihn vom Kochtopf wegzukriegen.« Mit Schlauchboot und selbstgebastelter Harpune ziehen wir Männer zum Riff und speeren wie die Wilden Korallenfische. Jürgen hat es endlich auch raus, wie er mit einigen Soldatenfischen beweist. In seiner Euphorie vergißt er ganz die Umwelt und erschrickt mächtig, als ein Hai ihm einen Fisch vom Speer wegschnappt. Jedenfalls katapultiert er sich wie ein Delphin aus dem Wasser und rein ins Schlauchboot. »Zum Glück habe ich einen Bissen für ihn gehabt, sonst . . .« Trotz des Rendezvous mit dem Hai geht er anderntags wieder mit ins Wasser – offensichtlich ist seine Abscheu vor Cornedbeef-Dosen noch größer.

In Komo, einer Insel mit rund zweihundert Bewohnern, machen wir mit den Jungen ein Fußballspiel auf dem Dorfplatz. Der Ballkünstler Jürgen gefällt dabei den fußballbegeisterten Eingeborenen so sehr, daß er danach jede freie Minute mit ihnen spielen und zum Schluß unseres Aufenthalts vor der staunenden Menge Fußball-»Lehr«-Stunden abhalten muß. Das bringt uns allen außer Freundschaft noch eine Einladung des Häuptlings in seine Hütte. Da drin wird allerhand Gebrutzeltes auf Blechtellern angeboten, auch Fremdartiges. Jürgen ist dabei nicht so pingelig wie seine Frau oder ich. Er langt kräftig zu, sogar bei den in Bananenblättern angerichteten Fischköpfen zögert er kaum.

Nachdem unsere Bäuche gefüllt sind, sitzen wir noch lange auf den Bastmatten über dem Yangoa-Gebräu der Eingeborenen. Der Chief reicht uns Schale auf Schale dieses Getränks, das aus den breitgeklopften Wurzeln der Yangona-Pflanze stammt (sie gehört der Familie der Pfeffergewächse an). Mit Wasser vermischt und in einem Tanoa (einer riesigen Holzschüssel) angerichtet, sieht's eher nach Abwaschwasser aus als nach einem jahrhundertealten Willkommenstrunk. Uns schmeckt es, aber Eva meint: »Ist nicht doll.« Ich weiß von anderen Inseln, wo sie dies Zeug nächtelang trinken, bevor es sie berauscht. Auf vielen Inseln ist es unter dem Namen Cava bekannt.

Die sechs Quadratmeter große Palmenhütte ist, obwohl's auf Mitternacht zugeht, gerammelt voll. Es wird geraucht und getrunken, gesungen und getanzt und vor allem viel in die Hände geklatscht. Und Jürgen, immer umgeben von Kindern, die scharf auf seine Autogrammpostkarten sind, mischt kräftig mit. »Meke, meke« – so hören wir's. Meke ist eine Eingeborenenfeier, und in Suva im Hotel für die Touristen kostet die Teilnahme daran ganz hübsch was. Der Abend war für alle außer Eva, der die Inselkost nicht bekommt, ein Erlebnis.

Beim Frühstück, bei Cracker und Marmelade, geht es aber wieder los: »Jürgen, kannst du dir nicht wie alle deine Zähne mit Meerwasser putzen?« fragt Astrid, die um unsere leer werdenden Tanks besorgt ist.

»Alles mach' ich, aber das nicht, vor dem Zeug ekelt's mich.«

Astrid läßt nicht locker. »Du weißt, wir können auf den Inseln kein Trinkwasser bunkern.«

Jürgen verzieht darauf keine Miene, sondern sagt: »Ich trinke nur eine Tasse Tee zum Frühstück, aber du drei und mehr, da darf ich doch . . .«

Ich kratze mich am Kopf und verschwinde durch die Vorluke. »Mein Gott«, denke ich, »inzwischen sind wir zwar gleichmäßig gebräunt, kommen uns aber nicht näher.«

Unsere Absicht, Busch und Blätterhütten, Kokosnuß und Corned beef als exotische Erholung zu bieten, ist für die zum erstenmal aus der perfekten Zivilisation Herauskatapultierten einfach eine Zumutung. Sie sind überfordert mit all den neuen Eindrücken, mit der primitiven Lebensweise an Bord wie an Land. Und die Hitze im Boot – bei fünf Personen in der Enge –, und Kym muß als volle Person miteinbezogen werden, denn oftmals liefert er den Streitpunkt.

An Fulanga werde ich mich noch lange erinnern – mit kribbeligem, spannungsgeladenem Gefühl. Wir steuern die Insel durch einen engen, 30–40-m-Paß im Riff an, dazu stehen eine auslaufende 4–5 Knoten starke Tide und auflandiger Wind. Das Wasser brodelt in der Einfahrt beängstigend. »Kathena faa« bewegt sich darin wie ein Ei in kochendem Wasser. Die Wellen schwappen vorn und achtern an Deck. Der Druck der Strömung ist aufs Ruder, auf die Pinne so stark, daß Astrid mir, der ich in der Saling hocke und die Sache beobachte, ihre Bedenken zuschreit.

Ja nun, was soll man machen? Es ist Abend, und einen anderen Ankerplatz für die Nacht gibt's nicht, also, da kann nicht lange überlegt werden. »Versuchen wir durchzukommen«, rufe ich zurück.

Wer das Risiko nicht wagt, erlebt weniger! Fulanga ist das Risiko wert. Wir sind alle hingerissen, als wir drin sind, unzählige Inseln und Inselchen. Ich sage alle, denn auch Eva und Jürgen schließen sich unserer Begeisterung an. Es ist eine unvergeßliche Szenerie, die uns da geboten wird:

Segelnde Kanus und ein richtiges tropisches Drumherum. Eine Village im Westen, ein langgezogener Bergrücken mit steilen Hängen im Süden und vor uns in loser Anordnung unzählige kleine und große Felsinseln, die die Form von Pilzen haben. Und das Komische an diesen meerunterspülten kargen Inseln ist, daß an ihren Kanten richtige Bäume gedeihen, die jeden Moment abzustürzen drohen. Wir segeln an Buchten vorbei, die mit einem Palmenhain, mit einem tropischen Gemisch von Büschen oder auch nur mit einem einzigen Strauch bewachsen sind, aber alle haben sie in ihrem von Felsen eingerahmten Scheitel einen herrlich einsamen Sandstrand. Zusammen suchen wir uns einen Ankerplatz in einem Schlund mit schmaler, sich schlängelnder Einfahrt. Wir besteigen den hundert Meter hohen Berg und betrachten unser Schiff aus der Vogelperspektive. Wie sind wir nur in diese Bucht reingekommen? Haben wir den Felsen in der Passage beiseite gerückt? In dieser Idylle werden auch wir freundlicher zueinander – nach vier Wochen an Bord! – Der Knoten »löst sich«.

In Suva dann, nach fünf Wochen Segeln und Inselleben, ist die alte Freundschaft – fast – wiederhergestellt. Das Abschiedsessen im Hotel mit Cocktails, die mit einer Hibiskusblüte dekoriert sind, und Rumpsteaks so groß wie der Teller, bleibt unvergeßlich. Tränen beim Aufwiedersehensagen am Bus, der die beiden zum Flughafen bringen soll, gibt's dann doch nicht – oder wir können sie nicht ausmachen. Es regnet in Strömen – wie so oft in Suva.

Puh! Und jetzt? »Jetzt brauchen wir unsere private Wirklichkeit zur Seelenstärkung.« Astrids Wunsch wird erfüllt. Die nur einige Meilen entfernt liegende Mosquito Island scheint dafür geeignet. Mit ihrer Ein-Familien-Hütte zieht sie einfach mehr als die betriebsame Stadt Suva. Doch nur solange, bis uns der Inselmann einen halben Dollar Landungsgebühr abnehmen will. Trotzig widersetzen wir uns dem, erst recht, nachdem er uns verdeutlicht hat, daß er für die Stadt kassiert. Demonstrativ geht's zurück an Bord.

Das sieht zwar nach Knauserei aus, ist es aber nicht, ganz einfach, weil das unserem Geschmack von Freiheit und Abenteuer nicht entspricht. Wir ziehen weiter, ostwärts um Vitu Levu herum. Im trüben Wasser, an unzähligen Riffen vorbei, mogeln wir uns nach Ovelau. An der Ostküste dieser grünen hoch aufragenden Insel ankern wir auf drei Meter Wassertiefe. Es ist kein reizvoller Platz – schwarzer Sand, wuchernde Mangroven entlang der Küste –, dafür aber ohne optische Belästigungen, durch Boote, Häuser oder Straßen. Dem Tourismus sind wir damit entronnen, dem Regen dagegen nicht. Es ist halt noch immer die Wetterseite dieser Inseln. Die Passatwolken regnen sich an dieser 600 Meter hohen Insel ab. Aber es stört uns hier nicht. Im Gegenteil, wenn der Regen an Deck prasselt, fördert das unser Gefühl, das wir augenblicklich befriedigen möchten: von der Welt isoliert zu sein.

Regentage. Wir leben ausschließlich für uns. Wir durchschauen unser kleines Heim, das Innere der Kajüte, und überdenken den weiteren Verlauf der Reise. Wir schaffen Ordnung in uns. Wir lesen bei Petroleumlicht, trinken Tee und fühlen uns rundherum gemütlich. In dieser wohltuenden Atmosphäre verblaßt das Zwischenspiel mit Eva und Jürgen. Astrid sagt: »Sie sind zu früh gekommen. Ein halbes, ja ein Jahr später, und wir wären nicht mehr so neu auf unserem eigenen Boot gewesen. Alles wäre dann besser gelaufen.«

In dieser einzigartigen Ruhe verlieren wir jedes Zeitgefühl. Regen, Auflockerung, Sonne, Bevölkerung, Bewölkungszunahme, Regen, keine Auflockerung, Regen . . . Die Idylle ist nun wirklich in uns, Kym mit eingeschlossen, der all die Tage mit Schere und Papier hantiert und sich offensichtlich wohl fühlt an Bord. Er hat sein eigenes Kajütteil, das Vorschiff mit Koje, Schrank, Spielzeugkiste und Bücherschapp.

Um handfest etwas zu tun, schreibe ich einen Bericht über unsere Pläne, das Boot und uns und schicke ihn mit ein paar Bildern an dpa nach Hamburg. Das erspart mir viele Briefe an unseren immer größer werdenden Bekanntenkreis und wird zudem noch honoriert – mit 60 Mark, wie ich später feststellen konnte.

Aus »machen wir uns einen faulen Tag« sind genau zwanzig geworden. Zwanzig Tage in dieser Modder- und Mangrovenbucht. Ich kann nicht begreifen, warum wir an diesem häßlichen Ort so lange kleben. Nur Astrid meint: »Jetzt haben wir ›abgeschlackt‹.«

»Aber zwanzig Tage, das ist doch soviel wie der Urlaub vieler unserer Landsleute, und was haben die alles erreist, erlebt und gesehen. Und wir? Jeden dritten Tag hat's mal zum Gang ins Gebüsch gereicht, um nach etwas Eßbarem zu suchen. Wir müssen uns mehr vornehmen, aktiver werden . . .«

»Zum Dosenöffnen und zum Ankerwerfen auf unserem ›Paradiesweg‹ wird's noch reichen.«

Ich bin nicht zufrieden mit uns. Aber ich tröste mich: Wir haben doch Kym dabei, der wird schon dafür sorgen, daß wir nicht in Lethargie versumpfen.

Auf Wakaya wollen wir unser »Stilleben« fortsetzen. Das Seehandbuch beschreibt die Insel als schön und fruchtbar, ohne Bewohner und außerhalb des Suva-Regengürtels liegend. Also wieder Sonnenschein. Jedoch nur bis zum Ankern. Gleich danach packt uns schier das Entsetzen: Zwei Bulldozer dröhnen vorbei. Ein Landungskahn setzt auf den Strand und wird entladen – Zement! Hilfe, Deutsche sind hier – und dann noch aus Bochum!

»Dies ist der Ort, wo ›Skipper‹ Wilfried das Motorradfahren lernte«, schreibt das Bochumer Ehepaar später in unser Gästebuch. Daß ich damit bei Peggy auf dem Rücksitz einige Male in den Busch kippe, steht nicht drin. Nun, das sagt schon, daß wir gar nicht so unglücklich über die Anwesenheit dieser beiden Flitterwöchner sind.

Daß wir nach Wakaya überwechselten, hat unter anderem einen historischen Grund: Graf Luckner wurde hier im ersten Weltkrieg von den Briten festgenommen, nachdem er seine »Seeadler« auf dem Riff von Mopelia verloren hatte und sich in einem Rettungsboot mit einem Dutzend Marinesoldaten aufmachte, um ein Schiff zu kapern. In dieser Bucht, in der seinerzeit noch Landwirtschaft betrieben wurde, landete er, um sich Früchte für seine Mannschaft zu besorgen, die kurz vor dem Verhungern war. In seinem Buch *Seeteufel* schreibt er darüber: »Wir wurden ausgefragt und logen allerlei. Ich glaube, wir haben diesmal im Lügen die neuseeländischen Zeitungen übertroffen. Die Eingeborenen waren nicht mißtrauisch, wohl aber ein Halbblut, der uns immer verzwicktere Fragen stellte und geschickt eine Verschwörung gegen uns einfädelte. Abends, um jegliches Mißtrauen abzubauen, gaben sie ein Zechgelage, wofür wir schweren Herzens unseren letzten Rum opferten.«

Am Morgen, als Luckner und seine Leute ihr Rettungsboot seeklar machten, kam ein wundervoller Zweimastschoner in die Bucht. Luckner faßte augenblicklich einen Entschluß: »Dies Schiff wird unser! Wollen wir es gleich kapern, oder wollen wir warten bis morgen früh? Wir gingen an Bord unseres Bootes und hielten Kriegsrat.«

Man kann sich solche Gedankenzüge heutzutage kaum noch vorstellen. Schon gar nicht, wenn man so wie wir, in dem Cockpit sitzend, mit Blick auf die sichelförmige Palmenbucht in so einem Buch blättert.

Verhaftet werden die deutschen Mariner nur deshalb, weil sie ihre psychologische Hemmung nicht ablegen können, als zivil Gekleidete auf Uniformierte zu schießen. »Als der Polizeioffizier herankommt, uns verhaften will und fragt, wer wir seien, stelle ich mich ihm vor als Kommandant des ›Seeadler‹ mit einem Teil meiner Besatzung. Wie wurde der Mann schneeweiß, wie zauderte er, näher zu kommen, und dabei waren wir doch so heruntergekommen durch Hartbrot und Wasser, so entkräftet durch die Fahrt im Boot.«

Welchen Kampfwillen müssen diese Männer gehabt haben, daß sie versuchten, halb verhungert noch ein Schiff zu kapern. Das ist vergleichbar mit Captain Blighs Fahrt über viele tausend Meilen im offenen Rettungsboot mit 19 seiner Bounty-Ausgesetzten. Aber die Spannkraft des menschlichen Organismus war bei diesen früheren »Helden« wohl wesentlich ausgeprägter als bei uns. Die Muskelkraft des Grafen machte ihn ja bei uns im Lande allgemein bekannt. Er konnte mit seinen Pranken, denn natürliche Hände waren es nicht, Telefonbücher zerreißen. Ich konnte ihn leider nur mit Scheck-»Büchern« imitieren – und die sind ja bekanntlich wesentlich dünner!

Graf Luckner kam also seinerzeit hierher, um Früchte zu besorgen. Die Bochumer Peggy und Otto kamen (im Jahre 1976), um einen Teil der Insel zu kaufen. Und wenn man bedenkt, daß sie dies in ihren Flitterwochen taten, so glaubt man sich in ein Märchen versetzt. Und sogar die Erbse unter dem Bett der »Prinzessin« fehlt nicht: nur tritt sie hier in Form einer Krabbe auf. Die Vermutung, daß Kym sie allabendlich in Peggys Bett schmuggelt, bestätigt sich, als er erwischt wird. Aber Kym und Peggy mögen sich, und so wird es von allen als gelungener Spaß hingenommen. Ich mag sie, die eigentlich Südamerikanerin ist – mit schottischem Blut, auch sehr, und ich finde sie für den 28jährigen Otto viel zu schade, der den ganzen lieben Tag seine Frau allein läßt, um wegen Wakaya zu verhandeln. Die Insel ist nämlich nicht billig. Sie hat eine Landebahn, ein Dutzend feste Häuser und wird weiter ausgebaut zu einem exklusiven Bungalow-Resort. Richtig teuer wird sie aber erst dadurch, daß sie eine der wenigen Inseln in den Fidschis ist, die Ausländer erwerben können. Otto ist auch Segler und träumt: »Vom Kap ziehen wir einen kleinen Wellenbrecher nach Osten, und schon haben wir einen kleinen Hafen, geschützt gegen alle Winde.« Er will dann seine Segelyacht hierherbringen. Ich seh' mich tatsächlich schon als ›Hafenmeister‹. Vorsorglich gebe ich ihm auch gleich meine Anschrift. Doch alles, was ich Monate später von ihm höre, ist: »Aus dem Wakaya-Deal ist nichts geworden.« Wahrscheinlich war sie ihm doch zu teuer.

Mit Andavathi – unserer nächsten Insel – sind wir wieder in der Laugruppe, allerdings im nördlichen Teil dieser langgestreckten Inselkette – und unter Insulanern. Es ist genau eine Familie mit elf Köpfen, die hier in drei Hütten verteilt lebt. Sie sind alle indischen Blutes, und somit gehört ihnen die Insel auch nicht, die Leute haben sie nur gepachtet, und um die Pacht zahlen zu können, müssen sie arbeiten. Die Fidschien, die ja oft auch genügend Land haben, aber zu bequem sind, es zu bestellen, sind gezwungen, von den ungeliebten, aber fleißigeren Indern ihren Kapitschi (Salat) zu kaufen. Ihre besten Geschäfte macht diese Familie mit den Yangona-Wurzeln, die in den Dörfern oder umliegenden Inseln für zwei Dollar das Kilo verkauft werden. Leicht könnte man meinen, diese Familie wäre genauso geschäftstüchtig wie die Inder in den Läden von Suva. Aber das trifft auf die elf nicht zu.

Ins Logbuch schreibe ich während dieser Zeit: »Nichts Negatives in all den drei Wochen, die wir hier vor Bug- und Heckanker vor der kleinen Insel liegen. Astrid beschwert sich auch in keiner Weise. Die Bewohner sind einzigartig. Immer haben sie eine kleine Überraschung für unseren Kochtopf parat – Bananen, Kasava, Kapitschi, grüne Bohnen. Jegliche Bezahlung weisen sie energisch von sich. Und Kym hat einen gleichaltrigen Freund: Harry. Auch an Julian, Harrys Mutter, hängt er sehr. So ist unser Junge den ganzen Tag mit seinen neuen Freunden in der Hütte, am Strand oder beim Krabbenfangen im Dickicht. Die Südseebewohner kochen und verzehren diese häßlichen Kokosnußkrabben. Astrid, die sonst vor nichts Eßbarem zurückschreckt, zieht bei Kokosnußkrabben die Mundwinkel hoch: »Das sind Aasfresser, da muß ich ehrlich passen.«

Ich male unseren Motor von allen Seiten. Ich tauche und speere Fische, während Astrid stundenlang nach Muscheln unter den Steinen am Strand sucht. Ein wirklich wunderbarer, unvergeßlicher Platz, und eigentlich wollen wir noch auf die Insel und die, von denen wir all die neuen Seekarten haben. Die müssen doch »abgenutzt« werden! Aber keiner will weg. Auch Kym nicht. Er protestiert energisch. Zum erstenmal wird uns bewußt, wie sehr auf dieser Reise auch seine Stimme gilt. – Es ist so schön einfach hier. Haben wir Durst, schlagen wir eine Nuß auf. Steht uns der Sinn nach Brot, backen wir es uns in einem Topf auf einem Feuer am Strand. Für die Oberhitze sorgt die Glut, die wir auf den Deckel legen.

Aber schließlich ist es doch soweit: Groß auf, Fock dicht, wir segeln ab. Doch in der schmalen Lagune schläft der Wind bald ein, »Kathena faa« sitzt in einer Flaute fest. Raghubir, ein Sohn der Andavathi-Familie, kommt mit seinem Kahn längsseits, klettert an Deck und bringt uns mehrere Meter Zuckerrohr und einige Kokosnüsse. Als der Wind aufkommt, geht er von Bord und kehrt in seine Hütte am Scheitel der kleinen Bucht zurück.

4

So idyllisch geht's zu in Tuvalu

»Ja, da hab' ich mich tatsächlich erst einmal
gefragt, ob Ihr noch in dieser Welt seid – als ich
TUVALU las. Schließlich haben wir da noch
keine Außenredaktion – auch sonst keine Mit-
arbeiter, die ich als Betriebsrat vertreten
könnte.«
Ortwin F. aus Hamburg

Die Nacht zieht sich endlos hin, es böet und gewittert
pausenlos. Ich fühle mich, in der Pflicht stehend und mit
der Taschenlampe die Segelstellung beobachtend, matt
und lustlos, kann mir aber gerade jetzt keine Nachlässig-
keit leisten: Die Riffe der Fidschiinseln liegen in Lee. Und
wie üblich auf dieser Fahrt: Kurs hoch am Wind. Gischt
sprüht übers Vorschiff. Wasser strudelt durch die Deck-
abflüsse. Ringsum Schwärze, nur »Kathena faa« hebt
sich in der phosphoreszierenden See ab. Wolkenbruchar-
tige Regengüsse unterbrechen dieses Bild. Durchnäßt mit
klammen Händen plage ich mich mit dem Ein- und
Ausreffen der Segel. Wie eine Katze turne ich über das
Vordeck. Wenn wir uns ranhalten, können wir morgen
da sein, geht es mir durch den Kopf. Mit »da« meine ich
Futuna. Diese Insel wird der Schnittpunkt aller meiner
Reisen werden. Bei dem Gedanken verliert sich meine
Kühle. Als junger Fant segelte ich 1967 mit der
»Kathena« ganz, ganz dicht am Nordzipfel dieser französischen Insel vorbei. Leider nur vorbei, wie ich später auf
meiner zweiten Reise mit Astrid feststellte. Zusammen
verlebten wir dort Tage, die damals für uns zu den
schönsten zählten. Zugegeben, wäre ich mit »Kathena I«

hier reingefahren, ich weiß nicht, ob ich allein wieder rausgekommen wäre. Die Mädchen, zahlreich und mit dem langen schwarzen Haar der Polynesier, waren nicht nur hübsch, sondern auch sehr freundlich. Um all die Schönheiten und Annehmlichkeiten dieser Insel ein bißchen zu genießen, ankerten wir seinerzeit in der »Schwellbucht« eine ganze Woche.

Das große Übel bei der Rumschipperei bleibt, daß man selten alles vereinen kann. An irgendwas hapert es immer. Auf Futuna ist's Schwell und See, die das Liegen dort so fürchterlich machen. Und es sieht augenblicklich in diesen Gewitterböen danach aus, daß uns, wenn wir hier vor Anker liegen, das Wasser übern Bug spülen wird. Keine hübschen Aussichten. Nur die Genußsucht tröstet uns: Nach all den Monaten mit Ceddar-Cheese wollen wir wieder mal Camembert essen. Und Freunde und Bekannte werden wir treffen.

Überraschend ruhig ist die Bucht, als wir einlaufen. Vorsichtig bringen wir den Heckanker aus; um uns herum haben Fischer ihre Netze ausgelegt. Der erste Blick zum Dorf zeigt uns keine Veränderung: hochgezogene Kanus am Strand, weißgetünchte Häuser, mit Palmblättern gedeckt, und viele Schweine auf der Straße.

Die französischen Kolonisten sind uns am liebsten: Kein Ein-, kein Ausklarieren – zumindest hier in Futuna, oder Hoorninseln, wie sie meistens in den Atlanten genannt werden. (Dies für diejenigen, die diese beiden dicht nebeneinanderliegenden Inseln aufsuchen möchten.)

Über mir wiegen sich die Palmenkronen. Hinter mir rekelt Astrid sich in einer Hängematte, die zwischen zwei Brotfruchtbäumen schaukelt. In gleichmäßigem Rhythmus schlagen die Wellen an das Riff. Wir sind am Strand vorm Haus bei unserem alten Freund: Michel Gavot. Damals Sekretär, heute Sekretär des jeweiligen Delegierten. Es wird französisch gesprochen, da halte ich mich raus. Astrid führt die Unterhaltung. Ich kriege aber soviel mit, daß er erst kürzlich Urlaub gemacht hat, in Paris natürlich, wie alle im Ausland tätigen Franzosen. Sekeme, seine Frau und eine hiesige »Princesse«, war selbstverständlich nicht mit auf dem Zwei-Monats-Trip: »Zur Abwechslung sind die Französinnen auch mal ganz gut.«

Dabei hat er es mit der Tochter des ›Kings‹ dieser 5000 Polynesier sehr gut getroffen. Sie ist nach all den vielen Jahren noch immer keine dicke Mammi, und mit in die Ehe brachte sie dieses herrliche Fleckchen Land, das an den Vorgarten Edens erinnert: Schweine laufen zwischen unseren Beinen herum, um die heruntergefallenen Früchte aufzufressen, Hühner picken in aufgeschlagenen Kokosnüssen, Fische warten im Riff darauf, gefangen zu werden, und . . . Moskitos gibt es nicht! Ich möchte mit Michel tauschen: »Ich gebe dir unser Schiff, und du besorgst uns dafür ein brauchbares Stück Land.« – »Non, non, pas de chance, hier verkauft oder vertauscht keiner Grund. Den bekommst du nur durch Erbschaft oder Heirat.« Und dabei gehört diese Südseeinsel zur Europäischen Gemeinschaft. Auf deren Kosten wird rund um die Insel eine Straße durch Fels und Stein gebulldozert. »Nur um auf der anderen Seite ein paar Nüsse abzuernten«, wie Michel etwas hämisch sagt. Der Straßenbau gibt den Männern hier im Ort Arbeit, denn die weltweite Rezession spürt man auch auf dieser kleinen Insel. An der Dorfstraße wachsen das Moos und die Sträucher über die nicht fertiggestellten Steinhäuser. Weil die Franzosen im nahen Neukaledonien die Nickelminen zum Teil dichtmachten und Männer nach Hause geschickt wurden, fließt das Geld auch auf dieser Insel spärlicher.

Die Löcher auf dem winzigen Kai werden mit Zement ausgebessert, der Schweinedreck wird von den Wegen gekehrt, die Mädchen streifen ihre mit fantastischen

Motiven bestickten T-Shirts über: Der Zerstörer ›Balny‹ aus Toulon ist avisiert. Alle sind voller Erwartung, denn ein Kriegsschiff in dieser Größe hat vor Futuna noch nie Anker geworfen. Das einzige Café, eine Bretterbude mit Wellblechdach, wird mit Palmenwedeln dekoriert.

Auch wir sind neugierig und harren auf der konstant rollenden »Kathena faa« aus, bis sich das graue schnittige Schiff zeigt. In einem komplizierten Anlegemanöver mit zwei Bugankern und Heckleinen zum winzigen Kai macht sich der Zerstörer in der Bucht breit. Bevor die Anker geworfen wurden, jumpten einige Taucher mit Gerät in die See, um den Grund zu inspizieren. Die »matelots« vertreten sich während der zwei Tage nur mal kurz die Füße und schießen dabei mit der Kamera, was ihnen vor die Linse kommt. Die Inselmädchen hängen stundenlang am Kai rum und schäkern mit der Besatzung (dabei bleibt's auch, wie Astrid mir versichert). Für die obersten Inselmenschen gibt der Kommandant ein Diner an Bord des Escorteur. Wir sind auch geladen, sicher nur Astrids wegen, die mit ihren Französischkenntnissen Furore macht.

Logbuch 12. September 76:

»Nach versumpfter Nacht auf der ›Balny‹ hole ich beide Anker ein. Mir wird's dabei schwarz vor Augen. Unsere 10 mm dicke Kette ist mörderisch schwer! Aber die Abfahrt muß sein, das Liegen hier erscheint uns heute zu riskant – der Seegang steht voll in die Bucht.«

War das ein Essen beim »Commandant« und seiner Mannschaft: Apéritif und »Krüsselchen« vorweg (da war der Kym schon satt), Tornedos mit gegrillten Kartoffeln, Salat mit Sahne angerichtet und nebenher noch Käseplatte, Kaffee, Cognac. Anschließend im Café am Kai Tanz.

Astrid spuckt leider einen Teil dieses köstlichen Menüs unterhalb der Küste ins Meer. Ich habe Mitgefühl für Astrid in solchen Situationen, trotzdem schleicht sich auch Schadenfreude ein. Das konnte ich auch auf meinen Fahrten um Korsika unter meinen Mitseglern beobachten. War da einer seekrank, so zeigten sich die anderen ironisch ignorierend. Seekrankheit, so unangenehm sie für die Betroffenen ist, löst bei den Verschonten wenig Teilnahme aus, wahrscheinlich weil sie keine wirklichen Schäden hinterläßt.

Jetzt wollen wir aber gen Tuvalu segeln. Das klingt nach einer paradiesischen Inselgruppe, auf der man frei und unbekümmert leben kann. Alles, was jetzt vorm Bug erscheint, ist Neuland für uns – bis nach Hause. Nicht neu für uns ist die neuerliche Passatstörung – und das noch in Sichtweite der Insel. Aus meiner Idee, Aries einstellen und rein in die Koje, wird nichts. Der Wind springt, mal Nord, mal Süd, dann steht die Fock back, oder wir halten dorthin Kurs, wo wir gerade herkommen. Ist an Deck alles klar, muß Kym unterhalten werden – und das alles mit »dickem Kopp«.

Die Müdigkeit, die übergroße Hitze, die Verstimmung über diese Segelei im Passat machen diesen Tag kaputt. Ich schlage böse das Logbuch zu. Das war's, für heute will ich nichts mehr vom Segeln wissen. Doch bevor ich mich in das Cockpit zum Dösen hinkauere, koche ich uns allen eine Tomatensuppe aus der Dose von Mister Campbell. Astrid, die auf See alles in der Koje erledigt, bleibt auch beim Essen ihrem Spruch treu: »Im Liegen geht's.« Heute schüttet sie sich die heiße Suppe über den Bauch. Der Kurs, der Wind, alles bleibt bruchstückhaft. So mancher Blick auf den Kompaß zeigt uns, daß wir weit, weit ab vom Tuvalu-Kurs steuern. Das bedeutet: raus, Bewegung. Die Crew wird dabei flatterhaft, und Kyms wiederholtes «Spiel mit mir« wird gerne überhört. Bis sich einer erbarmt und wenigstens antwortet: »Hab' doch gerade Häuser mit dir gebaut.«

Kym erscheint mit einem Buch in der Hand: »Lies mir mal vor.« Aus Astrids Koje kommt ein: »Später! Nachher, wenn's kühler ist.« Der herumgeisternde Junge: »Kann ich an Deck gehen?«

»Nein, du weißt doch, auf See darfst du das nicht allein. Papi kann dir aber eine Schüssel Wasser in die Plicht stellen, da kannst du prima deine Tiere schwimmen lassen.«

»An Land hat er es besser als andere Kinder«, versuchen wir unsere Schuldgefühle zu beschwichtigen. Tatsache ist, daß ihm in den Dörfern wirklich viel Liebe entgegenfliegt. Seine helle Haut, sein blondes Haar, seine blauen Augen ziehen die Aufmerksamkeit der Insulaner auf sich. Blonde Männer und auch Frauen haben sie in den Dörfern alle schon mal gesehen, aber hellhäutige Kinder sehr selten. Zusätzlich wirkt Kym noch scheu und zärtlich. Und das bedeutet für die Menschen dort offensichtlich, daß sie ihn drücken, abküssen müssen; das hat er gar nicht gern, da wehrt er sich mit Händen und Füßen. Die Folge: Es macht die Frauen nur noch närrischer. Sie stürzen sich mit Gekreisch auf ihn. Auch wenn sie ihn mit Kasava, mit Bananen locken wollen, zu denen kehrt er nicht zurück. So viel Liebe hält er nicht aus.

Nachdem wir den Kurs neunundneunzigmal geändert und auch die Segelstellung neunundneunzigmal verändert haben, halten wir Ausschau nach unseren Tuvalu-Eilanden. Diese über 700 km verstreuten neun Atolle sind nicht nur flächenmäßig winzig, sondern geben auch in Richtung Himmel nur einen Zwerg ab. Bekanntlich ragen Atolle so hoch, wie die Palmen wachsen – stehen keine drauf, was viel häufiger vorkommt, sieht man nur das Riff oder ein bis zwei Meter hohe Sandhügel. Ich muß gestehen, daß ich, je näher wir den Inseln kommen, Bedenken nicht abschütteln kann. Meine Logbucheintragung am fünften Tag dieser 407 Seemeilen langen Reise:

»Finde Funafuti genau, wo ich es meiner Ortsbestimmung nach erhoffte. Darauf könnte ich jetzt mit Genuß ein Bierchen schlürfen (ist nur keins an Bord). Besonders nach unserem Navigations-Malheur von Fidschi würde mich das ganz high machen.«

Funafuti ist die Hauptinsel dieser Versprenkelten. Fongafale der Hauptort. Hier wird verwaltet, und zwar echt europäisch: Zuerst kommt der Doktor mit seinen Formularen an Bord – und trinkt Tee. Danach löst ihn der Zollbeamte mit seiner Aktenmappe ab – und trinkt ebenfalls Tee. Und nachdem dieser seine Arbeit getan hat, erscheint der Immigrationsbeamte mit seinen Stempeln – ihm schmeckt der Tee gleichfalls. Mit freundlichen Beamten trinken wir gerne Tee an Bord.

Als »Kapitän« gehe ich mit geschwellter Brust an Land. Bin ich doch wie ein großer Dampfer einklariert worden. Um dies gebührend zum Ausdruck zu bringen, lade ich die Familie ins Vaiaku-Langi-Hotel zu einem Drink ein. Doch ich darf nicht generös sein: Der Liquor-Store wird erst abends geöffnet, aber Kaffee – Nescafé – können wir uns selber brauen, und wie der Manager sagt: »Der kostet nichts.«

Im Zeitalter der Selbstbestimmung erhoben auch die Ellice-Islanders ihre Stimme. Wir wollen unser eigenes Fähnlein hochziehen! Der erste Schritt ist bereits getan, sie haben sich vor einigen Monaten ihren neuen Namen – Tuvalu – gegeben. Der zweite, die Selbstbestimmung, wird mit Sicherheit bald folgen. Der Chief Minister in einer Rede, die er im September 1976 in der Maneaba, einer Art Meeting Place, hielt: »Wir Tuvaluaner wollen endlich die Herren in unseren eigenen Häusern sein, und wir brauchen keine Leute von auswärts, die uns beeinflussen und uns sagen, wie wir unser Tuvalu regieren. Ja, wir wollen so schnell wie möglich die volle Souveränität. Nichts wird uns davon abhalten, dies in kürzester Zeit . . .« Beifall.

Im Oktober 1977 wird Tuvalu von Princess Margret als neue mikroskopische Inselrepublik (mit 6000 Polynesiern) in ihre Unabhängigkeit entlassen.

Für diesen Augenblick werden hier in Fongafale alle Vorbereitungen getroffen, als ginge es darum, ein neues Babylon oder ein zweites ›Brasilia‹ zu schaffen. Dem Chief Minister wird ein prächtiges Steinhaus gebaut, daneben ein repräsentables Gästehaus, am Kai entsteht ein Regierungs- und Verwaltungsgebäude – verklinkert und mit edlen Hölzern ausgestattet. Die Ansprüche scheinen gewaltig. Wer bezahlt das alles? Man macht sich so seine Gedanken, wenn wie hier jeder Stein, jedes Stück Bauholz importiert wird. »Well, the British«, ist zu hören. Die Atolle geben tatsächlich nicht viel her. Die paar Kokosnüsse brauchen die Insulaner selber, so daß an einen Kopraexport nicht gedacht werden kann. Die Inselsöhne arbeiten in den Phosphatminen Naurus und als Seeleute auf deutschen Schiffen. Der Briefmarken- handel dagegen brachte 40 000 Australien-Dollar Über- schuß im vergangenen Jahr. Die Motive – Inseln, Kanus, Fische, Hütten – sind so gut gewählt, daß auch wir mehr Geld in der Post lassen als im Store.

Sechs Weiße – Engländer, Australier – sind hier ver- waltend tätig, alle ohne Familie, und so hocken sie mit uns im Vaiaku-Langi, trinken Kaffee und erzählen uns Histörchen. Kym und ich, wir leihen uns täglich ein Fahrrad und radeln damit zu den Wracks raus, die der schwere Hurrikan Bebe aufs Riff schmiß. Sie werden noch viele Jahre dahinrosten und als Denkmäler an diese Naturkatastrophe erinnern.

Im neu geschaffenen Sender »Radio Tuvalu« wird der erste Fischereiminister Tuvalus vorgestellt: »Mr. Elisala Pita ist nach seinem einjährigen Studium in England der am höchsten qualifizierte Fischereifachmann im ganzen Pazifik. Seine Studien umfaßten Fischbestand, Fischer- boot-Design und -Motoren, Fangmethoden und Ausrü- stung, Seewesen und Gesetzgebung, Fischverarbeitung, Studien kaufmännischer wie direktiver Prinzipien, die sich speziell auf tropische Zonen beziehen.«

Wir schmunzeln: »Ein Fischereiminister ohne Boot!« Der Richtigkeit halber muß gesagt werden, er hat eins auf dem Trockenen liegen, ein neun Meter langes Holzboot, von Australien gestiftet, das jetzt so tropisch dahinrottet.

Elisala sehen wir täglich im London-Dress, sein Aktenköfferchen schwingend, durch die Village eilen, wobei er den Eindruck erweckt, als dürfe er bloß keine »Konferenz« verpassen. So idyllisch geht's zu in Tuvalu.

Noch. Denn so ein Bild, wie der Policeman und Kym auf der Dorfstraße miteinander Murmeln spielen, gibt's in einigen Jahren wohl nicht mehr. Es wird mit Sicherheit bald um Touristen gebuhlt. Aus dem einmal wöchentlich landenden Mini-Flugzeug wird ein tägliches werden. Obwohl der Chief Minister im Radio deutlich sagt: »Den Volkstourismus wollen wir nicht, der schafft viel Ärger und verdirbt die Leute, das brauchen wir uns nur auf den Fidschis anzusehen. Bei uns kommt nur der exklusive Tourist in Frage. Derjenige, der beim Hochseeangeln, Tauchen etc. genügend Geld hierläßt.«

Da ist anzunehmen, daß bald aus dem Zehn-Betten-Holzhotel mit zeitweilig blockiertem Kühlschrank ein toller Laden wird: mit angestrahlten Palmen und immer eiskaltem Bier. Möglich auch, daß der Name Vaiaku-Langi nicht mehr gefällt und Coconut-Hotel in Neonbeleuchtung über die Lagune strahlt.

Wir werden auf der Insel auch eingeladen: For Cocktails – dress casual, von Mr. Lang, »his Excellency the Queen's Commissioner«. Auf der Karte, die uns an Bord gebracht wird, steht auch noch: Mitzubringen nur den persönlichen Sekretär. Der Sozialminister, der Fischereiminister (Elisala) geben uns ebenfalls die Ehre: For Cocktails . . . Leider gibt es niemals Island Food, nur dünn bestrichene Cracker. Aber fairerweise muß man sagen, daß es auf Funafuti nicht viel zu ernten gibt. Der Hurrikan ›Bebe‹ hat die Insel mit seinen mächtigen Seen überflutet und dabei den guten Boden ins Meer geschwemmt.

Wir kriegen auch Post. Einen Brief aus der Heimat von einem Herrn Wilke aus Düsseldorf mit Bildern seiner Stadt. Ein Foto zeigt den Rhein, gesäumt von vielen rauchenden Schloten, ein anderes die Bootsausstellung: »Ich hoffe, Ihnen hiermit eine kleine Freude . . .« Und ob. Segeln im Becken der Messehalle: Das trifft uns tief. Wir verholen »Kathena faa« gleich zu einem Riffinselchen, an einen Strand – ganz für uns allein, unberührt in einer phantastischen Lagune. Zehn Meter Boot liegen da reglos, es scheint zu schweben. Blaues, türkises Wasser drumherum – entspannendes Wasser. Es kühlt nicht nur ab, es löst unsere Spannungen, die ja an Bord auch nicht ausbleiben. Zum Beispiel solche Sticheleien: »Du gehst mir auf den Geist mit deinem Lesen«, dann jumpe ich über Bord und reagiere mich mit Schnorchel und Maske ab. Finde ich dabei eine anständige Muschel, so ist alles vergessen, und wenn nicht – auch.

Als die Nacht anbricht, liegt die Lagune so ruhig da, daß man meint, die Natur will auch schlafen gehen. Das leise Säuseln in den Palmen hören wir nicht mehr, und der Mond wirft die Palmenkronen als Schatten auf den Sandstrand.

Kym verlängert an diesem Abend sein Gebet um den Satz: »Lieber Gott, ich danke dir, daß du die Palme geschaffen hast.« In der Tat ist sie immer dabei und unser großer Freund und Spender: Schatten gibt sie und Milch, Kokosfleisch, Uto, Spielzeug, Flechtmatten und, und, und.

Mich befällt Romantik: »Komm, Astrid, laß uns um die Insel flanieren.«

»Ich weiß nicht . . .«

». . . ist doch Mond.«

Astrid trägt immer ein Quantum unbegründeter Angst

mit sich herum. Angst vor dem Unbekannten beim Tauchen – wenn sie es allein tut – oder wie jetzt. Ich versuche auf alle möglichen Arten, ihr das auszutreiben, aber sie läßt sich mit logischen Argumenten selten überzeugen.

Wir waten durch das seichte Wasser der Lagune zur Insel. Wir haben unsere alten Tennisschuhe an, denn die Korallen sind schärfer als die Schneide eines Messers. Unsicher tappen wir im Mondschein bis auf das Riff an der Seeseite. Jenseits schnellen die Wellen wie Mauern hoch. Der Sog des ablaufenden Wassers zerrt an unseren Beinen. Das Meer dort draußen ist lebendig. Schwacher Phosphorschein erhellt das Riff. Südsee. Ganz genau, wie wir uns das erträumt hatten.

Das Riff ist der Geruch der Südsee. Ein aufdringlicher, ja ein anmaßender Geruch von warmem Salz und Plankton. Da stehen wir ein bißchen verdattert zwischen Wirklichkeit und Einbildung. Man sagt, daß der Mensch ein klein wenig anders wird auf den Atollen. Hier kriegt er eine leise Ahnung von der Ewigkeit.

Wir ziehen uns durch das lauwarme Wasser zurück zur Insel und legen unsere Pareus auf den hellerleuchteten Strand. Die Schwüle der Nacht verdickt unser Blut. Nur die Sterne verraten uns, wo Osten und Westen ist. Wir nehmen die Beine hoch, denn hin und wieder huscht eine Krabbe vorbei. Mondlicht filtert durch die gefächerten Palmblätter. Für uns ist dieses einige hundert Meter lange Inselchen, ohne Wasser, ohne fruchtbaren Boden, das Schönste der Welt. Wie zwei Verzauberte liegen wir am Strand und starren in ein sternenüberflutetes Meer.

Eine Tagesreise entfernt ein anderes Atoll: Nukefetau. Mit großem Geschrei werden wir begrüßt. Lustige, alberne Polynesier. Doch warum sind es nur Frauen, Mädchen, Kinder? Wo sind die Männer? Ach ja, die sind wie auf den vorigen Inseln »exportiert« – in die Phosphatminen Naurus, auf die Schiffe deutscher Reeder. Und die Alten fischen in ihren Kanus am Riff. Nicht zu übersehen – ein Cricketspiel. Auch hier nur Frauen. Unüberhörbar der an mich gerichtete Tip: »Next time you come alone.«

Wir haben für die Bewohner Post von Funafuti mitgebracht und für den Häuptling einen Sack Reis und Zwiebeln.

Beim Pfarrer hängt eine wunderhübsche Weltkarte an der Wand. »Woher hast du die?« frage ich. »Von einem Österreicher, einem Katamaransegler, der war mal hier und tauchte unglaublich viel.« Das kann doch nur der Hausner gewesen sein, von dem ich gelesen habe. Ich erzähle dem Pfarrer, daß der Segler inzwischen seinen Katamaran am Riff verloren hat. Man sollte meinen, der Pfarrer würde jetzt ein bestürztes Gesicht machen, doch nein, er lacht lauthals los und faßt sich dabei auf den Bauch: »Er hat wohl noch zu viel Meerwasser in den Augen gehabt.« So ist die Mentalität der Polynesier. Kein Volk, das Trübsal bläst, wenn mal Betrübliches passiert.

An Bord passiert mir etwas Bedenkliches: Während ich eine Zeichnung von Tuvalu sehr sorgfältig in mein Logbuch einstrichle, nimmt Kym einen Farbstift und macht einen Strich mittendrein. Meine Reaktion: Ich schimpfe und versuche den Schandstrich wegzuradieren. Im nächsten unbewachten Augenblick kritzelt er jedoch über die ganze Seite. Na, jetzt werde ich böse und tue, was ich vorher noch nie bei ihm getan habe: Ich gebe ihm mehrere Schläge auf den Po. Noch beim Ausholen denke ich, ob das nicht zu viel ist, kann mich aber nicht zurückhalten, weil ich glaube, sonst würde ich jeden Respekt einbüßen.

Er brüllt wie ein Teufel. Er brüllt weiter. Er schluchzt und – stottert hernach. Wird ja gleich vorübergehen. Aber am nächsten Tag ist es noch schlimmer, kein Wort kann er fließend herausbringen. Auch am zweiten Tag spricht er noch stockend. Mit unendlicher Mühe und Geduld: »Sprich ganz langsam«, kann der Schaden nach drei Tagen behoben werden. Gott sei es gedankt! Ich schwöre mir: Kym, von mir kriegst du nie wieder was auf den Po!

5

Die Rot-Weiß Kolonie

>Ich hatte Schwierigkeiten mit dem Motor, ver-
reckt genau vor der Einfahrt von St. Tropez. An
Bord nur meine Frau und ich. Noch jetzt bin ich
stolz auf mein Einlaufen unter Segel – vorsichtshalber nur Großsegel – und einem ge-
konnten längsseitigen Anlegemanöver. (Vor
dem Anlegen Segel runter und dann Ruder in
den Wind.)«
Hermann W. aus Stuttgart

Der Abenteurer lebt in ewiger Gegenwart – und die ist
augenblicklich scheußlich heiß. So schlimm, daß Kym
wahrhaftig fragt: »Hat es der liebe Gott nicht zu heiß in
der Sonne?« Wir sind nahe am Äquator – auf den Gilbert-
inseln. Hier in Betio streicht nicht mal ein Hauch übers
Deck. Und unter Deck ist es nur frühmorgens auszu-
halten.

Wir werden unverhofft für ein paar Tage aus unserem
Brutstall erlöst. Von drei Deutschen, Ausbildern der
Insel-Seemannsschule, mit ihren Familien. Im kühlen
Häuschen von Christa und Peter feiern wir am 30. Okto-
ber 1976 Kyms Geburtstag mit Selbstgebackenem und
fünf Kerzen. Er wird vier Jahre.

Die Reederei Hamburg-Süd hat hier im Auftrage des
deutschen Reederverbandes ein Ausbildungszentrum
für Decksleute, Maschinenpersonal und Stewards errichtet, wo willige junge Männer von den Gilbert- und Ellice-
inseln zusammengezogen und mit Theorie und Praxis
der Seemannschaft vertraut gemacht werden. Neun
Monate, in denen sie hier im Camp wohnen und versorgt

werden, dauert so ein Kursus, dann geht's ab auf einen Frachter oder Tanker.

Die Reedereifarben des Hamburger Arbeitgebers sind überall, Geschirr, Servietten, Zigarettenschachteln – alles rot-weiß. Bei der ›Passing-out-Parade‹, dem Abschluß eines Kursus, erscheinen alle drei Ausbilder – Peter, Wolfram, Volker – in weißen Hemden und roten Schlipsen und ihre Frauen in rot-weißen Kleidern.

Wir bleiben vier Wochen statt der vorgesehenen vier Tage. Der Abschied wird schwer. Christa, Peter und auch die Kinder winken. Kym ist das heulende Elend. Good bye, liebe Kolonie Rot-Weiß. Wir denken noch viel an euch.

Während ich über die Betio-Tage nachdachte, machte ich die schönsten Entdeckungen und die tollsten Erkenntnisse gingen mir auf, und ich nahm einen Bleistift und notierte sie, doch jetzt, beim Ausarbeiten der Details, weiß ich nicht, ob ich's nicht beim allgemeinen Gefühl – Betio ist erledigt – belassen soll.

Schau ich aber in unser Gästebuch, so meine ich einiges erwähnen zu müssen. Annemarie dichtete darin: »Astrid, Wilfried, Kym gingen zu der Insel hin / und, da unsere Welt so klein, / mußten dort auch Deutsche sein! / Richtig! eine ganze Clique / fanden sich dort in Betio Mitte, / in dem Gilbertisen Store, / deutsche Sprache mächtig vor. / Oh, da gab es viel zu reden / und auch ein'ge Tips zu geben / und man lud die Dreie ein, / überall mal Gast zu sein.«

Der letzte Satz war keine Floskel. Nicht immer wird man von Landsleuten unterwegs so herzlich willkommen geheißen. Oft stellt sich, kaum daß man sich begrüßt hat, Befangenheit ein, die Gespräche werden konventionell im Bewußtsein der Störung, die wir verursachen.

Im Haus von Annemarie und Wolfram Hörnicke aber können wir uns duschen, Wäsche waschen, Bier in unsere – in den Tropen – immer ausgedörrten Kehlen gießen und Chinesenkohl, Lammkeule und Papaya essen. Die Kinder schwimmen in der Lagune vor der Tür.

Bei Christa und Peter Brandes, wo wir im Kleid und langer Hose erscheinen sollen, gibt es Grießklößchensuppe, Schweinebraten gebacken, gedämpfte Kartoffeln, Weißkohl holländisch, Pudding mit Fruchtsalat. Hier kocht der Mann. Peter hält sehr auf Stil. Zwischendurch zaubert er noch eisgekühlten Korn in eisgekühlten Gläsern auf den Tisch. Bekömmlich bei 27 Grad in der abendlichen Runde und kolossalen Grieß- und Fleischbrocken.

Bei der dritten Familie, Volker Pahl und Frau, gibt es »Gekapertes«. Zum Nachtisch imitiert Volker Willy Brandt und Helmut Schmidt. Das macht er sehr gut. Im Regal liegt stapelweise die Haushaltszeitschrift »Ich und meine Familie«.

Betio ist unsere erste Begegnung mit Deutschen, die im Ausland tätig sind und dazu noch Seeleute – gestandene Offiziere der Hamburg-Süd-Reederei, die für diese Aufgabe zwei Jahre freigestellt wurden. Alle haben ihre Kinder mitgebracht. Und wegen der Kinder vor allem haben sich diese Seeleute für das schifflose Dasein in dieser drückend heißen Hölle ohne frische Luft für die Lungen entschieden.

Um uns zu revanchieren, laden wir sie alle ein, mit uns zur drei Meilen entfernten Bikemaninsel zu segeln. Annemarie textete dazu:

»Und ein Tag wurde abgemacht, / da die stolze Segelyacht, / mit geblähter Segelpracht, / falls es würde ihr gelingen, / uns nach Bikeman sollte bringen; / denn der Wind in dieser Zeit / war meist nicht dazu bereit. / Endlich schläft er gänzlich ein / und wir gucken dümmlich drein. / Lassen's uns noch nicht verdrießen, / woll'n die Segeltour genießen; / der Motor bleibt weiter aus, / die Kinder spielen ›Katz und Maus‹.«

Tatsächlich »kämpften« wir für die Strecke – Bikeman und zurück – den gesamten Tag – unter Segel (und Motor).

Die Arbeit der Rot-Weißen ist wahrhaftig schweißtreibend. Bei Peter kann ich das beurteilen. Der kommt zweimal täglich ins Haus, um seine verschwitzten Hemden zu wechseln. Wenn wenigstens die Entlohnung entsprechend wäre, könnte ich das verstehen. Peter: »Den Insulanern etwas beizubringen, strapaziert ganz schön. Da braucht man Ausdauer, ein ruhiges Gemüt und viel Zeit. Sie sind zwar willig, aber nicht gerade aufnahmefähig.« Verständlich, wo viele ihr Leben lang nie eine andere Insel gesehen haben und schon gar nicht mit Weißen zu tun hatten, die ihnen zum Beispiel die Funktion eines Feuerlöschers erklärten. »Sie können bestimmt gut fischen, mit ihren Kanus umgehen und sind sonst recht beweglich, das bedeutet aber noch lange nicht, daß sie sich im Motorraum eines Schiffes so einfach zurechtfinden werden.«

Und da zieht es erstaunlich viele hin.

Mit dem Regierungsdampfer »Teraaka« geht's alle paar Monate innerhalb der Gilbert-Inseln auf »Recruiting-Tour«. Wolfram, Anfang Dreißig, der mit seiner Kapitänsmütze sehr viel Ehrfurcht verbreitet, erzählt gerne von diesen Fahrten:

»Wenn wir mit der ›Teraaka‹ vor einer Village ankern und dazu kräftig aufs Horn drücken, wissen alle Bescheid: die Marine-Schule rekrutiert. Eilig kommen die Jungen mit ihren Kanus zum Schiff. Der Andrang ist groß, und ich möchte sagen, wir sind recht beliebt, und sicher reizt es sie, so um die Welt zu schippern, und auch noch Geld und Radios mit nach Hause bringen zu können. Die Hürde, erst mal neun Monate in der Schule unter strengem Regiment zu lernen, nehmen sie dafür gerne in Kauf.«

Mit drei Appellen täglich, makelloser Kleidung und

Strafen für unordentliches Bettenbauen erinnert die Schuldisziplin an eine Kaserne.

An Bord der »Teraaka« nehmen die Boys barfuß und in Lap-laps gehüllt Aufstellung. Die »Alten« werden ausgemustert. Da auf den außenliegenden Inseln die meisten Gilbertesen keine Personalpapiere haben, geht das folgendermaßen vor sich:

»Wie alt bist du?«

»21, Master.«

»Ich glaube, du bist älter.«

»Nein, Master.«

»Wie viele Kinder hast du denn?«

»Fünf, Master.«

»Viele machen sich bewußt jünger. In der Regel liegt das Limit so bei einundzwanzig Jahren.

Nachdem wir eine Vorauswahl getroffen haben, lassen wir sie meistens einige Stunden Rost klopfen – das tut dem Schulschiff gut, und wir wissen dann, wer willens ist und zudem noch geschickt, den nehmen wir gleich mit.«

Diese Rekrutierungs-Methode erinnert noch ein bißchen an die Zeiten Captain Gilberts, der diesen Inseln 1788 seinen Namen gab. Die Gilbertesen, eine Mischung aus Melanesiern und Malaien, wurden um diese Zeit und bis gegen Ende des 19. Jahrhunderts von den »blackbirding« treibenden Seglern und Walfängern zu Tausenden in die Sklaverei verschleppt. Den Ellice-Insulanern erging es dabei noch schlechter, sie waren als Polynesier viel zutraulicher und wurden noch leichter an Bord gelockt. Heute werden sie in die Marine-Training-School gesteckt. Zirka 120 von 200 schaffen jährlich den Abschluß. Wolfram, der Chefausbilder, unterrichtet Theorie: Englisch steht an erster Stelle, dann die Seemannschaft. Sie werden unterwiesen, wie sie sich an Bord zu benehmen haben, also im Umgang mit Weißen und vor allem auch im Umgang mit Alkohol. Peter macht mehr das Praktische: Knoten und Spleißen, Gebrauch von Feuerlöschern und so weiter. Volker vermittelt nach erfolgreichem Abschluß den Job – nach New York vielleicht oder wo immer ein Schiff Leute braucht. Der Heuerboß: »Da muß ich jedesmal mit zum Flughafen und höllisch aufpassen, denn wenn die die Maschine sehen, nach dem vielen Bier beim Abschied von der Familie, kratzt so mancher noch gern die Kurve.«

Die Ausgeflogenen müssen sich für 18 Monate an Bord verpflichten. Die ganz Neuen bekommen im Monat 51 australische Dollar Heuer. Bedenkt man, daß die erste Ausrüstung und die Vermittlung gut drei Monatsheuern verschlingen, fragt man sich, was bleibt? Und eine Frage, die Astrid und mich noch mehr beschäftigt: was tut man den Leuten eigentlich an? Sie verdienen zwar Geld, aber das geht drauf mit Biertrinken, mit der Anschaffung von Kassettengeräten und Mopeds, Dingen, die sie eigentlich gar nicht benötigen. Haben sie ihre 18 Monate rum und machen Ferien, wird mit der restlichen Heuer groß gefeiert, so daß der Mann erneut nach ein paar Wochen bei Volker vorstellig wird: »Ich brauch' ein Schiff!« Die Familie vergurkt derweil das angeschaffte Moped und die anderen Dinge.

In Wolframs Garten wühle ich mit einer Schaufel vier Löcher in den Korallenboden, damit er endlich seine »Maneba« aufstellen kann. Unter diesem auf Pfählen stehenden Blätterdach (man kann nur gebückt reinschlüpfen) will er ungestört palavern und sein Bier trinken. Er hat die Palaverhütte auch dringend nötig. In seinem Garten gibt es nicht einen Busch noch eine vertrocknete Pflanze. Jeder kann durch sein ganzes Anwesen gucken, alles ist kahl.

Und das kam so: Einen seiner Schüler schickte er in den Garten zum Unkrautjäten, unglücklicherweise gab er ihm eine Machete mit. Damit holzte der Boy alles ab, jeden Busch, die Hecke zur Straße, alles, was ihm unter die Machete kam, wurde kniehoch abgesäbelt. Die Aufgabe erledigte er gründlich, vielleicht weil er des Englischen nicht ganz mächtig war.

Als Belohnung für die Arbeit an seiner »Maneaba« dürfen wir in Wolframs Bibliothek stöbern und uns etwas zum Mitnehmen aussuchen. Fallada, Conrad, Kempowski, Simmel. Uns gefällt zuviel. Radio, Fernsehen, Zeitung, Kino können wir entbehren, Bücher nicht. Wir »bescheiden« uns mit einem guten Dutzend dieser Taschenbücher. Christa führt im Vergleich zu ihrem Mann ein angenehmes Leben; so sagt sie selber: »Mit Putz- und Waschfrau und Kindermädchen bin ich für europäische Verhältnisse versaut.« Sie haben gerade ihren Zweijahresvertrag verlängert. Aquarelle malen, im Liegestuhl aalen und Kaffeerunden um 10 Uhr morgens geben: was gibt es Schöneres? Sie, die gelernte Schneiderin, die zuletzt als Modedesignerin tätig war, bietet sich an, uns eine neue deutsche Flagge zu nähen. Astrid ist sofort dafür und bringt Stoff. Aber was kommt raus? Eine Flagge, die dreimal so breit ist wie lang! Wir hören nicht mehr auf zu lachen, als Christa auch noch fragt: »Aber die Reihenfolge der Farben ist doch richtig?«

Wieder unterwegs. Im Abiang-Atoll haben wir Probleme mit Kym. Er will nicht mehr an Land. Die vielen Kinder am Strand machen ihm zum erstenmal sein Anderssein bewußt. Kommt er nach langem Zureden endlich mit uns, will er das Dingi nicht verlassen. Liegt das nur daran, daß er in Betio ausschließlich mit den Kindern der Deutschen spielte? Die wilde Meute auf diesem Eiland macht ihm offenbar klar, daß er nicht zu ihnen gehört.

Wir picken einen netten Jungen – Padarnico – heraus, der sich Kyms etwas annehmen soll. Hand in Hand spazieren die beiden durchs Dorf, um sie herum die grölenden und stichelnden Kinder, boshaft wie nur Kinder sein können, wenn sie Schwächen merken.

Padarnicos Vater ist der Pfarrer, Lehrer und Fußball-schiedsrichter in dieser Village. Er zeigt uns, wie man Taro in einem ›bebai‹ zieht. Das sind metertiefe, im Quadrat von 5 Meter ausgehobene Erdlöcher, in deren schlammigem, salzhaltigem Grundwasser die Tarowurzel gedeiht. Jede Pflanze hat nur eine Knolle. Diese voluminöse Frucht, die so groß wie ein Kopf wird, wächst das ganze Jahr immer wieder neu und ohne jegliche Düngemittel und dazu noch jahrzehntelang in demselben ›bebai‹. Sie ist neben der Kokosnuß das Hauptnahrungsmittel der Atollinsulaner.

Auf Butaritari finden wir ein neuwertiges japanisches Fischerboot auf dem Riff vor, ich schwimme an Bord und hole mir einen Sack voller Angelhaken und eine Rolle Seekarten. Es sind japanische Karten, und wir schütteln angesichts dieser Karten ein bißchen den Kopf: Sie sehen wie schlecht fotokopierte Duplikate aus. Ist dies vielleicht mit ein Grund, warum auf allen Riffen der Südsee japanische Fischerboote liegen?

6

Bikini Atoll – wir sind zum Vergnügen hier

>»Morgen mach' ich einen kühnen Griff in die
>Portokasse meiner Firma – und dann geht der
>Brief ab zur Post. (Den Griff mache ich, weil's
>so spannend ist und nicht, wie du vielleicht
>wieder denkst, weil's uns so dreckig geht!!!)«
>*Frieda A. aus Blankenese*

Als ich ein Junge war, hörte ich zum erstenmal von
Bikini. Das war in der Dorfschule von Strehlen in der
Prignitz. Ich erinnere mich noch genau, wie unser Lehrer
1954 mit der »Schweriner Volkszeitung« in der Hand das
Bikini-Atoll, wo die Amerikaner ihre Atombomben teste-
ten, als »typisches Beispiel des Imperialismus« darstellte.

Seitdem stieß ich in Büchern und Zeitschriften immer
wieder auf diesen makabren-scherzhaften Namen, unter
dem es in unserem mitgeführten dtv-Lexikon heißt: »I)
Atoll in der Gruppe der Marschallinseln; 1825 entdeckt,
bis 1914 deutsch, dann japanisch, seit 1946 Schauplatz
von 23 Atom- und Wasserstoffbombenversuchen. – 2)
Zweiteiliger Badeanzug mit geringem Stoffaufwand.«

Ich sammelte seit den 60er Jahren alle Bikini-Informa-
tionen, denn irgendwann wollte ich hin. (bei meinen
vielen Plänen seit je kein unmöglicher Gedanke.) Und da
gerade während dieser unserer Reise die Bikinesen sich
um ihre Rückkehr aus dem Zwangsexil auf anderen
Inseln bemühen, um das ein Quadratkilometer große
Atoll neu zu besiedeln und zu bepflanzen, lag nichts
näher, als die Insel aufzusuchen. Die offizielle Erlaubnis
für einen Besuch wollen wir uns in Majuro, dem Verwal-
tungsort der Marshalls, holen.

Begleitet von einem steifen Nordost-Passat, laufen wir dort am Vormittag des 7. Dezember 76 ein; gut gelaunt und nicht ahnend, daß dies noch ein schwerer Tag werden würde. Zunächst müssen wir in der Lagune aufkreuzen, denn die Ortschaft liegt genau im Wind. Kym fragt plötzlich angesichts der Kreuzschläge: »Segeln wir Ypsilons?« Diese Art Segelei erinnert ihn an den mittleren Buchstaben seines Namens, wie wir ihn oft genug vorgemalt haben: ein Strich nach Norden, ein Strich nach Nordwest und ein Strich nach Süden. Bei aller Schinderei lachen Astrid und ich uns zu, und künftig benutzen wir diesen treffenden Ausdruck aus Kindermund, wenn wir mal wieder hart aufkreuzen müssen.

Die Lagune treibt uns zusätzlich Schweiß auf die Stirn. Wie üblich gibt das Seehandbuch nicht allzuviel her über Untiefen und Ankerplätze in diesem Teil der Erde. Folglich machen wir alle Navigation mit den Augen. Eine Meile östlich der Ortschaft zeichnet sich ein herrlicher Sandstrand mit sich zur Lagune neigenden Palmen ab. Dort ankern wir auf sechs Meter Tiefe und nur 50 Meter vom Strand entfernt. Puh, das ist mal wieder geschafft!

Man stelle sich vor: Draußen, nur 200 Meter vor unserem Bug, tobt die See, und hier innerhalb der Lagune wiegen wir uns in völliger Sicherheit, in leichten, sich kräuselnden Wellen und türkisblauem Wasser. Das macht solche Atolle immer wieder so faszinierend. Wir spüren diese Stille doppelt. Drei Tage und 310 Seemeilen in einer weißen See hoch am Wind segelnd liegen hinter uns. Das Salz wird abgewaschen, und an Land geht's zur üblichen »Clearance«. Hier herrscht Amerika! Wir merken es in der winzigen Hütte des Hafenmeisters – Aircondition! Da wir das unbedingt notwendige Visum für das amerikanisch verwaltete Trust Territory – und dazu gehören die Marshalls – nicht haben, macht die Einwanderungsbehörde uns Schwierigkeiten.

»No Visa – no entry!«

Rums! Ziemlich verdattert nehme ich dies zur Kenntnis. Was nun? Bloß nicht unhöflich werden, denke ich, schließlich sind unsere Reisepässe in Ordnung und auch die gelben Impfkarten mit den hier notwendigen Impfungen. Wird schon klappen. Ich gebe mich zerknirscht.

»Ich hätte als Kapitän eigentlich wissen müssen, daß man ohne Visa nicht ins Trust Territory rein darf.« Sicher wußte ich davon, gebe es natürlich nicht zu. Ich will dem Gesetz keine lange Nase machen. Als ich von dieser Visapflicht in den Gilberts erfuhr, war es zeitlich schon zu spät, das Papier zu beantragen.

Nach diesen Tönen der Bescheidenheit ignoriert der mikronesische Beamte mich vollkommen: Er setzt seine Sonnenbrille aus den wuschligen Haaren über die Augen, schnappt sich ein Magazin und legt die Beine bequem auf den Schreibtisch. Wortlos läßt er mich im Ungewissen warten. Auf was?

Die Air-conditioning summt. Ich bleibe gelassen. Eine Stunde vergeht, ohne daß sich was tut. Ich rekele mich in meinem Stuhl, der in dieser Wellblechbaracke verhältnismäßig bequem ist. Ich blättere in meinem Paß: Nr. C 2463062, ausgestellt in Büchen. Ich bewundere wieder einmal die vielen Stempel, die unleserlichen Unterschriften.

Wenn der Mikronesier wüßte, daß Geduld meine größte Stärke ist, würde er mich hier sicherlich nicht so lange schmoren lassen. »Heh, Mann«, würde ich am liebsten sagen: »Mit meinem ersten Boot, der ›Kathena‹, habe ich schon mal 131 Tage auf See – und die allein – verbracht, da reiße ich hier auch ein paar Stunden ab . . .«

Ein Amerikaner kommt nach zweieinhalb Stunden. Alle Probleme scheinen sich zu lösen. Ich soll nur Paßfotos holen, und dann bekommen wir drei Monate Aufenthaltsgenehmigung, erklärt er. Schon stehe ich draußen und blinzle ins grelle Licht. Der mikronesische Beamte war offensichtlich kein Mann der Entscheidungen. Um eine Besuchserlaubnis für Bikini habe ich unter diesen Umständen nicht nachgesucht. Das war gut so, wie sich später herausstellte, denn der hier ansässige Anwalt und Rechtsberater der Bikinipeople, George Allen, gibt uns den Tip: »You better don't ask for permission.« Seine Frau Susan, die ein Faible für Yachties hat, wird noch deutlicher: »You just go and see.«

In der Tat ist das Thema Bikini allgemein tabu. Weder die Amerikaner noch die Einheimischen in Majuro wollen damit konfrontiert werden.

Schon beim ersten Rundgang stellen wir fest: das eigentliche Dilemma Mikronesiens ist die totale Amerikanisierung. Die freundlichen Amis machen das Leben der Insulaner leicht – und damit zugleich schwer: das Symbol der Großmacht USA, die Cola- und Bierdose, blinkt an jeder Ecke. Der größte Erwerbszweig Mikronesiens, die Bürokratie, wirft genug ab, um alles importieren zu können. Plastikblumen und unseren künstlichen Weihnachtsbaum – made in Taiwan – kaufen wir hier bei einem Händler. Der Kauf macht Kym neugierig: »Kommt der Weihnachtsmann mit dem Motorboot?« Die Frage stellt er ganz sicher nur, weil es in der Lagune nur Motorboote mit Außenborder gibt und keine segelnden Kanus.

Es herrschen keine paradiesischen Zustände, Unrat verschandelt die Strände, und zur »rush-hour« bewegt sich eine Autoschlange über die verhältnismäßig winzige Insel. Zum täglichen Frühstück gehen wir ins Restaurant. Ich laufe die zwei Kilometer zu dem verdunkelten Laden, während Astrid und Kym sich eines der vielen 10-Cent-Taxis nehmen. Draußen vor dem Lokal wasche ich mir am Hahn erst mal den Schweiß ab. Inzwischen bestellt meine Familie drinnen unsere geliebten Pfannkuchen mit Ahornsirup und Butterstückchen obendrauf.

Dazu viel Kaffee und für unseren Jungen Milch. Das Ganze kostet uns inklusive Taxi gut einen Dollar. Freunden, die Genaueres über unsere Lebensmittelunterhaltskosten wissen möchten, teilen wir mit: »Wir kommen mit soviel aus, wie Dich Dein neuer VW-Golf an Unterhalt kostet.«

George Allen lädt uns nach Hause zum Essen ein. Zum Nachtisch gibt's eine Dia-Show: Nur Aufnahmen von Flugzeugen – seine Leidenschaft. Wir löchern ihn mit Fragen nach Bikini: »Die Japaner und die Amerikaner suchen in Mikronesien eine Insel für ihren atomaren Abfall, sie schielen dabei natürlich auf Bikini, das ohnehin versaut ist.« Uns schmeichelt er: »Unter der deutschen Verwaltung hatten die Marshallesen ihre schönste Zeit. Das Schmuckstück waren 40 Copra-Schoner der Jaluit-Gesellschaft, die regelmäßig zwischen den Inseln operierten.« Heute gibt es nur einen lahmen und zudem noch unregelmäßigen Schiffsverkehr zwischen den 33 Atollen.«

Um uns zu revanchieren – und auch, weil George und Susan uns sympathisch sind – bitten wir sie an Bord zu einer sonntäglichen Segeltour.

Der Anker ist oben, die Segel sind gesetzt, und ab geht es durch die Lagune mit dem halb einfallenden Passat.

Ich will gerade den Kurs ändern, da höre ich Geschrei: »Kyms Mütze ist weggeflogen.« Ich springe, ohne zu zögern, hinterher in die Lagune, aber zu spät, sie sackt weg. Astrid schießt derweil mit der »Kathena faa« in den Wind und wartet. Ich will die Schirmmütze wiederhaben, denn Kym braucht sie unbedingt wegen des Sonnenbrandes im Gesicht. »Also, Astrid, wirf mir die Taucherbrille runter.« Es ist nicht allzu tief, ungefähr zehn Meter; nach zwei Tauchversuchen habe ich die rote Mütze entdeckt. Doch beim Aufgrapschen blinkt etwas unter der Mütze: Eine Armbanduhr! Ich bin sprachlos. Es ist sogar eine Rollex. Das ist sicher die des Bankmanagers, der sie neulich beim Segeln in seinem Hobie-Cat verloren hat. »Donnerwetter«, kann sich Astrid auch nicht zurückhalten, »Bob wird sich freuen, da sind die Feiertage gebont!«

Und nachdem die Segel wieder ziehen: »Wilfried, das Glück ist wie ein Vogel, wo es einmal hingeschissen hat, macht es immer wieder hin.«

Manchmal hat man so seine Ahnungen – berechtigt, wie sich später noch zeigen wird –, dies ist meine dritte Reise, und Captain James Cook ging auf seiner dritten Reise verloren, und 1976 ist auch noch das Cook-Gedächtnisjahr.

Zu Silvester sind wir noch in Majuro. Es wird der neu gegründete Marshall-Island-Yachtclub eröffnet. Natürlich sind wir, Astrid in blütenweißem Kleid, ich in frisch gestärkter Hose, mit von der Partie. Wir haben ja schließlich mitgeholfen, aus diesem ollen Lagerschuppen den Club herzurichten. Astrid hat die Bar dekoriert. Ich habe mich beim Zimmern der Bänke nützlich gemacht. Und mit Kirt Pinho, dem Baumeister vom Ort, setze ich den Zaun vor den Segelclub. Wohl damit die Amerikaner ungestört feiern können (die Marshallesen tun's auch gerne).

Dafür darf ich mit Susan den Eröffnungstanz drehen. Es ist ganz offensichtlich: Sie als Kassenwartin des Clubs wird höher eingeschätzt als der Club-Vorsitzende.

An den nächsten Tagen sieht unsere Stimmung anders aus. Gleich nach Neujahr segeln wir los. Mein Logbuch vom 2. Januar 77:

»Mit einem feinen Segelmanöver holen wir den Anker auf. Kym ›tutet‹ zum Abschied. Es war recht unterhaltsam hier, aber trotzdem wollen wir nun eine kleine Village oder eine unbewohnte Insel für uns allein haben. Und das soll im Likiep-Atoll sein. Bikini kommt danach. Der Kurs 330 Grad, mal wieder AM-WIND-KURS, dazu ein gegen Abend immer frischer wehender Nordost-

Passat. Wir stampfen mit Fock zwei und gerefftem Groß enorm. Der But schaufelt ständig Wasser. In der Kajüte ein Chaos. Kym schläft wie gehabt seinen ersten Seetag durch. Astrid ist ausgeflippt, und mir geht's ebenfalls mies. Haben wir die Silvester-Versumpfung noch nicht überstanden?

Es wird eine schauerliche Nacht. Seegang und Windstärke nehmen noch zu. Die »Kathena faa« arbeitet schwer und bebt unter dem fürchterlichen Aufprall der Wellen. Ich reffe das Großsegel und setze die Sturmfock, doch ohne Unterlaß fegen die Wellen weiter übers Deck.

Auf annehmbares Wetter zu warten, nutzt in diesem Seegebiet zu dieser Jahreszeit nichts. Von Dezember bis April weht der Nordost-Passat täglich mit 5 bis 7 Windstärken.

»Du hast mich reingelegt!«

»Ich?« Ich verstehe nicht gleich. Ich bin innerlich zu sehr angespannt. Ich lausche den Elementen. Es lauert die Furcht, irgend etwas an Deck könnte kaputtgehen. Bloß jetzt keine Rechtfertigungen. Ich habe mit mir, mit dem Boot genug zu tun.

»Wir segeln zwar nicht zuviel, aber wenn, dann nur im Wind und voll rein. Wie ich das hasse . . ., wie . . .«

Es stimmt, seit den Fidschis kennen wir nur Am-Wind-Kurse. Die Kehrseite dieser Medaille: Wir haben viele Inseln für uns allein gehabt. Und das war doch unser Vorhaben. So wollten wir es. So haben wir es uns gewünscht. Seitdem wir Suva verließen, kreuzte keine andere Yacht unseren Kurs.

Keine!

Als wir nach einem Tag und zwanzig Stunden (220 sm) am South-Paß von Likiep landen, bedeutet die Lagune für uns dasselbe wie für einen Asylsuchenden ein Bett: Ruhe und Geborgenheit. Die sechs Meilen bis zum Ankerplatz vom Dorf motoren wir gegen den Wind in zwei Stunden. Der Anker fällt in spiegelglattes Wasser ohne Dünung, nicht einmal Katzenpfötchen zeigen sich auf der Oberfläche. Eingeborene, die herbeieilen, befestigen eine Heckleine der »Kathena faa« am Brotfruchtbaum und stülpen uns Blumenketten über. Eins, zwei drei . . . viele. Es sind Frangipaniblüten, auf eine Schnur gezogen. Herrlich! Sie vertreiben die Erschöpfung und zaubern ein Lächeln in unsere von den Nachtwachen gezeichneten Gesichter. So stellt sich der Weltumsegler ein Willkommen in der Südsee vor. Das gibt uns Aufwind, mal wieder gründlicher klar Schiff zu machen. Im Vorschiff, über Astrids Koje im Spind hat es mal wieder geleckt. Ich gehe den undichten Stellen mit Spachtelmasse zu Leibe.

Dies ganze Atoll in der Größe von etwa 6x20 Seemeilen gehört den beiden Familien De Brum und Capelle je zur Hälfte. Das Grab des alten Capelle liegt gleich neben unserem Brotfruchtbaum. Er muß viele Kinder gehabt haben, die Sippschaft der Capelles beziffert sich inzwischen auf über 250.

Zu Zeiten des alten Capelle hatte die Kopra einen fantastischen Preis, da herrschte Wohlstand, man erkennt es an den aufwendig gebauten Häusern, die heute allerdings aussehen wie die Wracks auf den Riffen. Hier tut sich nicht viel. In jeder Familie arbeitet einer bei den ›Bürokraten‹ in Majuro oder bei den Raketentestern in Kwajalein. Sie schicken genügend Geld, um Reis und Corned beef kaufen zu können. Das einzige, was hier floriert, ist der Billardtisch: 10 Cent kostet die Partie.

Auf Likiep gibt es ungefähr zwei Dutzend Motus, auf dem Riff verstreut; zu diesen Inselchen verholen wir unser Boot und suchen nach Muscheln, speeren Fische und tun auch gar nichts. Ich stelle immer mehr fest: mit einem Fiberglasboot bleibt einem reichlich Zeit für das Leben an den zahlreichen Landungsplätzen, die wir anlaufen. Bisher fielen nämlich keine großen Wartungsarbeiten an, sieht man von dem regelmäßigen Waschen und Polieren ab. Wenn ich da an meine erste »Kathena« denke, die aus Holz gebaut war, so kann ich mich nur an dauernde Überholungsarbeiten erinnern, und ich kam daher an Land über die erste Kneipe selten hinaus.

Auf dem Motu Meron werden wir gleich mit frisch aufgeschlagenen Trinknüssen von einer neunköpfigen Familie begrüßt. Sie freuen sich richtig. Daß wir hier bei ihnen ankern, können sie gar nicht verstehen. Da kommt so gut wie nie ein Segler hin. Vor der Hütte stellt man uns Blechteller mit Reis und Fisch auf die Matte mit dem bescheiden bedauernden und doch so herzlich gast-freundschaftlichen Ausdruck: »Was anderes haben wir leider nicht.«

Diese Jungen und Mädchen haben kein Spielzeug. Sie spielen mit ihrem Körper, mit selbstgebastelten Bötchen, mit allem, was das Meer so bietet. Kym hat sich dem Leben im Likiep-Atoll angepaßt. Ihm ist es inzwischen gleichgültig, ob ein Mensch schwarz oder braun aus-sieht, Hauptsache ist, es spielt jemand mit ihm.

Wir streifen über die Insel, die wirtschaftlich wirklich nicht viel hergibt: Zitronen, Brotfrucht (nur in der Sai-son), Pandanus und selbstverständlich Kokosnüsse. Bananen und Papaya wachsen hier nicht. Kashedok, das Oberhaupt der Familie, und seine Frau Kiora sind unglaublich nett zu uns. Jeden Morgen liegen am Strand »Ni« – gekeimte Nüsse –, die wir alle drei so sehr mögen.

Obwohl wir viel Zeit aufbringen, um Muscheln zu suchen, kommt recht wenig dabei heraus, bis Kiora sich unserer annimmt und zeigt, wie man's macht, auf wel-che Spuren man achten muß und an welchen Stellen des Riffs man fündig wird. Die nächsten Tage auf dem trok-kengefallenen Riff sind mir unvergeßlich. Kiora voran und wir immer hinterher. »Unser Trüffelschwein«, nen-nen wir sie.

Wir lassen einen roten Emailkochtopf zurück: für Kashedok und Kiora als Dank für die unvergleichlich einfachen Tage.

Astrid läßt leider Gottes noch etwas anderes zurück: Ein Stück Zahn, beim Paneanußessen ausgebrochen. Diese von den Einheimischen ›Marshallese Appel‹ genannte Frucht finde ich widerlich, aber meine beiden können davon nicht genug kriegen. Jetzt haben wir das Malheur.

Also Segel auf und zur gut 100 Seemeilen entfernten Kwajalein Missile Range. Von Kwajalein aus beendeten die Amerikaner den zweiten Weltkrieg: mit zwei Bombern der amerikanischen Luftwaffe – ihre Atombomben zerstörten Nagasaki und Hiroshima. Kwajalein ist zwar militärisches Sperrgebiet, aber was soll's, der Zahn muß behandelt werden. So können wir nicht nach Bikini und weiter.

Die Brandung leuchtet schneeweiß. Ganz idyllisch, wenn da nicht die vielen haushohen Türme, Funkanlagen und Radarschirme wären. Die Stimmung an Bord wird bedrückend. Bei einer Betonbunkerinsel (Meck Island, das Geheimste vom Geheimen, wie wir später aufschnappen) nehmen wir einfach den Paß in die Lagune. Es wundert uns, daß sich weit und breit nichts regt. Erst vorm Hafen werden wir von zwei kleinen Schnellbooten gestoppt und per Megaphon angewiesen: »Get out of here!« Das ist deutlich. Verdammt, ob das gutgeht? In der Kwajalein-Lagune landen immerhin Versuchsraketen, die in Vandenberg im fernen Kalifornien abgeschossen worden sind, und vom Pier aus kontrollieren die Amerikaner elektronisch über die Erdkrümmung hinaus sowjetische Stützpunkte in Asien. Aber wir haben einen triftigen Grund, um uns bis hier vorzuwagen.

Vielmehr Astrid hatte einen: ihren vereiterten Zahn. Amerikaner wären nicht Amerikaner, würden die Leiden einer Lady keinen Eindruck auf sie machen. »Kathena faa« wird längsseits von einem hohen Kai gelegt. Umgeben von Sicherheitsbeamten harren wir der Dinge. Wir sind ein Sicherheitsrisiko. Man will sehen, was sich machen läßt. Und wie das beim Militär so ist: Über jedem Vorgesetzten steht ein anderer Vorgesetzter.

Der Dentist wird hinzugezogen. Er stellt seine Diagnose: »Der Zahn muß raus!«, und die »mutigen Segler« sind drin.

Nachdem die Sicherheitsbeamten das Offizielle abgelegt haben, entpuppen sie sich als zunehmend freundlich. Wir bekommen gelbe Karten, die wir beim Landgang am Hemd tragen müssen. Kym hat die Nummer 000103. Mit den Karten dürfen wir im PX, dem zollfreien Laden, einkaufen und uns auch in der Wohnsiedlung überallhin bewegen.

Gleich am ersten Abend gehen wir uns einen Film anschauen: »Where Does It Hurt?« (Wo tut es weh?). Wie alle Freizeiteinrichtungen ist der Kinobesuch kostenlos.

Obwohl es viele Hinweise, wie »Danger«, »Prohibited Aerea«, »Don't . . .« gibt, bekommen wir Interessantes zu sehen. Zum Beispiel »Silver City« in der tropischen Mittagssonne, ein unvergleichliches Erlebnis. Wenn man diese silbernen Wohncontainer ohne Sonnenbrille betrachtet, wähnt man sich im All. Es glitzert und flimmert von den Dächern, und gleißende Spiegelungen jagen von Wand zu Wand.

Astrid bestaunt täglich die exklusive Dentalklinik. Sechs Zahnärzte sorgen für die hier im Atoll tätigen 2500 Amerikaner. Was die Amis machen, das machen sie gründlich; Astrid wird nicht nur ein Zahn gezogen, sondern es werden auch gleich alle anderen Zähne mitbehandelt. So bleiben wir zwei Wochen.

Das Sprüchlein »Wir sind mit dem Segelboot gekommen« verfehlt bei den Amerikanern, die wir hier kennenlernen, seine Wirkung nicht. Während der ganzen Zeit in Kwajalein bleibt der Druck auf unserem Petroleumkocher gleich null. Und Dosen nehmen wir nur im Regal des Supermarktes in die Hand, um unser Boot damit vollzustopfen. Der Proviant wird uns dann drei bis vier Monate reichen.

Neben unserem Schwimmsteg im Hafen von Kwajalein verkehren den ganzen Tag über tarngraue Fährschiffe. Sie transportieren Mikronesier, 500 Männer und 160 Frauen, zwischen Kwajalein und ihrer fünf Meilen entfernten Heimatinsel Ebeye hin und her. Diese Schweißer, Straßenfeger, Küchengehilfen oder Klofrauen dürfen sich abends nur bis 23 Uhr in Kwaj aufhalten. Daß dieses Gebot befolgt wird, dafür sorgen die Sicherheitsbeamten mit ihren Hunden. Kwaj ist nun mal geheim.

Den Mikronesiern erlaubt man nicht wie uns, im Laden einzukaufen. Sie bekommen für ihre Arbeit im Schnitt zwischen 2 bis 2,50 US-Dollar stündlich. Das sind die höchsten Löhne in der pazifischen Inselwelt. Trotz dieser achtbaren Entlohnung, so hören wir, sollen katastrophale Zustände auf Ebeye herrschen. Man sagt hier sogar ganz unverhohlen: Ebeye sei das Getto der Südsee.

Ich hefte meine gelbe Karte ans Hemd, begebe mich zur Fähre und mache einen Ausflug zu jener zwei Kilometer langen Insel. Astrid kommt nicht mit. Sie entzieht sich diesen Dingen gern, will damit nicht konfrontiert werden.

Ebeye erschlägt mich. Nicht die Hitze ist schuld, sondern der Schock, nach dem sauberen, aufgeräumten Kwajalein einen so bar jeder Ordnung und Wohnlichkeit wirkenden Ort zu sehen. Gleich der erste Blick nach dem Verlassen der Fähre fällt auf die von der See nicht weggeschwemmten Dinge am Strand: Mit Draht und Treibholz verwickelte Nylonstrümpfe und Kleider, Eiskrembehälter, Plastiktüten und Dosen. Dosen jeder Form und Farbe. Dahinter gleich die ebenerdig und monoton gebauten Häuser aus mitgeschlepptem Restmaterial wie Sperrholz und Wellblech von Kwajalein.

Ebeye hat 8000 Einwohner, davon wohnen 6000 in diesen knapp hundert Vier-Raum-Baracken. Das ergibt einen Schnitt von 15 Männern, Frauen und Kindern pro Zimmer.

Den anderen 2000 geht es noch schlechter. Sie schlafen in den Fluren, unter Regenrinnen, oder sie haben sich unter einer Plastikplane eingerichtet. Für sie ist der Strand die Toilette. Ihr Essen kochen sie auf einflammigen Petroleumkochern am Straßenrand. Sie schöpfen ihr Trinkwasser aus offenen Behältern. Das hat zur Folge, daß Epidemien wie Gelbsucht und Ruhr häufig auftreten.

Dieses Leben nehmen die Menschen nur auf sich, um einen der lukrativen Jobs in Kwaj zu ergattern. Diejenigen, die einen haben, müssen bis zu 50 Verwandte – die Marshall-Familien sind groß – mitversorgen. Die Hälfte der Bevölkerung auf Ebeye sind Kinder und Jugendliche unter 15 Jahren. Die Jungen lungern in den Straßen rum oder spielen Baseball. Einige Mädchen, sehe ich bei meinem Gang über die Insel, schlafen im Schatten der Grabsteine. Verständlich, denn auf der ganzen Insel sind nur eine Handvoll vom Passat gebogene Palmen übriggeblieben.

Das also ist Ebeye mit mächtig viel Geld im Umlauf – für Eiskrem, Fernseher, eisgekühlte Limonade – und natürlich Bier. Ich erinnere mich an Kashedok und Kiora auf Meron, die nur so viel hatten, wie die Insel hergab. Aber Kashedok gab mir das Gefühl, daß auch er nach Ebeye schielte, und bei dem Namen Kwajalein begannen seine Augen zu leuchten, sie schienen auszudrücken: Da gibt es alles!

Ich treffe bei meinem Rundgang auch einen Bekannten, den Häuserbauer Kirt Pinho, mit dem ich in Majuro einen Zaun aufstellte. Er werkelt hier am ersten zweistöckigen Gebäude aus Beton: Ein Hotel soll es werden.

Als ich wieder an Bord der Fähre bin, merke ich, daß

ich mit keinem der Ansässigen von Ebeye gesprochen habe. Mir war nicht danach, als ich die verheerenden Einflüsse einer angeblich segnenden Zivilisation so drastisch erlebte. Und den Menschen war wohl auch nicht danach, mit einem Weißen – und die haben ihnen ja dies alles beschert – zu sprechen. Vielleicht war ich zu empfindlich, denn ich war zu dieser Reise aufgebrochen, um eine andere, eine heile Welt der Südsee zu erleben. Ich floh.

Abends in »Silver City«, im Container von Egil Englisch, hören wir dann, als wir darauf zu sprechen kommen: »Wer für die Verteidigung des Westens ist, der muß halt auch solche Zustände akzeptieren.« – Und die Klimaanlage summt. –

Auch Egil Englisch will, wie viele, die man so unterwegs kennenlernt, mit dem Segelboot Ozeane überqueren. Er ist Elektroniker: »Womit ich hier beschäftigt bin, kann ich euch nicht sagen, aber wie andere mit der Straßenbahn zur Arbeit fahren, so fliege ich täglich zu meinem Arbeitsplatz, und das seit acht Jahren.«

Wir haben dann zwischen zwei Bieren ausgerechnet: in all den Jahren, die er hier im Atoll rumfliegt, hat er 4000 Flüge absolviert. Auch ein Rekord.

Bei uns an Bord gibt es keine Rekorde, dafür ist unser nächstes Ziel, endlich Bikini, wieder spannungsgeladen. Egil hat uns abgeraten: »Wenn die Militärs euch dort erwischen, gibt es Schwierigkeiten.«

Nach der üblichen rauhen Segelei in einer aufgewühlten See, allerdings, diesmal mit halbem Wind und fast 7 Knoten Fahrt, laufen wir auf die Insel zu. Es ist morgens vier Uhr, als Astrid die Wache übernimmt. Zum Atoll sind es nach Berechnung noch mindestens 20 sm. Ich lege mich in aller Ruhe in die Koje und lasse meine Frau, Beuteltee schlürfend, in dem Cockpit zurück. Doch nicht lange danach holt sie mich mit einem aufgeregten: »Da sind Brecher – komm schnell« an Deck. Und tatsächlich: 200, 300 Meter vorm Bug ein weißer Streifen – Land. Palmen sind in der Dunkelheit nicht auszumachen. »Schnell 'ne Wende, Astrid!« Mit dichtgeholten Schoten entfernen wir uns – ganz langsam. Das Manöver klappt vorzüglich. Nur die Teetasse fällt von der Bank und zerbricht. Da muß der Strom zum erstenmal mit dem Wind gesetzt haben, anders kann ich mir die Nähe der Insel nicht erklären. Das war knapp. Und Glück für uns, daß Astrid auf Wache war. Sie ist viel aufmerksamer als ich. In den Morgenstunden döse ich schon mal, wenn ich an der Pinne sitze.

Das sind so Augenblicke, nach denen man sich wie ein Gewinner fühlt. Ich habe später nachgerechnet – mit der Fahrt hätten wir in zweieinhalb Minuten fünfhundert Meter gemacht. Sagen wir mal, Astrids Teebeutel für einen neuen Aufguß wäre nicht gleich zu finden gewesen oder, was noch natürlicher erscheint, sie hätte in der Seekarte den Kurs geprüft und dabei die Taschenlampe mit dem Wackelkontakt erwischt – wie schnell sind zwei Minuten um! Wau, wie Astrid so schön zu sagen pflegt. Da hätten wir leicht unsere Siebensachen – wenn überhaupt – auf einem Riff zusammensuchen können.

Drei Stunden nach diesem Schreck ankern wir vor den Häusern des Bikini-Atolls. Wie erwähnt: ohne Genehmigung. Aber wir haben kein ungutes Gefühl. Wir haben ja unser Erfolgserlebnis (von heute morgen), das alle weitere Sorge überdeckt. Astrid wird mit einem koch- und spülfreien Tag »belohnt«.

Die Neugier auf diesen weltberühmten Ort der Atombombenversuche treibt uns bald ins Dingi und an den Strand. Die Kokospalmen sind jung, neu angepflanzt, aber ihre Blätter haben eine seltsame Färbung, gelblich und sie tragen kaum Nüsse. Schatten spenden sie der öden Dorfstraße auch nicht. Beidseitig dieser festen Straße, in einer tropischen Hitze glühend, stehen fein säuberlich ausgerichtet 40 neuerbaute Häuser – aus

Stein. Ein Novum in den Marshallinseln. Allerdings sind nur sechs bewohnt. Daß dies hier von 1946 bis 1954 der Schauplatz von 23 Atom- und Wasserstoffbombenversuchen war, daran erinnert direkt sichtbar wenig: einige kleine Krater, zwei Bunker, ein verrostetes Landungsboot am Strand – in dem die Kinder der Insulaner Verstecken spielen –, das scheint alles zu sein. Heute ist der 11. Februar 1977.

Das Schicksal der Bikinesen entschied sich am 24. Januar 1946. Die Atomic-Energy-Commission (A. E. C.) der USA beschloß, auf dem Bikini-Atoll mehrere kontrollierte Atombombenexplosionen durchzuführen. Zu dieser Zeit hatte die Insel 167 Bewohner. Ihr Häuptling Junda sagte damals: »Wenn die USA und die Wissenschaftler der Welt unsere Insel für die Entwicklung, die allen Menschen zugute kommt, benutzen wollen, sind wir Bikinipeople bereit, irgendwo anders hinzugehen.«

Während die Eingeborenen von Insel zu Insel verschifft wurden und glaubten, ihre Evakuierung sei nur von kurzer Dauer, bereitete die US-Navy ihr gößtes »Zielschießen« vor. Mehr als neunzig Schiffe wurden in der Lagune von Bikini für die Versuche verankert, darauf wartend, von einer Atombombe versenkt zu werden. Darunter schwere und leichte Kreuzer, Zerstörer, U-Boote, Flugzeugträger der US-Navy sowie Schiffe der besiegten Japaner und Deutschen. Am Ende der Versuche waren mehr Schiffe gesunken als in irgendeinem Seegefecht der Geschichte. Von Wilhelmshaven holte man den schweren Kreuzer »Prinz Eugen«, bekannt durch seine Gefechte mit der »Bismarck« gegen die »Hood« und mit der »Gneisenau« und »Scharnhorst« im Kanalvorstoß von 1943.

An Bord blieb die komplette Ausrüstung: Flugzeuge, Munition, Kraftstoff und alle Vorräte. Die Schiffe waren seeklar. Zusätzlich wurden noch lebende Tiere an Bord geschafft: Ziegen, Schweine, Ratten. Auf der Insel wurden Bunker für Beobachtungen gebaut.

Am 1. Juli 1946 wurde eine 20-Kiloton-Atombombe auf die Flotte abgeworfen. Der rot, pink und weißleuchtende Pilz der Explosion war 20 Meilen weit zu sehen. Der erwartete Erfolg hingegen war nicht zufriedenstellend. Es sanken nur 5 der großen Schiffe. Auf der »Prinz Eugen« gab es lediglich einen gebrochenen Großmast.

Die einige Wochen darauf unter Wasser gezündete 50-Kiloton-Bombe jedoch versenkte den größten Teil der Flotte. Warf ganze Schiffe in die Luft, und eine fünf Meter hohe Flutwelle schwappte über die Insel auf dem Riff. Die noch verbliebenen Schiffe waren stark zerstört und so »heiß«, daß man wegen ihrer Radioaktivität keine 100 Meter an sie heran konnte.

Die Tests wurden fortgesetzt ohne weitere Schiffe. Die »Prinz Eugen«, die beiden Atombomben widerstand, prellte ihre Henker dadurch, daß sie sich später in einem Sturm im Kwajalein-Atoll von ihrer Ankerkette losriß, auf Grund lief und kenterte. An ihrem aus dem Wasser ragenden Heck und den drei riesigen Bronzepropellern segelten wir vorbei.

Die gesunkenen Schiffe von Bikini liegen noch heute im radioaktiven Morast. Mit der »Kathena faa« kreuzen wir über sie hinweg, über ihre Kanonen – jetzt mit Korallen bewachsen. Das Wasser ist klar, Fische leben in den Wracks. Bei meiner Schnorchelei hole ich aus einem Wrack ein Messer heraus. »US-Navy« ist eingraviert.

Lange ist es her. Viel ist seit 1946 passiert. Aber die Bikinipeople leben noch – außer diesen 40 »Vorreitern« – in Evakuierung.

Während bei uns in der Bundesrepublik gegen den Bau von Atomreaktoren demonstriert wird (wir hörten es im Radio), leben wir hier mit Opfern des Atomzeitalters zusammen. Diese Handvoll Insulaner kehrte 1972 zu ihrer Insel zurück, nachdem die A.E.C. erklärte, daß die radioaktive Strahlung in der Lagune unter die Gefahrengrenze gesunken sei.

Jedoch sind seither Zweifel aufgetaucht, ob die Gefahr, die vor allem von den in der Lagune versenkten Kriegsschiffen auszugehen scheint, tatsächlich vorüber ist. Japanische Experten wiesen auf Schädigungen durch im Grundwasser und in Pflanzen enthaltenes Plutonium hin.

Die inzwischen über 700 Bikinesen zogen es deswegen vor, weiterhin auf dem 800 Kilometer entfernten armseligen Inselchen Kili zu hausen und ab und an von den Amerikanern mit Corned beef und Zigaretten versorgt zu werden. Ihre jüngste Forderung an die A.E.C.: eine Abfindung von 10 Millionen US-Dollar. Mit einem Angebot von 3 Millionen in einem Trust-Fond sind sie nicht einverstanden. Ein gerechtes Ergebnis wird sicher noch lange auf sich warten lassen, denn Rechtsanwalt George Allen, der die Bikinipeople aus humanitären Gründen vertritt, läßt sich jedenfalls in Majuro ein Haus bauen. Ein festes aus Stein.

Trotz allem wohnen die »Vorreiter« weiterhin auf Bikini. Für uns sehen sie frisch und gesund aus (siehe Foto). Ob sie glücklich sind? Wer kann das bei ihrer Mentalität beurteilen? Ihre Lieder, die sie abends für uns singen, sind schwere und traurige Abschiedslieder von damals. Auf meine Fragen, warum sie trotz aller Zweifel hierbleiben: »Hier haben wir Platz, die schönsten Häuser der Marshalls und eine Lagune zum Fischen. Auf Kili ist es eng, und die Wellblechhütten sind heiß. Eine Lagune gibt es nicht.«

Aber auch hier ist ihre Vegetation spärlich (es wird noch gepflanzt), geerntet werden ein paar Trinknüsse, gelegentlich mal Taro (eine Wurzel) und die Frucht der Pandanus. Kym ist mit Vergnügen hier. Täglich spielt er mit den Kindern am Strand und holt sich Freunde an

Bord. Im Schatten des alten Landungsbootes zeigen sie ihm, wie man mit Pfeil und Bogen umgeht. Nach einer Genehmigung fragt uns während dieser 10 Tage kein Mensch. Viel wichtiger scheint ihnen das Thema der Abfindung zu sein – wieviel Geld sie nun endlich bekommen. Dabei gibt es keine Möglichkeit, Geld auszugeben, sieht man ab von Reis und Zucker, die der Sanitäter in seinem Haus verkauft.

Ich erinnere mich noch, wie uns Astrid beim Ansteuern von Bikini beschwor: »Hier wird nichts von der Insel gegessen und vor allem kein Fisch aus der Lagune.« Doch Tage später sind alle Vorurteile über Bord: Auf dem Tisch der »Kathena faa« liegen Fisch und Languste, und Kym trinkt seine Kokosnuß – wie selbstverständlich.

Selbstverständlich ist auch, daß unsere Reise weitergeht – Ponape, Ant, Nukumanu sind die Namen der nächsten Inseln. Inseln, die uns viel geben – und nichts nehmen.

7

Kokosnuß & Corned beef

>»Wir waren uns alle einig, unser nächstes Mo-
torrad würde eine 750 HZ sein. – Ein oder zwei
Wochen später erlebten wir unsere bisher größte Enttäuschung im Leben: Die Kawa 750 wird
nicht mehr hergestellt.
. . ., Frank, Kay und Volker orderten die Z 900,
ich bestellte die Honda FI in Rot! (67 DIN PS;
4 Zylin.; eine obenliegende Nockenwelle; Trok-
kensumpfschmierung . . . 220 km/h schnell.)
Kay meinte, es wäre ein eigenartiges Gefühl:
Du gehst in den Laden und sagst einfach, ich
möchte eine Z 900 kaufen!«
Peter N. aus Hamburg, 19 J.

Jeder hat so seine Freiheit; der eine im Genuß seiner
Marlboro, der andere auf seiner Kawasaki, und es soll
auch welche geben, die beim Trillern auf dem Sportplatz
die große Freiheit verspüren. Wir haben auch eine: vor
Anker hier im Ant-Atoll. Eine Bananenstaude hängt im
Schatten des Großbaums, und ein zur Schaukel umfunk-
tionierter Bootsmannstuhl in der Palme – unsere Kokos-
nußfreiheit. Unbegrenzt, soweit das Auge reicht.

Astrid sagt auch: »Toll, so ganz allein, und wochenlang gehört uns dies alles – die Lagune, die Insel, die
Muscheln auf dem Riff, die Fische . . .«

Ich sehe mich darin bestätigt, es mit den Scheckformu-
laren zu Beginn der Reise richtig gemacht zu haben.
Rationalität und Logik allein geben einem »ganzen«
Leben keinen Sinn. Meine Leine, an der ich durchs
Leben pilgre, ist jedenfalls nicht daran festgelascht. Im

Vordergrund steht immer noch die Sehnsucht nach menschlicher Freiheit. Sie bringt mir die tiefen Erlebnisse. Sie macht mich zuweilen »high«. Und dann kommt es schon vor, wie hier vor unserem Motu, daß ich mit ungezügelter Begeisterung fein säuberlich »verlangte Satisfaktion« in mein Logbuch eintrage. Astrids Kommentar zu solcherlei Gefasel: »Bei dir klickt wohl was aus.«

Ja, bei mir haben sich Traum und Wirklichkeit synchronisiert. Astrid denkt weitaus nüchterner: Ist der Ankerplatz sicher? Bleibt er schwellfrei? Gibt es nicht zu viele Stechmücken? Hat die Insel Wasser zum Wäschewaschen? Ist genügend Ankerkette draußen? Wollen wir nicht besser den Zweitanker klarmachen, falls nachts . . .? Ja, bei Astrid vereinigen sich Traum und Wirklichkeit erst mit der Sicherheit.

Doch zurück zum Ant-Atoll.

Durch den wie ein Fragezeichen gewundenen Paß im Süden des Atolls sind wir in das ruhige blaue Wasser der Lagune eingelaufen. Keine Hütte, kein Kanu ist auf den verstreuten Riffinselchen auszumachen. Der ganze Archipel ist unbewohnt. Wir suchen uns ein Motu, das uns gegen den konstant wehenden Nordost Schutz bietet.

Kym »fühlt« uns mit dem Handlot ran: »6 Meter!« Ich berge die Fock, Astrid läßt das Boot in den Wind schießen. Ich lasse den Anker ab. Astrid nimmt das Großsegel runter und lascht es fest. Ich gebe mehr Kette und beobachte, wie das Boot quer zum Wind treibt und die Kette auszieht. Bei 25 Meter wird sie am Poller auf dem Vordeck belegt, und »Kathena faa« schwoit mit dem Bug in den Wind. Da liegen wir auf glasklarem, türkisfarbenem Wasser vor unserer Insel, die in der Seekarte ohne Namen ist. Doch Kym will einen genannt haben. »Wie wär's mit Bikemenmenschain?« sage ich zu ihm. Kym akzeptiert diesen so hübsch komisch klingenden Namen, den ich nicht aus der Luft gegriffen habe. Im Likiep-Atoll stand er für ein Ein-Baum-Motu in der Seekarte verzeichnet.

Gemeinsam spannen wir ein Sonnensegel, ohne das es in den Tropen nicht geht. Während Astrid unter Deck Ordnung schafft und saubermacht, nehmen Kym und ich das Dingi, um die Insel nach etwas Eßbarem zu inspizieren. Kyms Ausdauer im Unterholz ist nicht groß. Er findet ein Stück Rinde, das muß er erst schwimmen lassen. Spinnweben und Lianen behagen ihm sowieso nicht. So streife ich allein durchs Innere der Insel. Auf diesem Inselchen im Ant-Atoll gibt's außer Kokospalmen nur noch fruchtbehangene Papayabäume. Diese ovalen Früchte, wir nennen sie an Bord auch »Popo« oder »Mami Appel« wachsen direkt am Stamm und sind außen grün oder gelb und innen dunkelgelb. Sie schmekken vorzüglich, süß.

Ich komme mit zwei Bündeln Popos an den Strand zurück. Um meine individualistischen Bedürfnisse zufriedenzustellen, schlitze ich gleich am Strand eine der reifen Früchte auf und schlürfe das gelbe Fleisch hinunter, wobei Bart und Brust mit klebrigem Saft bekleckert werden. Kein Problem, ich stürze in das laue Wasser der Lagune.

Als ich an Bord zurückkomme, liegt Astrid ausgestreckt unterm Sonnensegel und genießt die stabile Lage des Bootes mit einer Flasche Bier in der Hand. Zu ihrem Bedauern haben wir meist zu wenig davon gebunkert.

Ich schlage das Logbuch auf und mache Zwischenbilanz. Hier auf ›unserer‹ Insel im Ant-Atoll geht das erste Jahr unserer Weltreise (einschließlich Reisevorbereitungen) zu Ende. Wir segelten 5214 Seemeilen ab und benötigten dafür 50 Tage, verbrachten aber – und das möchte ich dick unterstreichen – nur 40 Nächte auf See. Überhaupt: Es ist nicht wahr, daß man sich mit einer Reise wie der unseren übermäßigen Strapazen aussetzt. Auch Kym war nicht überfordert.

Briefe zu diesem Thema erreichen uns zur Genüge von daheim: »Das arme Kind, immer auf See!« Oder: »Und daß Kym so tapfer mitmacht!« Und auch: »Aber vielleicht merkt ein Kind schon, daß eine solche Fahrt ein Abenteuer ist, und langweilt sich deshalb nicht, wenn sonst nicht viel passiert.« Über die Zeilen: »Formt ihn zu den Tugenden eines großen Weltumseglers« amüsierten wir uns köstlich.

Alle diese psychologisierenden und moralisierenden Bemerkungen halten wir für Quatsch. Für einen Jungen von vier Jahren ist das Leben gegenwärtig und unvergleichbar, alles, was kommt, ist selbstverständlich. Kym hat ganz andere Probleme, mitten in unserem Paradies-Alltag. Zum Beispiel:

»Was gibt's denn heute?«

Astrid: »Na ja, ich hab' an Reis, Zwiebeln und 'ne Dose gedacht.«

»Kannst du nicht mal Pfannkuchen machen«, sage ich: »Immer dies Dosenallerlei.«

Kym: »Ich will Corned beef. Und überhaupt, jeden Morgen Haferflocken.«

Ich: »Spaghetti hätte ich dann doch lieber.«

Spaghetti mag er nicht, und so läßt er sich auch nicht unterkriegen: »Ich hol' schon die Dose grüne Erbsen für Reis mit Corned beef, und die Fruchtdose bringe ich auch gleich mit.«

Eine Mühe hat er uns abgenommen: Das Herauskramen der jeweiligen Büchsen aus der Bilge, aus den Backskisten . . . und das Öffnen! Für Robinsons Kinder: drei Sterne aus der Büchse!

Wenig zuträglich allerdings ist es für Kym, daß er vor fast jeder Weiterfahrt aus seinem gerade gefundenen Spielidyll gerissen wird. Dann gibt es regelmäßig herzzerreißende Tränen, wenn er sich von seinen gerade gefundenen Freunden verabschieden muß: von dem schwarzäugigen Harry auf Fidschi, von dem kraushaarigen Padarnico auf Gilbert, von dem lustigen Taia auf Bikini. Astrid, die Pädagogin, wiegelt ab: »Das macht Kindern in seinem Alter nichts aus. Andere müssen ja auch damit fertig werden: Wechsel von Kindergarten zu Kindergarten, vom Kindergarten zur Schule, von Schule zu Schule, besonders bei Wohnortwechsel der Eltern. Viel schlimmer ist es, daß der Junge überall so verwöhnt wird.«

In meinem Logbuch habe ich dazu notiert (das war sicherlich in einer stillen Stunde bei Petroleumlicht an meinem Kartentisch): »Ich (wir) sehe keine wesentlichen Probleme darin, wenn ein Kind in Kyms Alter an Bord eines Segelbootes lebt. Es lebt für den Moment und wird bestimmt nicht aufgrund dieser Lebensweise zum Einzelgänger oder zum Außenseiter geprägt, denn das wirkt sich wohl bei jedem Kind unterschiedlich aus. Aus einem übersensiblen Stadtkind wird meiner Meinung nach bestimmt kein robustes Naturkind werden.

So kann Kym heute – 21. März 1977 – mit 4 Jahren und 4 Monaten nicht richtig schwimmen. Das liegt teils daran, daß viele Ankerplätze zu unruhig waren und er beim Üben ständig dies scheußlich schmeckende Seewasser in den Mund bekam, teils aber auch, daß er sowieso nicht mutig ist. Das wurmt mich furchtbar, und stets bin ich gewillt, ihm das Schwimmen so schnell wie möglich beizubringen. Vergangene Woche nahm ich ihn einfach auf den Arm und sprang vom Kajütdach in die See. Es gab ein fürchterliches Geschrei. – Im Kwaj trafen wir eine Amerikanerin, die schmiß ihre Kinder zum Schwimmenlernen ins Meer und ließ sie gar Wasser schlucken. Nach einigen Versuchen konnten sie sich schon über Wasser halten. Astrid kann dieser Methode nichts abgewinnen. Doch ich werde es bald auch so mit Kym machen. – Wie gesagt, mutig ist unser Kym nicht: In einer Ortschaft flitzt er bei jedem vorbeikommenden Auto ins Gebüsch.

Und was macht unsere Hauptperson auf See? Zugegeben, die Seezeit wird von ihm als etwas Unumgängliches angesehen. Hat er seine Traurigkeit beim Abschiednehmen nach einem kurzen Schlaf abgelegt, fühlt er sich pudelwohl. Es stört ihn offensichtlich nicht, wenn er sich bei abrupten Bewegungen des Bootes heftig stößt oder draußen beim Pipimachen von der überkommenden Gischt naß wird. Er sagt umgekehrt auch nie etwas dazu, wenn wir in eine ruhige Lagune hineinsegeln und der Seegang gleich null wird. Anscheinend behelligt ihn das ständige Abstützen auf dem bewegten Boot, das Festhalten und unbequeme Spielen nicht. Und wenn es bei zuviel Seegang nichts Warmes zu essen gibt, nimmt er es mit Humor: ›Heute bleibt die Küche kalt, wir gehen in den Büchsenwald.‹ Während wir Eltern ziemlich energielos in Koje und Cockpit liegen, will Kym zwar nicht hoppe, hoppe Reiter spielen, wie zu Anfang der Reise, hat dafür aber andere Spiele im Sinn: Memory, Lego, Schnippeln in Zeitschriften. Seine Leidenschaft dabei sind Bilder mit Tieren und Flugzeugen.

Von Deck aus gab es leider noch nicht viel zu beobachten für Kym. Erst einmal tummelten sich Delphine vor unserem Bug. Auch Lotsenfische und andere Fische begleiten uns nicht wie üblich auf meinen Reisen.

Aufgaben hat Kym auch: Ordnung halten, Schoten zu Schnecken aufschießen, Fischschleppleine prüfen, Kompaßkurs ansagen – die Zahlen kann er längst lesen. Seekrank wird Kym auch nicht. Auch von anderen Krankheiten blieb er bisher verschont; sieht man von zwei Zäpfchen gegen zu hohes undefinierbares Fieber ab, hat er seit Neuseeland keine Medizin bekommen. Die Ernährung ist zwar einseitig mit Brotfrucht, Taro und Bananen, aber anscheinend ausreichend. Die tägliche frische Kokosnuß fehlt dabei allerdings nicht.

Seine Kontaktscheu, die er noch auf Gilberts gegenüber Fremden hatte, hat er inzwischen abgelegt, nachdem er auf den Marshalls bei den Amis Englisch gelernt hat. Er spricht gegenwärtig tatsächlich verblüffend gut Englisch. Die Leute nehmen an, wir unterrichten ihn, aber nicht die Spur, das schnappt ja ein Kind so schnell auf. – In den vier Likiep-Wochen kamen nach einiger Zeit die Kinder vom Land ungeniert an Bord. Sie brachten Kym seltene Muscheln mit, sangen Lieder und tanzten in der engen Plicht für ihn. Man merkte es, wie ihm das runterging, er teilte großzügig Kekse und Säfte aus. Dann zeigte er stolz sein Vorschiff, das er allein bewohnt, seine Bücher, und ließ die neuen Freunde mit seinen Spielsachen spielen.«

Schön ist das, herrlich angenehm, daß wir, wenn geankert wird, so lange verweilen können. Wir haben fast immer viel, viel Zeit (dank der Idee, mit dem Jumbo nach Neuseeland zu fliegen), und so kann Kym die kilometerlangen »Sandkästen« auch richtig nutzen. Und wie primitive Wilde leben wir auch nicht, schließlich haben wir Seife und Bücher an Bord. Wir finden, das Positive einer solchen Reise überwiegt bei weitem für ein Kind. Auch wenn die Eltern mal auf See keine Spiellust zeigen und das Kind im Sturm arg gebeutelt wird. In der Düsseldorfer Ahnfeldstraße (wo Kym eineinhalb Jahre lebte) mit schnellfahrenden Autos, schmalem Bürgersteig und Ausblick auf einen Güterbahnhof aufzuwachsen, ist ja auch nicht ideal.

Während der Reise ist Kym bei allem dabei. Wird der Motor gewartet: »Papi, wo ist der Kompressionshebel?« Wird ein Fisch gefangen: »Hm, ein Thunfisch.« Wird ein Segelmanöver gefahren: »Klar zur Wende«, oder der Anker eingeholt: »Anker ist frei.« Ich hoffe, wenn wir zurückkommen, können wir einen munteren, gesunden, aufgeweckten Jungen, der sich mit Pflanzen und Tieren gut auskennt und mit Hammer und Messer umzugehen weiß, in die Schule schicken.

Die Tage verstreichen wie im Garten Eden. Wir rekeln

uns in der Sonne, tragen schon lange keine Kleider mehr, ziehen sie nur widerwillig an, wenn ich fotografiere. Niemand hat Lust zu posieren. »Laß bloß deine Kamera an Bord.« Die Schau endet meist mit Gezänk. Aber irgend etwas muß der Mensch tun. Er ist – erkennen wir – fürs Paradies doch nicht geschaffen.

An Bord ist alles in Ordnung. Der Dieselmotor funktioniert und ist sauber wie unser Eßtisch, die Düsen im Kocher gewechselt, Segel und Rigg überprüft, das Deck geschrubbt. Anfällige Geräte wie einen Kühlschrank, Sprechfunk und dergleichen haben wir nicht. Die Technik zerstört nur den Mythos – und davon halten wir beide viel. Alles ist im Gleichmaß.

»Wir sind eine glückliche Familie« – kann man das sagen? »Alleinsein gibt es zu wenig!«, das steht allerdings auch im Logbuch, das ich allein führe.

Astrid holt sich ihr Quantum Alleinsein auf dem Riff beim Muschelsuchen. Über ihr schreien die aufgestörten Fregattvögel: Sie stoßen herab, segeln scharf an ihr vorbei. Aggressionen. Astrid fühlt sich unbehaglich inmitten dieser häßlichen, grausam aussehenden, glänzendschwarzen Vögel mit ihren großen leuchtendroten Kehlklappen. »Igitt, was für scheußliche, ekelerregende Biester«, sagt sie später zu mir, »und wenn ich fort bin, verfolgen und terrorisieren die Fregattvögel die Seeschwalben. Kaum haben sie sich mit einem Fisch im Schnabel von der Flut erhoben, schlägt einer der vielen Fregattvögel sofort die Flügel zusammen und stürzt sich wie ein Geschoß auf diesen Vogel. Der läßt vor Schreck den Fisch fallen, und der Fregattvogel schnappt dann die losgelassene Beute blitzschnell dicht über dem Wasser. Es kommt nicht ein einziges Mal vor, daß ein Fregattvogel sein Ziel verfehlt.«

»Man sieht sie auch nie auf den Wellen sitzen, wie die anderen Vögel es tun, oder sich die Mühe machen, selbst einen Fisch aus dem Wasser zu holen.«

»Sie starren einen völlig ungerührt an.«

»Ja, unheimlich wird's einem bei dem Anblick.«

Und Kym? Der veranstaltet Regatten mit Booten aus den Kokosnußhälften. Als Segel dienen ihm die Blätter der Mangrovenbüsche. Er steht stundenlang im knietiefen Wasser und fummelt so lange an den Steuerrudern, die in die Kokosfaser gesteckt sind, bis jedes Boot (von 4–5 Stück) mindestens einmal gewonnen hat. Zwischendurch fängt er Eremitenkrebse in seinen Eimer. Abends werden sie wieder laufengelassen. »Kym, du sollst doch keinen mit an Bord nehmen. Wie oft hab' ich dir das gesagt«, ermahnt ihn seine Mutter. Daß uns trotzdem jede Nacht ein Taps-Taps an Deck aufschreckt, ist ärgerlich. Es wundert uns, wie er die Dinger trotz »Körperkontrolle« an Bord schafft!

Die Eremitenkrebse sind für uns das interessanteste Spielzeug an einsamen Stränden. Wir lassen sie um die Wette laufen: Von einem Startloch aus bauen wir drei bis vier kreisförmige Sandbarrieren, dann kann sich jeder einen Krebs aussuchen, und der, der von ihnen die äußerste Sandwand zuerst erklommen hat, ist der Sieger. Diese Tiere verhalten sich wie Menschen: Die wenigsten gehen den direkten Weg.

Zu diesen Tagen gehört selbstverständlich frisch gefangener Fisch, den hole ich uns vom Innenriff mit einer Harpune. Keine moderne aus dem Laden, es würde mir damit auch viel zu schnell gehen, die vier bis fünf Fische hätte ich in zehn Minuten gespeert. Das wäre mir zu einfach, da ist der sportliche Kampf von vornherein ausgeschlossen, denn der Fisch hat bei den glitzernden Pfeilen aus den technisch-hochstilisierten Harpunen kaum eine Chance. Meine Harpune, »Island-Style«, besteht nur aus einem runden, angespitzten Stück Moniereisen und einem Gummistropp. Mit diesem selbstgemachten, zwischen Daumen und Zeigefinger gespannten Speer gehe ich, Taucherbrille und Flossen angelegt, auf Jagd. Ich brauche meistens ein, zwei Stunden, um unsere Mahlzeit zusammenzutragen. Es sind überwiegend Papageienfische, Soldatenfische, die sehr lecker schmecken, und Zackenbarsche. Jetzt wird ein Feuer aus trockenem, möglichst hartem Treibholz vom Strand entfacht – ein Spaß für die ganze Familie – auf die Glut legen wir die ausgenommenen Fische. Als Teller nehmen wir einfach junge Palmenblätter. Dazu gibt es knackige Stücke Kokosnußfleisch und die Milch der jungen Nüsse und als Nachtisch nochmals Nuß, nämlich Uto, die Gekeimte, von der wir noch nie zu viel gegessen haben.

Eigentlich esse ich keinen Fisch, überhaupt keine Art von Meeresgetier. Und wenn ich mich hier in Ant mit langen Zähnen an einen Soldatenfisch mache, so nur für meinen Sohn – als Vorbild. Unvorstellbar, Kym würde ebenfalls eine Abneigung gegen die Fische haben, all die notwendigen Aufbaustoffe, die im frischen Fisch enthalten sind, gingen ihm verloren.

Nachdem Essensreste und unser »Blättergeschirr« in die See geschüttet sind, machen wir eine Rolle und dösen im Schatten der Kokospalmen. Über uns ziehen die federleichten Passatwolken.

Auf der Insel unterm Baum träumen wir den Südseetraum.

Damit ich in diesem Wohlleben nicht ganz abschlaffe, streife ich Maske und Flossen über und stürze mich ins Wasser der Lagune, um die Unterwasserwelt zu beobachten. Da wird der Kopf klar. Ich schwimme eine halbe Runde um unser Motu »Bikenmenmenschain«, vorbei an bizarren Korallenstöcken, die bei Niedrigwasser bis an die Oberfläche ragen. Ein reizvolles, bequemes Vergnügen. Ein Vorstoß in größere Tiefen ist gar nicht nötig, denn in den südlichen Meeren ist die Unterwasserwelt am abwechslungsreichsten bis zu einer Tiefe von höchstens zwölf Metern, denn die Polypen der hier angesiedelten Steinkorallen leben von Plankton, das sich am günstigsten in den oberen, lichtdurchfluteten Wasserschichten entwickelt.

Die Korallen hier sind von einem unglaublichen Farbenreichtum. Am erstaunlichsten sind die klaren Schattierungen: schwarz, grün, blau, gelb, purpurfarben, dann wieder hauchzarte Pastelltöne: Rosa, ein weiches Blau und luftige Grüntöne. Manchmal enthält ein einziger Korallenblock ein Dutzend Nuancen. Dann wieder ist ein ganzes Riff von einer einheitlichen, klaren Farbe. Nur an einem lebenden Riff läßt sich die Vielfalt der Korallen bewundern, denn sind sie erst mal abgestorben, verblassen die Farben und verschwinden schließlich ganz. Ebenso reich wie an Farben ist die Koralle an Formen. Am spektakulärsten ist die Elchhornkoralle mit ihren weit verzweigten Armen; unvergeßlich die Gehirnkoralle, die wirklich in ihrer Form und ihren zahlreichen Windungen einem menschlichen Gehirn ähnelt. Es gibt ganze Bänke und Bäume aus Korallen, riesige Kugeln, hauchzarte Blumengebinde; und jede Form besteht aus den Überresten von vielen Millionen Polypen. Stundenlang kann ich diesen Unterwasserzauber tauchend betrachten, ohne auszukühlen. Die Wassertemperatur liegt bei 26 Grad Celsius.

Ich schwimme über See- und Federsterne, Kaurimuscheln; die Mördermuschel foppe ich, indem ich eine Spitze meiner Flosse ins Innere ihrer Schalen stecke, worauf sie sich abrupt schließt. Kym pflücke ich Austernmuscheln, von denen er und Astrid den Muskel als Delikatesse roh verschlingen. Das Wasser trägt mich, es macht mich ganz leicht, ich verliere jedes Zeitgefühl. Ich tauche immer wieder ein in die Unzahl von winzigen, leuchtenden Fischchen, die mich umgeben und die mich (fast) berühren. Es ist leicht, ganz nahe an bunte Riffische und große Zackenbarsche heranzukommen.

Ich tauche so lange, bis mir die Luft ausgeht, eine

Minute oder zwei. Und dann sehe ich beim Auftauchen plötzlich wieder, wo ich bin. Eigentlich wollte ich mich nicht so weit vom Boot entfernen. Die Faszination der Einsamkeit hat mich abgetrieben.

War das ein Hai? Er dreht ab und verschwindet. Ich bin am Außenriff und halte mich im Sog der auf- und abfließenden See an Korallen fest. Über mir die rauschende Brandung, unter mir eine geheimnisvolle Düsternis. Ich kann mich nur bewegen, wenn der Sog für Augenblicke abschwächt. Ich bleibe aber so lange unten, bis mir die Lungen schmerzen – nur um meine Augen nochmals über die abgebrochenen Korallen in die unendliche Tiefe schweifen zu lassen. Ein Brecher trifft mich voll ins Gesicht. Die Maske ist weg, nicht die erste, und trotzdem zieht es mich wieder zum Außenriff zurück. Das Riff, aus dem das Atoll aus unendlicher Tiefe aufsteigt. Ich habe es gesehen und werde es nie vergessen.

Mein Logbuch vom 25. März 1977 hält fest:

»Zehn Tage Ant, das bedeutet für uns, ohne Vorschriften, ohne Pläne, ja ohne *alles* durch den Tag zu gehen/leben. Eine Frage stellt sich hier: Können wir/ich immer so leben? Nur fürs Essen sorgen? Nur das Notwendigste tun? Die Antwort: ein hamburgisches Jein. Bei Astrid zweifle ich. Bei mir ginge es wohl auch nur für einige Jahre. – Ohnehin ist die Frage illusorisch. Kym muß in die Schule. Muß er das wirklich? Ja, natürlich!«

Viel romantischer Unsinn wurde über die Atolle geschrieben. Ich finde sie schön, und eine Tatsache bleibt: Wenn die riesigen Seen an das Riff donnern und der Mond auf das weißreflektierende Deck scheint, kann keine falsche Interpretation diesen Mythos zerstören.

»Stell dir vor, Astrid, ich hätte in jungen Jahren eine Traumanstellung bekommen, so eine mit wenig Zeitaufwand und gutem Gehalt, dann wäre ich doch wohl nie rausgekommen. Ich hätte dies alles nie erlebt, gefühlt. Eins ist sicher, als Tourist möchte ich die Südsee nicht erleben.«

Im Moment wäre mir allerdings ein gutes Licht sehr lieb. Immer diese Petroleumlampen, das tut unseren Augen nicht gut.

Eines muß ich noch erwähnen. Warum fällt es so schwer, etwas zu schildern, das so restlos froh macht?

8

Jedes Glück hat einen kleinen Stich

»Noch ein Tip: Eine Kamera läßt sich auch hochkant halten!! Du hast praktisch immer nur Querformate. Aber stehende Figuren, Bäume oder ein Schiffsmast schreien fast nach Hochformat. Und noch einer: Gewiß sind Astrid und Kym für Dich und Dein Familienalbum die Hauptpersonen. Aber wenn es mal an Veröffentlichungen geht, wird hauptsächlich nach Dir gefragt werden – da bist noch immer Du die Hauptperson! Und ich vermisse also Bilder, auf denen Du zu sehen bist. Da muß Astrid dann auch mal ran (Fotografieren ist ja nicht ganz so anstrengend wie Schreiben!)«
Ortwin F. aus Hamburg

Am 27. März verlassen wir die Antinseln. Im Bordradio gibt's auf allen Sendern Beethoven. Es ist sein 150. Todestag. Kaum haben wir die Lagune verlassen, kriegen wir auch unser eigenes Stück, ein Seestück: Sturmfock und tiefgerefftes Großsegel. Astrid verschwindet unter Deck: »Zum Kotzen ist dieses Wetter.« Kym muß versorgt werden: »Ich habe Hunger, ich will was trinken«, und mir . . . hm, mir dreht sich der Magen um! »Papi, was machst du denn da?«

Ich weiß auch nicht. Mit einem hilflosen Gefühl liege ich auf der schmalen Leekoje, die Arme unterm Kopf verschränkt, die Hände verkrampft. Ich will nichts sehen, aber dafür lausche ich um so intensiver – das Gurgeln des verdrängten Wassers am Rumpf, das Knallen, wenn die Seen an Deck steigen. Der Wind im Rigg und in den Segeln hinterläßt ein dauerndes Dröhnen. Aus der Ferne höre ich das Arbeiten der Aries. Der Kurs auf meinem Zweitkompaß, den ich in meiner Koje montiert habe: generell Süd.

Die Abweichungen der Selbststeueranlage sind bei dieser rauhen See groß: 20 bis 25 Grad zu jeder Seite. Das Gieren stört uns nicht, solange die Aries es, ohne zu mucken, packt. Wer will sich schon draußen stundenlang naßspritzen lassen und stupide von Hand steuern?

»Kathena faa« zieht bei gerefftem Groß und Fock II mit sechs bis sieben Knoten über die holprige See. Mitunter taucht sie bei dem halbeinfallenden Ostwind bis zum Kajütenaufbau weg. Keine Bange; um nicht auf den Kopf zu fallen, haben wir genügend Blei im Kiel. – Peng! Der schwingbare Kocher schleudert seinen Topf runter. Der Inhalt, die für unser Reisgericht vorbereitete Tomatensuppe, ergießt sich über den Teppich. Luke auf und raus in die Plicht mit dem guten Stück, die überkommenden Seen werden ihn waschen.

Durch die extreme Schräglage schwappt auch noch die Toilette über, die Kym gerade benutzt hat. Wir atmen den Dunst von Tomate, Schweiß und Urin, der in der Kajüte hängt. Riecht so die Freiheit? Astrid rafft sich auf zu sagen: »Ist das dein alternatives Leben: angenehm und nützlich?«

Ich krieche in meine Koje zurück, reibe mein Gesicht mit einem Handtuch trocken und lege es über die Augen. Ich denke an unsere Zeit in Südfrankreich. Mit außerordentlicher Klarheit kommt mir zu Bewußtsein, wie wir in unserem Garten von Cap Ferrat sitzen, umgeben von: Comfort, Cuisine, Calme, Camembert, Croissant, Cognac . . . Mann, o Mann! Wie konnten wir das aufgeben, das Leben mit den vielen schönen C? – Angenehm ist so ein Tagtraum nicht. Er macht die Wirklichkeit – die Lage an Bord – noch trister.

Der zweite Tag auf See bringt uns die schlimme Nachricht vom Zusammenstoß zweier Jumbos in Teneriffa. Doch unsere Betroffenheit wird gedämpft: Bei uns geht's weiter mit Sturmböen und unvorstellbaren Regengüssen. Das Wasser fällt einfach vom Himmel.

Der Rundfunk könnte sein Programm heute getrost mit Beethoven fortsetzen.

Leider tut er es nicht. Dafür wird in der Deutschen Welle Sepp Herberger zu seinem achtzigsten Geburtstag interviewt. Er gibt dabei seine alte Weisheit kund: Der Ball ist rund! »Astrid, hast du nicht auch etwas Philosophisches mitzuteilen?«

»Ein Boot bewegt sich«, kommt es lakonisch aus ihrer Koje.

»Nun reiß dich mal ein bißchen zusammen«, versuche ich sie mit munteren Redensarten aufzurütteln, »die paar Tage bis Nukumanu sind doch bald um. Für eine gestandene Seglerin wie dich doch ein Klacks!«

Sie antwortet: »Scheißsegeln!« und macht eine Kehrtwendung in der Hundekoje, was bedeutet: Laß mich in Ruhe! Schwitzend, mit verklebten langen blonden Haaren liegt sie da, das angewinkelte Knie gegen die Bordwand gestemmt. Nicht denkend? Ich weiß es nicht. Die Kontrolle verliert sie nur, wenn es ums Reffen geht: »Willi, bitte!!« Dabei reffe ich wirklich rechtzeitig. Es ist unser schlankes Boot, das naß und viel unruhiger als andere Fahrtenyachten segelt, die ich kenne.

Draußen schwappen die Seen ins Cockpit. Der wollene Teppich liegt noch in der Plicht, dazu Taue, eine Pütz, die Enden der Schoten, eine Öljacke. Ein Wasserkanister hat sich losgerissen, er bollert hin und her. Mir ist die Unordnung in diesem Moment gleichgültig. Eigentlich will ich endlich mal bei rauhem Wetter fotografieren, aber ich kann mich nicht überwinden, die Kamera aus der Kiste zu holen. Der eine Teil von mir sagt: Du brauchst auch Schlechtwetterfotos! Der andere sagt: Ach, da sind ja noch so viele Gelegenheiten bis Europa . . .

Mein Logbuch lasse ich bei aller Lethargie nicht im Stich:

»Segeln ist Sport. Nein, niemals! Segeln ist Arbeit. Hundsgemeine und unbezahlte Arbeit. Jede Tätigkeit erfordert bei den ungestümen Bewegungen der ›Kathena faa‹ zehnmal soviel Kraftaufwand wie an Land. Der Körper muß sich Tag und Nacht dem Auf und Ab anpassen. Nur eines bedrückt mich nie: Der Gedanke, daß unser Schiff mal absaufen könnte. Vorausgesetzt, man segelt es richtig, ist ein kleines Boot wie die ›Kathena faa‹ genauso sicher wie ein großes. Wie ein Frachter zum Beispiel.«

Tropengewitter mit starken Böen sind hier unter dem Äquator eine gewohnte Sache, aber die hochlaufende See? Der Wind steht gegen den Strom, anders kann es nicht sein. Rein ins Ölzeug, raus aus den nassen Klamotten. Das schlaucht. Gegessen haben wir jeder ein Schüsselchen Haferflocken mit einer Handvoll Rosinen. Wir haben sie runtergeschlungen. Im Sitzen, im Liegen, im Stehen . . .

Kym kriecht zu Astrid in die Koje: »Mami, wie viele Nächte muß ich noch schlafen bis Nukumanu?« Er kuschelt sich an: »Gibt es dort auch Kinder zum Spielen?« Und dann die sich immer wiederholende, drängende Bitte, die ich nie vergessen werde: »Liest du mir etwas vor?«

»Heute nicht, mein Schatz, aber wir können etwas singen: Ein Männlein steht im Walde, ganz still und stumm . . .« Ich kann nicht bis zu Ende zuhören. Eine Bö. Luke auf und raus in den Schlamassel! Wende, Aries neu justieren, Wolken beobachten, alles klar, rein in die Kajüte, Luke dicht, tief durchatmen: verbrauchte Luft!

Logbuch vom 3. Tag auf See:

»Böen aus Süd, Südwest, Südost, Ost. Zwischendurch flaue Winde. Wir dümpeln heftig in der durcheinanderlaufenden See. Sind wir in den Doldrums? Die Bücher und Karten geben keine genauen Hinweise für dieses Gebiet. Es ist offenbar zu wenig befahren.

Das hat auch sein Gutes – wir gehen keine Nachtwachen.

Mittags: Die Sonne scheint. Oh, das macht munter. Kurs zufriedenstellend. Mittagsbesteck: 3 Grad, 53 Minuten Nord und 158 Grad, 43 Minuten Ost. Stehen nur 9 Meilen östlich vom gekoppelten Kurs!«

Abends beobachten wir einen irgendwie komischen Sonnenuntergang! »Die Färbung gefällt mir gar nicht«, meint Astrid, »hoffentlich hat das Gemuschel was mit der Kalmenzone zu tun.«

Mit dem vierten Seetag sind wir auf 1 Grad Nord und mittendrin im Kalmengürtel, eine Zone mit Windstillen und umlaufenden Winden, mit Regenschauern und Böen, verursacht durch das Aufeinandertreffen der beiden Passate in den Seegebieten des Äquators. »Kathena faa« schleppt sich dahin. Mal mit, mal ohne Vorsegel. Siebzehnmal habe ich vergangene Nacht wechselweise Genua und Fock gesetzt und geborgen. Hauptsächlich deshalb so oft, weil die Segel in der Dünung ohne Wind elendig laut schlagen und an Rigg und Mast schamfilen.

Ich navigiere ab heute auf einer Seekarte, die ich 1967 in Panama für zwei Dollar kaufte und schon während meiner beiden anderen Reisen um die Welt benutzte. Die Bleistiftstriche, obwohl verblaßt, sind noch erkennbar. Beide Male steuerte ich auf dieser Karte, von Osten kommend, die Südküste Neuguineas an. Diesmal zeichne ich mit meinen Kursdreiecken einen Nord-Süd-Kurs ein: Wir wollen zum Nukumanu-Atoll, einer selten besuchten Insel mit hübschen Polynesiern. Den Tip erhielten wir von einem Segler in den Marshalls.

Am 5. Tag kommt es dann zur zweiten Äquatorialüberquerung mit der »Kathena faa«. Kym wurde zwar aus diesem Anlaß inmitten der Gilbertinseln »getauft«, möchte aber, weil's so schön war, noch einmal den Spaß haben. Wir machen ihm die Freude. Zunächst kitzeln wir ihn ab und »rasieren« ihn ums Gesicht mit einem Messer aus Holz. Dann hält Astrid ihn fest, und ich schmiere unseren Pinky von Hals bis Fuß mit angerührter Kakaomatsche ein. Das Cockpit sieht aus wie eine Schokoladenfabrik. »Schnepper Kym«, so sein Taufscheinname (in Erinnerung an seinen ersten selbstgefangenen Fisch) leckt seine »Wunden«: ein köstlicher Anblick.

Ein Abend zum Plaudern. Wir tun's mit einer Flasche Bier – wie schon lange nicht mehr – an Deck sitzend. Dazu läuft das Tonband »Histoire d'O.« in unserem Recorder. »He, Flugzeug, wolltest du nicht kommen und uns holen?« – Das Ganze gaukeln wir uns vor unter dem Eindruck, es gäbe etwas zu genießen. Wir haben noch hundert Meilen durch die Kalmen vor uns, darin können Wind und Seen manchmal »kochen«.

Logbuch 6. Tag:

»Kym beobachtet heute, wie die Sonne scharf umrissen am Horizont aufgeht. Er ist ganz hingerissen. Mit seiner Hand beschreibt er den Lauf der Sonne.

Weitere Böen, vermischt mit Flauten und leichten, umlaufenden Winden. Der Strom reißt uns weg vom Kurs – versetzt uns nach West. Die Insel liegt in Süd zu Ost.

Ich suche die Seekarten für die nächsten Monate raus: Kieta, New Ireland, Admiralitätsinseln, Indonesien, Sulu-See . . . Mal sehen, was wird. So genau legen wir unsere Route nie fest. Herrliches Gefühl zu planen. Ternate zu Weihnachten?«

Logbuch 7. Tag:

»Wende, Wende . . . Segel schlagen. Heiß! Etmal 41 Seemeilen. Die Nacht mit unbeständigen Winden und schlagenden Segeln gekämpft. Als Beruhigung zum Mittag: Reis, gepellte Tomaten aus der Dose und – Corned beef.

Was macht die Familie? Kym schleppt seine Bötchen

achteraus. Astrid ›simmelt‹: *Der Stoff, aus dem die Träume sind.* ›Kathena faa‹ schleicht weiter.«

Logbuch 8. Tag:

»Bedeckter Himmel. Schönes Segeln trotz Böen. Aus dem Segel schießt in diesen Regenböen das frische Wasser direkt in unsere unterm Baum aufgehängte Pütz. Wir schrubben uns eifrig von Kopf bis Fuß. Der Regen paßt uns gut – morgen soll Landfall sein: Nukumanu-Atoll, zehn Meilen lang, fünf Meilen breit und auf dieser Reise unser 13. Atoll! O nein! Ich ärgere mich, es überhaupt festgestellt zu haben. Mein Hang zum Aberglauben macht die Nacht schlaflos. Die Götter mag ich, nachdem ich zweimal Mist gebaut habe, nicht erneut zu Hilfe bitten. Durch die Nacht marschiert die ›Kathena faa‹ mit vier und viereinhalb Knoten. Das Wasser gurgelt. Ich liege in eine Decke gehüllt auf dem Vorschiff und halte Ausguck.«

Das Ende kommt ganz undramatisch. Um 7.30 h sichte ich an Backbord zwei Strich voraus – Palmen. Um mich besser zu orientieren, entere ich den Mast bis zur Saling; ja, alles klar, noch acht bis zehn Meilen, und rutsche runter.

Bevor ich mich entspanne und mich zusammen mit Kym und Astrid über den gelungenen Landfall freue, falle ich in erlösender Erschöpfung in mich zusammen. Nur ganz kurz: Diese eine Minute ist mein Augenblick, den will ich allein haben: dieses reine Gefühl des Landfalls will ich in mir aufsaugen . . .

Unsere Karte von Nukumanu ist nur eine vage Skizze. (Von unserem Tipgeber aus dem Gedächtnis nachgestrichelt.) Mit der hochstehenden Sonne jedoch gibt es keine Probleme. Irgendwann um die Mittagszeit an diesem neunten Tag, in der stechenden Helligkeit der tropischen Sonne, fällt der Anker. Unsere verbrannten Gesichter und ausgedörrten Kehlen verlangen nur nach einem Sonnendach. Da muß sogar das Logbuch bis zur Dämmerung warten. Astrid rührt eine große Karaffe Tang an. Kym neckt mich: »Tang schmeckt doch gut?« Ich mag dieses lösliche Fruchtpulver, das irgendwie künstlich schmeckt, nicht sonderlich, muß aber aus ökonomischen Gründen mittrinken, weil wir davon einen ganzen Karton gekauft haben.

Ich erinnere mich an einen Freund in Likiep, der ob unserer leichten Abneigung gegen alles Konservierte aus voller Überzeugung sagte: »I love Tang! I love Corned beef!«

Der einzige Schullehrer von Nukumanu, ein schwarzer Mann mit Krusselhaar, kommt zu uns an Bord. Seine Heimat ist Neuguinea. Er hat sich hierher für ein Jahr versetzen lassen – um anschließend eine bessere Position zu bekommen, wie er uns sagt. Seine Frau hat er nicht mitgebracht. Sie hat Angst auf See. Das hören wir oft. Obwohl die Eingeborenen so meerbezogen leben, scheuen besonders die Frauen längere Seefahrten.

Den zehnten Tag verschlafen wir.

Ich blättre durch die Logbuchseiten der zurückliegenden 753 Seemeilen von Ant nach Nukumanu. Die Niederschrift ist zwar authentisch, aber irgendwie leblos. Gefühle sind meistens ausgeklammert. Die sich immer wiederholenden Segel- und Wetterprobleme stehen zu oft im Vordergrund. Kurs und Höhe der Welle, Barometerstand und Wolkenformationen ergeben zwar ein Bild der gegenwärtigen Situationen, hinterlassen aber keine Eindrücke. Zu Hause werde ich mich ärgern, zuviel banales Zeug notiert zu haben. Ich nehme mir vor, das Logbuch künftig mehr für uns persönlich zu schreiben. Über meine Leidenschaft für die Atolle, die von einem Segelboot erst aus sechs bis neun Meilen zu deuten sind und deshalb immer eine Herausforderung an den Navigator sind. Über Astrids Part an Bord, über den ich gar nicht so unzufrieden bin. Sie liegt zwar auf See den lieben langen Tag in der Koje, aber irgendwie ergänzen wir uns prächtig. An Land ist sie die weitaus aktivere; die sprachgewandte Kontaktperson. »Ich habe da ein Ehepaar kennengelernt, das hat uns zum Essen eingeladen.« So erfahren wir an jedem neuen Ankerplatz schnell mehr über Land und Leute.

Auch habe ich bisher im Logbuch nicht erwähnt, daß Kym auf See nie einen Sicherheitsgurt trägt. Da er vorsichtig und nicht allzu mutig ist, haben wir keinerlei Bedenken. Gefesselt ans Boot – das ist nichts für uns. Kym darf allerdings das Cockpit nur verlassen, wenn einer von uns mit ihm geht. Das Schönste für ihn – auf See durch die Reling pinkeln – darf er natürlich nicht. Zu Anfang der Reise verlor er zwei kleine Bötchen, die er am Heck stehend nachschleppte, und die ihm aus der Hand flutschten. Wir haben sie bewußt nicht aufgefischt. »Wenn du dich nicht richtig festhältst und dabei über Bord gehst, bist du auch weg, wie deine Bötchen.« Brutal, dies einem Dreijährigen zu sagen – aber es mußte sein.

Die Riffe im Nukumanu-Atoll reichen weit in die Lagune. Zu weit für uns, um mühelos an Land zu pullen. Unter der Äquatorsonne ist eine halbe Meile im Schlauchboot eine ganz schöne Strecke, und wir sind froh, als wir vor einem Palmenwald landen. Er liegt neben der Village. Man will sich ja nicht gleich aufdrängeln.

Wir schauen neugierig ins Gebüsch. Huh, huh, wie die Hühner stürmen wir wild um uns schlagend zum Strand zurück. Moskitos! Myriaden von Moskitos. Das ekelhafte, verhaßte Summen und Singen, das widerwärtige Schwirren, unablässig ist es bei uns. Da hilft nur eines: Wir stürzen Kopf unter in die See.

Jetzt geht mir auch ein Licht auf, warum hier die meisten Hütten ständig unter Rauch stehen. Solche Massen von Moskitos wie hier habe ich noch nie erlebt.

Eingemummt in unsere Lap-lap-Tücher bewegen wir

uns immer dicht am Wasser entlang zum nahen Dorf. Es dauert dennoch recht lange, denn wir haben uns inzwischen angewöhnt, bei Niedrigwasser jeden Stein umzudrehen, um nach Muscheln zu suchen.

Nukumanu hat trotz 400 Einwohnern keine Kirche. Kein missionarischer Einfluß der Katholiken, Protestanten, Siebter-Tag-Adventisten, Bahai und anderen Sekten konnte hier Fuß fassen. Das gibt es nicht oft in der Südsee. Es ist, möchte ich behaupten, eine Rarität, denn irgendwie hat jede Insel mindestens eine Hühnerhofsekte. Die Nukumaner widersetzen sich jeder Beeinflussung durch Missionare, indem sie die Gottesmänner ignorierten, ihnen keine Bleibe gaben oder, wie hier der Stammesälteste sagt: »Make him frighten.« Was er damit meinte, blieb mir unklar. Vielleicht: Wir haben sie gleich in den Topf gesteckt. Die Angst der Insulaner war groß, ihre Stammessitten, Rituale, ihre Freiheit zu verlieren.

So wird noch heute regelmäßig einmal im Jahr, so erzählt uns etwas durcheinander der Lehrer – beeinflußt von Wolken und Mondphase in Verbindung mit Geburt und Tod –, auf der Insel eine Feier zelebriert, die, erleichtert durch vergorene Kokosmilch, in nächtlichen Beschwörungen mit Feuer, Tanz und anderen Zeremonien Traditionen fortsetzt. Während diesem mehrtägigen Singsang werden die zwölfjährigen Mädchen des Dorfes in einem Ritual, einer Art Gottesanbetung, kräftig tätowiert. Das kulturelle Erbe wird ihnen von oberhalb des Knies durchgehend bis zur Unterkante der Brust mit Symbolen eingestochen. Diese oberen und unteren Tätowierungen konnten wir sehen, was dazwischen liegt natürlich nicht. In jedem Fall muß das eine schmerzliche Angelegenheit sein. Auf die Oberarme wird ihr Name eintätowiert: Cathem Patoa oder Kalia Pahia.

Kalia, ein strammes Mädchen mit polynesischem Blut, wird unsere Freundin. Im Sand sitzend (wir mit den Händen oder Füßen Furchen ziehend) und von Lachsalven unterbrochen, in denen sie ihr Gesicht immer mit den Händen bedeckt, erzählt sie uns in ihrem bißchen Pidgin-Englisch, was hier los ist. Sie war schon mal fort für ein paar Wochen, in Kieta (Neuguinea) bei Freunden, da will sie aber nicht wieder hin. Mit ihren 18 Jahren hat sie einen festen Freund hier, den sie bald heiraten will. Einen Teil der Hütte bewohnen die beiden zusammen. Auf der über dem festgestampften Boden gelegten Bastmatte überrascht Astrid sie mal beim Schmusen.

Kalia ebnet uns auch den Weg, als wir am ersten Tag im Dorf auftauchen, wo wir ziemlich zurückhaltend, wenn nicht gar ablehnend empfangen werden. Sie stellt uns dem Häuptling – das ist immer der älteste des Stammes – vor. Die Eingeborenen wollen für sich bleiben, das merken wir deutlich. Sehr wenige Weiße schiffen sich nach Nukumanu ein. Es gibt hier außer schönen Kindern und hübschen Mädchen ja auch nicht viel zu sehen. Wir wundern uns, daß die Nukumanu-Insulaner so gut genährt sind. Es gibt, außer Kokosnüssen, Bananen und Taro, nichts zu ernten. Na gut, Fische gibt's auch noch, aber das ist auch schon alles.

Den importierten Reis verdienen sich diese Menschen mit dem Verkauf von Troca-Muscheln. Säckeweise werden sie vom Riff gesammelt, ausgekocht, und ihr Perlmuttgehäuse wird alle paar Monate mit dem Küstenschoner zum 200 Meilen entfernten Kieta geschafft. Von dort aus gehen sie weiter in die Knopfindustrie.

Bei einer Auskocherei sind wir mal dabei. Das Muschelfleisch wird mit einem Drahthaken herausgeholt und rundum schmatzend verzehrt. Astrid und Kym langen dabei wie selbstverständlich zu.

»Mein Gott, schmecken Trocas gut.« Kym weiß, wann er aufhören muß zu essen, die »erwachsene« Mutter nicht – und prompt liegt sie anderntags sterbenskrank in der Koje. »Mein Bauch, mein Bauch . . .« Einen Löffel Natron gegen die Magenkrämpfe haben wir nicht an

Bord. Also mixe ich, um ihr zu helfen, warmes Wasser mit Senf und gieße es Astrid in den Mund. Diese Bordmedizin hat einen fürchterlichen Brechdurchfall zur Folge, aber der erste Schritt zur Genesung ist damit getan.

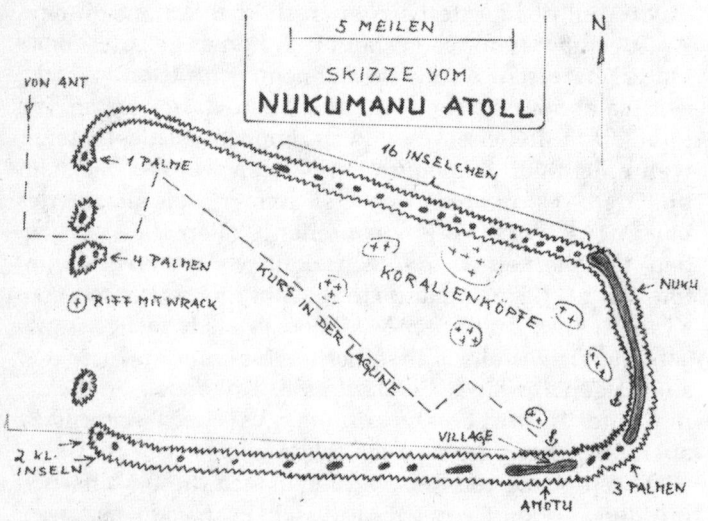

Das Land, die Inselchen auf dem Riff des Nukumanu-Atoll, sind, wie üblich auf Atollen, 100 bis 200 Meter breit. Am äußersten Rand (der Seeseite) sind versteinerte Korallenfelsen, verkrüppelte Bäume mit vereinzelten Sandflecken. Die Flut hat ganze Bäume, tote Muscheln und zerbröckelte Korallen auf die Felsen geworfen, zwischen denen sich größere und kleinere Krabben tummeln. Kym und ich versuchen oft, diese roten Krustentiere zu fangen, aber das ist schwierig, sie sind ungewöhnlich flink, sobald wir uns ihnen nähern, stürzen sie sich von den Korallenfelsen Hals über Kopf ins

Wasser und verschwinden spurlos.

An der Lagunenseite ist der Strand breit, fein und sauber. Und in der Lagune selber gibt es nur segelnde Kanus, keine Boote mit Außenbordmotoren. Die Häuser sind entlang der Lagunenseite ordentlich in zwei Reihen gebaut, jedes mit eigenem Strand. In einem Haus sitze ich oft auf einer Kokosfasermatte, die auf dem festgestampften Sandboden liegt, und sehe den Einheimischen zu, wie sie mit Akribie das Fleisch aus den Nüssen raspeln, es mit Wurzeln vermischen und diesen Brei, in Blätter eingewickelt, über verbrennendem Holz schmoren lassen. Das riecht aromatisch. Appetitlich sieht das gedünstete Unbekannte dagegen nicht aus. Der allgegenwärtige Sand klebt daran, und die mit einem Palmwedel verscheuchten Fliegen schwirren drum herum. Ich bin ehrlich: Gut, daß ich nicht davon essen muß. Ich habe ja meine »beiden«, die – und das ist erstaunlich – fast alles vertragen können.

Ich esse nichts von dem, was dort im Sand gebacken wird. Der Rasplerin schaue ich trotzdem gerne zu. Es sind meistens die Jungen, die die Küchenarbeit machen müssen, und da die Familien groß sind, dauert das Stunden.

Was Astrid von den Männern hält? Zu fett! Die Mädchen und Frauen sind es auch, haben aber das Anziehende der polynesischen Frauen: feine sympathische Gesichtszüge, schwarzes langes Haar.

Unser »Pinky« Kym planscht zwar täglich im flachen Wasser am Ufer herum, kann aber noch immer nicht schwimmen. In einer Anwandlung von Ärgernis und Mißmut schmeiße ich ihn im hohen Bogen ins tiefe Wasser. »Jetzt ist Schluß mit den zimperlichen Schwimmversuchen.« Astrids Augen weiten sich vor Entsetzen. Aber meine Ungeduld ist von Erfolg gekrönt, Kym »schwimmt« die zwei Meter allein zu mir zurück. Drei Tage später, ich habe Geburtstag, bekomme ich ein

Geschenk von ihm: Drei Runden um »Kathena faa« schafft er schon. »So, und jetzt noch mit Maske tauchen.« Typisch Eltern.

Das Wetter ist nicht, wie es sein soll. Unseren Büchern zufolge soll um diese Zeit der Wind aus Ost wehen, aber das tut er nicht. An drei Tagen weht es heftig aus dem westlichen Quadranten, und da liegen wir in der Lagune ungeschützt. Gefangen im Riff! Raus können wir nicht, denn unsere selbstgezeichnete Karte zeigt nicht alle Riffe und Korallenblöcke. Das Wasser ist zudem trüb und aufgewühlt vom Seegang. Nichts zu machen. Apathisch legen wir uns in die Kojen und verlassen uns darauf, daß unser Ankergeschirr hält.

Logbuch, 18. April:

»An gestern mag ich nicht denken – es wird mir übel dabei. Es war nicht nur ein scheußlicher Sonntag, sondern ein gefährlicher dazu. Voraus die weiße Lagune (zeitweilig um 7 Windstärken), achteraus ziemlich dicht brachen sich die Wellen über den Korallenköpfen. Und mittendrin ›Kathena faa‹ vor zwei Bugankern. Am Hauptanker sind 33 m Kette und 15 m Nylontau, der Zweitanker liegt mit 15 m Kette und 20 m Tau aus. Da es flach ist, um 4 m, machen wir regelrechte Bocksprünge und schaufeln mit Bug und Heck enorme Wassermengen an Deck. Man kann nur dem Erstbesitzer dieses Bootes, Mr. Coleman in London, danken, daß er beim Ausrüsten so überdimensionierte Deckbeschläge montierte, sonst säßen wir jetzt im Moskitowald, der genau hinter uns liegt.«

Kym und ich holen uns heute früh schnell Uto und Trinknüsse, und ab geht es nach Kieta. Die Angst vor weiteren westlichen Starkwinden läßt uns vorzeitig aufbrechen. – Man kann nicht alles haben. Oder: Jedes Glück hat einen kleinen Stich (Ringelnatz).

9

My belong Germany

»Wenn so ein Brief von Euch kommt, denken
wir immer, Gott sei Dank! – Der Taifun, das
Riff, was auch immer, nischt hat se erwischt.
Ich las Euren Brief im dicksten Dreck. Wir bau-
ten unser Haus um, und noch acht Tage vor
Xmas stand die ganze Bude auf dem Kopf.
Während Ihr das macht, wovon wir (d.h. mehr
ich) träumen – dann machen wir das, was alle
Spießer machen – das Dach überm Kopf dicht
und Schulden. Ansonsten alles o.k. Renate
und Kinder sind im Schwarzwald und hoffen
auf Schnee, um Ski zu laufen. Ich, derweil,
muß schuften. Egal, werd' auch noch mal Frei-
zeit haben.«
Schuko aus Radevormwald

Papua-Neuguinea. Da muß ich einen Freund besuchen.
Ich habe ihn nie gesehen, denn er ist schon fast 100 Jahre
tot. Aber es zieht mich, da wir ohnehin die Nordostküste
ansteuern wollen, zu seinem Gedenkstein. Der russische
Baron Miklucho Maklai lebte jahrelang als erster Weißer
unter den Papuas und trieb botanische und ethnologi-
sche Studien. Maklai war mit seinem samoanischen Die-
ner von der russischen Korvette »Witjas« abgesetzt worden. Ich habe seine Bücher gelesen und oft gedacht: So
wäre ich auch gern gewesen.
Woher nahm der junge Mann den Mut, das Land zu
betreten, von dem in Europa Furchterregendes erzählt
wird, seit der Portugiese Meneses 1526 die Insel zuerst
gesichtet hat? Stumpfsinnig sollen die Papuas sein, heim-

tückkisch, von einer Leidenschaft zum grausamen Töten beherrscht. Dazu häßlich ohnegleichen, das Haar wachse ihnen in Büscheln, ihre dunkle Haut sei rauh. Alles in allem hätten sie mit anderen menschlichen Wesen nichts mehr gemein als deren aufrechten Gang. Worauf gründete Maklai seine Hoffnung, auch nur den ersten Tag zu überleben?

Maklai überwindet die Feindseligkeit dieser Menschen und wird zum Inbegriff von Furchtlosigkeit. Er muß zu allem noch eine starke Natur gehabt haben, denn er wurde viel älter als die meisten Missionare und Kolonialbeamten nach ihm. Die alten Grabsteine beweisen es: Keiner überlebte die Dreißig, fast alle wurden von der Malaria vorzeitig dahingerafft.

Papua-Neuguinea ist groß. Bis Maklais Bucht haben wir noch viele Kaps und Inseln zu umschiffen.

Spiel des Schicksals – als allererstem Menschen begegne ich bei diesem erneuten Besuch auf Neuguinea einem leibhaftigen Freund. Der aus Ostpreußen stammende Bäcker Werner Garski führt seine Hunde genau an dem Strand aus, wo wir gerade Anker geworfen haben. Ich befreundete mich mit ihm, als ich 1967 allein mit der ersten »Kathena« in Port Moresby, der Hauptstadt Neuguineas, war.

Zwei Schwarzbrote fliegen in das Cockpit. Werner leitet hier in Kieta auf der Kupferinsel Bougainville die Bäckerei. »45 Schwarze angestellt, eine Million Kina Umsatz, 5000 Brote täglich«, formuliert er kurz – aber stolz.

Abends ist sein Haus zu besichtigen. Wir duschen, um für ein splendides Mahl bereit zu sein. »Es gibt nur Steaks«, sagt Werner in seinem Masterton, »mein unbeweibter Haushalt gibt nicht mehr her.« Wir können leider nicht richtig zulangen, unsere Mägen sind vom monatelangen Inselfutter geschrumpft.

Der Master, so wird er von seinen Boys gerufen,

schimpft fürchterlich auf Deutschland: »Dort hätt' ich nie was erreicht. Ich wär' noch immer der Teigkneter in einer Lübecker Bäckerstube. Jetzt hab' ich schon 85 acre Land oberhalb Cairns«, und er zeigt auf seinen australischen Vertrag. »Nie hat in meiner Familie jemand mal was besessen.« Auf sein Löwenbräubier und den deutschen Wein verzichtet er allerdings nicht.

Gemeinsam gehen wir auf dem Riff seiner Leidenschaft nach: Angeln und Fische speeren. In Deutschland hat er sich damit eine Vorstrafe eingehandelt – Fischen ohne Angelschein! »Das stand in meinen Papieren, als ich auswandern wollte. ›Na, bei uns brauchen Sie keine Erlaubnis dafür‹, sagte daraufhin der australische Konsul und gar mit meinen Freifahrschein.«

Werner ist ein lieber Kerl, er amüsiert uns mit seinem Ostpreußendialekt: »Der Wilfried kann kein Bäcker nicht sein.« Weil ich noch schlafe, während er und Astrid morgens das Beiboot vollpacken. Zucker, Mehl, Waschpulver, Diesel, alles aus der Bäckerei. Sogar an Pergamentpapier denkt er, »das kannst du sicher gut gebrauchen, um Seekarten zu kopieren«. Und ob! Darin bin ich Spezialist, denn erstens gibt es die nicht überall, und zweitens sind sie recht teuer.

Zwei Jahre will der Master noch bleiben, bevor er sich auf seine Farm in Australien zurückziehen will, um Kühe zu melken und Avokados zu züchten. Für sein Farmleben hätte er gerne noch eine Frau. Ob wir nicht eine wüßten.

Vermutlich wird es eine Frau mit ihm nicht einfach haben; durch seinen zehnjährigen Neuguinea-Aufenthalt ist er für bürgerliche Gebräuche verdorben. Seine Aufgabe war überwiegend, Anweisungen zu geben, und alle Drecksarbeit machten die Schwarzen.

Kieta ist ein visuelles Erlebnis. Überall grüne, hoch aufragende Berge, viele kleine Buchten, eingerahmt von steil abfallenden Felsen, an denen Büsche und Palmen kleben. Astrid ist ganz hingerissen: »Hier können wir doch ein Jahr bleiben.« Sie meint, daß ich in der Kupfermine arbeiten könnte. Dort werden nämlich Tischler gesucht, um 300 Holzhäuser aufzubauen. Ich kann mich nicht mit dem Gedanken befreunden. Der Lohn ist zwar verlockend, das Leben hier angenehm, aber ich will etwas sehen, etwas erleben. Zu Astrid sage ich: »Zum Geldverdienen sind wir nicht auf die Reise gegangen, da wäre ich besser noch ein Jahr im Mittelmeer mit meinem Mitsegler herumgezockelt.«

Damit ist Ruhe an Bord, und in die Bordkasse kommt trotzdem etwas: Ich male die Bäckerei bei Werner aus.

Mit Verzögerung verlassen wir Kieta. Kurs: Die nördlichen Salomoninseln. (Maklais Stein auf der Landzunge Garagassi liegt noch 500 Meilen weiter.) Die Segel hängen schlaff in der Takelage. Heute, morgen, jeden Tag Flaute oder flaue Winde. Wir motoren ordentlich. Das Geknatter der Maschine und die Innen- und Außenhitze schaffen eine gereizte Stimmung an Bord.

»Das tut dem Motor mal gut.«

»Stundenlang in der prallen Sonne an der Pinne zu sitzen, ist auch kein Vergnügen.«

»Ich hab' gehört, gerade Dieselmotoren gehen kaputt, wenn sie zu wenig laufen.«

»Ihr fürchterlichen Krachmacher.«

Insel Oema: Nach acht Stunden motoren kann man sagen: es ist sogar ein bißchen schön hier.

Insel Masamasa: Bei meiner Busch-Inspektion tritt Kym einem Krokodil beinahe auf den Schwanz. Erschrocken macht es einen Satz in eine schlammige Pfütze und verharrt. Im morastigen Boden ist es mit seiner angepaßten Farbtönung schlecht zu erkennen. Wir sind genauso erschrocken. Danach bleiben wir an Bord und spielen Memory.

Insel Sanisoro: Das Erlebnis mit dem Krokodil macht uns vorsichtiger. Keiner will schwimmen gehen, und so suchen wir Muscheln – vorsichtshalber mit der Machete in der Hand. Doch wir finden nichts Außergewöhnliches.

Insel Inia: Für jemanden, der unseren Spuren folgen will – diese Insel liegt bei Vella Lavella. Der Name erinnert uns an einen Friseursalon. Wir schneiden uns gegenseitig unsere Haare. Allein auf dem hundert Meter langen Inselchen Inia wohnt ein Australier – Bill Binetia. Er produziert Kopra. Sein Haus ist eine einzige Katastrophe, ein Abladeplatz für allen möglichen Krempel. Bill backt für alle im Erdofen Barakudas, die Kym mit lebenden Sardinen am Haken für uns gefischt hat. Ich begnüge mich mit einer Papaya.

Insel Ranongga: So viele Kanus hatten wir noch nie am Heck unserer »Kathena faa«. Die Bewohner, Gläubige der Sekte Siebter-Tag-Adventisten, »überfallen« uns zum Tauschgeschäft: Für ihre Ananas geben wir Bleistifte, eine Bananenstaude ist ein Handtuch wert. Astrid trennt sich für 20 Zitronen von zwei englischen »Romantik-Thrillern«. Ein Tritonhorn (Muschel) müssen wir bar – mit Dollars – bezahlen. Kym gibt für eine Muschel eines seiner geliebten Match-Box-Autos her. Später kommen zwei Jungen mit einigen Nüssen im Kanu und fragen schüchtern in ihrem Pidgin-Englisch: »Got him truck«, aber »Him got no«. Kym will sich von keinen weiteren Autos trennen.

Prall gefüllt wie lange nicht mehr sind die Vorratsseken an Bord mit Obst und Gemüse. Voller Freude begutachten wir auch die Muscheln. Zum Beispiel die Tiger-Porzellanschnecke, die glänzende schwarze Punkte auf weißem Untergrund hat, oder die Stachelschnecke mit zerbrechlichen Dornen auf ihrem Gehäuse. Diese Tage geben uns eine Vorstellung, wie es zu Captain Cooks Zeiten zugegangen sein muß: ein Nagel für eine Liebe!

Die Adventisten verschenken nichts. Ja es wird ihnen eingepredigt, daß verschenkte Ware an Wert verliert. Sie vertrauen unheimlich auf ihren Glauben, der streng und fromm ist; sie fluchen nicht, Lügen ist eine kaum wiedergutzumachende Sünde, Alkohol trinken und rauchen sind untersagt. Täglich beten sie mindestens einmal. Am Samstag, ihrem Sonntag, bimmelt die Kirchenglocke mehrmals zum Gottesdienst. Ihre Kleidung ist zivilisiert: die Frauen in Kleidern, die Männer tragen Hosen. In der Nebenbucht sind die Methodisten zu Hause. Sie sind herkömmlich angezogen. Lap-lap, Brust frei. Was bei diesem Klima auch wirklich bequemer ist.

Der wirtschaftliche Unterschied ist ebenso gravierend. Während die Adventisten fleißig ihre Pflanzungen bestellen und Nahrung im Überfluß haben, sieht es bei den Methodisten, einige Kilometer weiter, genau umgekehrt aus: Notdürftig angelegte Felder, ungepflegte Hütten, die Kanus klobig und ungehobelt.

Insel Lipara: Ein Segelboot mit einem »Australian skrub basher« an Bord liegt hier vor Anker. Doug nennt sich so, weil er jahrelang im australischen Busch lebte. Zum Frühstück verputzt dieser Alleinsegler schon seine vier armlangen Fische, und anschließend knüllt er nur die Zeitung zusammen, um reinen Tisch zu haben. Wie sind wir dagegen bieder mit Haferflocken, Cracker, Marmelade und Dosenbutter! Kym merkt das als erster – er frühstückt bei seinem Freund Doug.

Insel Simbo: So lustig der Name dieser 250 m hohen Vulkaninsel klingt, die Bewohner wollen uns nicht, nachdem wir zum Kauf angebotene Schnitzereien mehr nach Kaufhaus als nach »primitive art« katalogisieren und ablehnen. Etwas Kurioses gibt es in unserer Ankerbucht noch: drei winzige Dörfer mit je einer Glaubensrichtung – Katholiken, Methodisten, Adventisten. Offensichtlich leben sie alle friedlich nebeneinander.

Treasury Island: Dieser verheißungsvolle Name fiel mir schon beim Seekartenkauf in Neuseeland ins Auge. Mehrere Inseln auf der Welt heißen so. An einer Schatzinsel kann ich nicht vorbeisegeln: »Und wenn der Umweg noch so mühsam ist, da müssen wir hin.« Und jetzt sind wir hier. »Tausendprozentig« geschützt gegen alle Winde liegt »Kathena faa« in einer ganz mit Land umschlossenen Bucht, die uns Angst macht. Es ist ein versunkener Krater mit steilen Berghängen. Unheimlich wirken das Knacken im Busch, die widerhallenden Schreie der Vögel. Nach einer Stunde schon sagt Astrid: »Nichts wie raus, lieber vor der Village schaukeln und palavern müssen.« Kym ist auch sogleich bereit: »Nirgends können wir hier an Land gehen. Mangroven und Busch, Steine und Korallen.« So kann man sich in einer Seekarte täuschen. Oder vielleicht muß man hier einen Sinn für Mystik mitbringen. Von einem verborgenen Schatz kann sowieso keine Rede sein, wie uns die Dorfbewohner versichern. Jedenfalls für uns nicht. Die Eingeborenen freilich haben den ihren gefunden: in den vielen Schiffswracks und Flugzeugen vom letzten Weltkrieg. Sie haben sie gründlich ausgeschlachtet. Die Wassertanks aus Aluminium, Geschirr, Werkzeug und anderes Zubehör vor den Hütten zeugen davon.

Abends klopft es am Rumpf. Astrid stürzt sofort hinaus, in der Befürchtung, ein Boot hätte uns gerammt. Doch längsseits liegt, brav an unseren Fendern, ein Kanu, und der Mann darin hält sich mit einer Hand an der Bordwand fest. »Good morning, Missis, good morning, Masta, good morning Pikinini.« Wir lachen nicht, weil der Morgen längst passé ist, sondern weil sein Pidgin-Englisch so erheiternd ist. »Me Moses«, stellt er sich vor, »me one peller man come long paddle one peller canu – go long yacht, lukim fishhook . . .« So geht es weiter. Schließlich begreifen wir, daß er Fischhaken haben möchte. Die Missis: »Komm an Bord und trink einen Tee mit uns.«

Moses ist schon alt. Er hat den Krieg unter den Amerikanern mitgemacht. Wenn er davon erzählt, hört sich das so köstlich unterhaltend an, als ob er von einer Hasenjagd berichtet: »Bum, bum, bum . . . me go long bush . . . no kai-kai . . . uuuh, me no like much . . .« Zwischendurch tätschelt Moses mit seiner dunklen, verrunzelten Hand immer wieder Kyms blonden Haarschopf und freut sich so ganz ohne Hemmungen über unseren »pikinini«. Er hat 13 Kinder.

Obgleich es längst dunkel ist, will er noch rüber zur »Palm Tree Island« und fischen. Mit den neuen Haken von uns möchte er das Abendessen aufbessern, andernfalls gibt es nur Süßkartoffeln und Kohl.

Das Pidgin wird für die nächsten Monate – in Papua-Neuguinea – unser Verständigungsmittel. Dieses reizvolle Gemisch aus rüdem Gassenenglisch und Eingeborenenidiomen, garniert mit deutschen und chinesischen Kraftausdrücken, haben die Buschleute selbst entwickelt. Weil die vielen einzelnen Stammessprachen sich völlig voneinander unterscheiden, hat sich das Pidgin nicht nur hier, sondern im gesamten südwestpazifischen Inselbereich als überregionale Verständigungssprache durchgesetzt. Das Pidgin wurde zu einem der wichtigsten Faktoren im – friedlichen – Umgang miteinander.

Kym hat von jetzt ab einen neuen Kosenamen, Pikinini, (aus dem portugiesischen pequeninho – Kind – Knabe sowohl wie Mädchen).

Der Abstecher zu den sieben Salomoninseln hat uns nicht besonders beeindruckt. Zugegeben, wir haben uns auch nicht viel Zeit genommen, doch erschien uns alles zu ordentlich, zu organisiert. Hinzu kam Kyms Unzufriedenheit in dieser Zeit: Mangroven und Steine, Krokodile und viel Regen engten seine Bewegungsmöglichkeiten am Strand und im Wasser ein. Ein störrisches Kind aber sorgt für viel Ungemütlichkeit an Bord. Und auf See geht es weiter: Astrids Redewendung, »die See gefällt mir nicht«, übernimmt er dann auch, um sich abzureagieren.

Wir schippern rüber nach Neuguinea, nach Put-put an

der Ostküste New Britains. Eine entzückende Bucht, birnenförmig, umsäumt von Palmen- und Kakaoplantagen und nur durch einen 30 Meter breiten Einschnitt vom Meer zugänglich. Als diese Inselwelt noch deutsches Schutzgebiet war, hieß die Bucht Rügenhafen. Ein Platz zum Verweilen, ein Platz, um uns vom vielen Regen der Salomons zu trocknen.

Kanufischer machen uns auf die abgelegene Missionsplantage – Induna – des Bruder Adolf aufmerksam. Zwei, drei Stunden Fußmarsch durch den Duschungel sollen es sein. Auf einem Pfad, den Tausende von nackten Füßen im Laufe der Jahrzehnte getreten haben, setzen wir uns, wie Astrid sagt, »innegäng«. Es ist ein sich unzählige Male krümmender Schlauch, dunkel und feucht, vollgesogen mit bewegungsloser, dumpfer Luft. Nur selten tanzen Lichttupfer über den schwammigen Boden. Dieser Pfad kennt keine Sicht, er kriecht wie ein Reptil durch die Büsche. Er zwingt uns, über schleimige Wurzeln zu klettern, uns unter tief hängenden Lianen, dick und schwarz wie Schiffstaue, hindurchzuzwängen. Auf Blättern und Zweigen wandern Ameisen, die sich blitzschnell in Hose und Hemd rutschen lassen. Klatschen, Kratzen, Aufreißen der Kleider hat das zur Folge.

Plötzlich nimmt diese urzeitliche Welt ein Ende. Fein symmetrisch sind Palmen und Kakaobäume ausgerichtet: die Pflanzung. Vor einem Wohnhaus halten wir. Auf der Veranda sitzt in einer Liege ein Weißer, den »Rheinischen Merkur« in der Hand und vor ihm auf dem Tischchen Edgar-Wallace-Bücher. Wir glauben, uns geirrt zu haben, doch es ist tatsächlich Bruder Adolf. Ich stelle uns vor und bedaure, ihn gestört zu haben. Es ist Mittagszeit. Aber er freut sich offenbar. Zitronensaft wird uns gereicht, und für Kym hat der Bruder selbstgemachte Schokolade.

Als die ersten Missionare um die Jahrhundertwende in den Dschungel der damals deutschen Kolonie vordrangen, stießen sie auf eine unheimliche, urzeitliche Welt, auf grausame Bräuche der Eingeborenen, auf einen alle Lebensformen beherrschendrn Ahnenkult, auf Menschen, deren Verhalten sie erschauern ließ und die sie nicht verstanden. Die Missionare aber blieben und hatten nichts anderes im Sinn, als die Seelen dieser Heiden zu retten. Und sie begannen, Menschenfresser mit Methoden an das Evangelium heranzuführen, die sie aus der Welt der Weißen kannten: mit Arbeit.

56 Einheimische sind auf der Induna-Plantage mit dem Kopraproduzieren und Kakaobohnentrocknen beschäftigt. Mit seinem Jeep kurvt uns Bruder Adolf, der den Hiltruper Missionaren angehört, durch die mustergültig aussehende Anlage. »Wir müssen ertragreich sein, andernfalls können wir unsere 30 Missionsschulen und Lehrwerkstätten in Neuguinea nicht finanzieren.«

Wir fahren vorbei an Boys, die Nüsse einsammeln. Andere schlagen diese trockenen, harten Schalen mit einem einzigen Schlag ihrer Machete in zwei Hälften. Schweißnasse Oberkörper glänzen in der Sonne. Mit einem Rundmesser wird das weiße Fleisch herausgeschält und in die Sonne zum Trocknen ausgelegt. Kopra machen ist eine harte Arbeit. Dabei gibt es keine Gelegenheit zum Faulenzen. Abends werden die gefüllten Säcke abgehakt.

»Bei freiem Wohnen bekommen die Plantagenarbeiter alle 14 Tage 18,90 Kina ausgezahlt«, informiert uns Bruder Adolf. Das entspricht einem Gegenwert von 45 kg Reis oder zwei Kasten Dosenbier. Die Missionspflanzung unterhält einen kleinen Laden mit Grundnahrungsmitteln, Lap-lap-Stoffen, Taschenlampen. Über diese Kasse geht der größte Teil des Lohnes zurück an die Missionsstation.

Die Unabhängigkeit haben sich die Eingeborenen in Neuguinea wohl auch anders vorgestellt.

Wir liegen unter einem Kakaobaum und lutschen glitschige Kakaobohnen. »Wir produzieren jährlich 400 Sack à 63,5 kg Kakaobohnen und einige hundert Tonnen Kopra« sagt der Missionar.

Der Kakaopreis an diesem 4. Juli 1977: eine Tonne 2000 Kina – 6000 Mark.

Der Hiltruper ist in unserem Alter und seit sieben Jahren bei den Missionaren in Neuguinea. Bevor er ins Kloster ging, war er Gärtner in Aachen. Die Aufgabe des persönlichen Besitzes, Voraussetzung für die Aufnahme in den Orden, fiel ihm schwer, monatelang kämpfte er mit sich: »Das ist nichts für dich, Adolf.« Aber er hat sich gegen den Ruf nicht wehren können, sagt er heute.

Mit einem präparierten Schmetterling in der Zigarrenkiste als Geschenk entläßt der Bruder uns auf den Weg zurück zum Boot.

Einen Monat später treffen wir mit der »Kathena faa« im versunkenen Krater der Vulkaninsel Garove auf eine weitere Station der Hiltruper Missionare. »Kathena faa« liegt, an Palmen vertäut, in der Stille der Bucht. Es ist Sonntag, und ein kleiner Junge läutet zum Gottesdienst, indem er mit einem Stück Eisen auf die verrostete Hülse einer Granate drischt – Relikt aus dem zweiten Weltkrieg, der auch Neuguinea nicht verschonte.

Die Kirche ist ein gelbgetünchter Holzbau. Die Gemeinde hockt auf roh gezimmerten Bänken, die Kinder auf Matten, und viele sind nackt, nur die Frauen tragen ihren Lap-lap um die Hüften. In der letzten Reihe sitzen Mütter mit Säuglingen an der Brust – und wir.

Pater Empen – er ist sozusagen ein ambulanter Priester – kramt Kreuz, Kelch und Kerzen aus der mitgebrachten Meßkiste, und die Gemeinde stimmt einen Wechselgesang an. Die Predigt wird in Pidgin gehalten, sie ist sehr lang. Ich döse ein, es ist so angenehm kühl und schattig in der Kirche.

Abends sind wir beim Pater zum Essen eingeladen. Wir sitzen auf der Terrasse in seinem Haus neben der

Kirche und essen »flying fox«, gebraten: fliegenden Hund, wörtlich übersetzt, aber es ist eine Art Fledermaus, nur größer. Kym schlingt wie ein Heide, und mir dreht sich der Magen um. Ich bringe das »Vampirfleisch« nur mit viel Chili und dem ausgezeichneten Rheinwein aus des Paters Vorräten herunter.

Pater Empen erzählt Anekdoten über die Pidgin-Sprache, mit deren 500 Wörtern die Eingeborenen die Welt außerhalb ihres Tals begreifen müssen. Vor Jahren ließ sich ein Bischof sein Klavier schicken, und wie nannten die Papuas das Ding? Bokis i gat tit sopos ju paitim i krai – Kiste, es hat Zähne, wenn du beißt ihm, es schreit.

Der Pater versorgt auch Kranke, als wir bei ihm sitzen. Zwischen zwei Schlucken Wein streicht er Salben und staubt Penicillin-Puder auf schwärende Wunden, er mahnt zur Sauberkeit, gibt einem braunen Baby, das sich ängstlich an die Brust der Mutter klammert, einen Klaps auf den Popo. Der nächste, bitte – ein Junge – möchte Geld. Er bekommt einen halben Kina.

Pater Empen steht im besten Mannesalter, dennoch macht er einen müden, schlaffen Eindruck. Er leidet an Malaria, obwohl er, genau wie wir, jeden Sonntag seine zwei Resochin-Tabletten nimmt. »Ich bin eben zu lange in dieser Ecke. Bald geht es zurück nach Deutschland. Dann kann ich den ganzen Krempel hier vergessen.«

Das sagt er, so hört es sich an, seit Jahren. In Wirklichkeit will er nicht fort von den Inseln.

An seiner Schule mangelt es nicht an Kindern. »Der Enthusiasmus, mit dem die Eltern ihre Kinder in die Schule schicken«, erzählt er uns, »liegt noch heute im Glauben der Buschleute begründet, daß die neue Lehre, das Lesen und Schreiben, vielleicht die besseren Methoden sind, um in den Genuß einer Unzahl von Gütern zu kommen, die sie immer wieder beim weißen Mann sehen. Es sind für sie Rezepte, um Reichtum zu erlangen, dessen Ursprung übernatürlich sein muß, da der

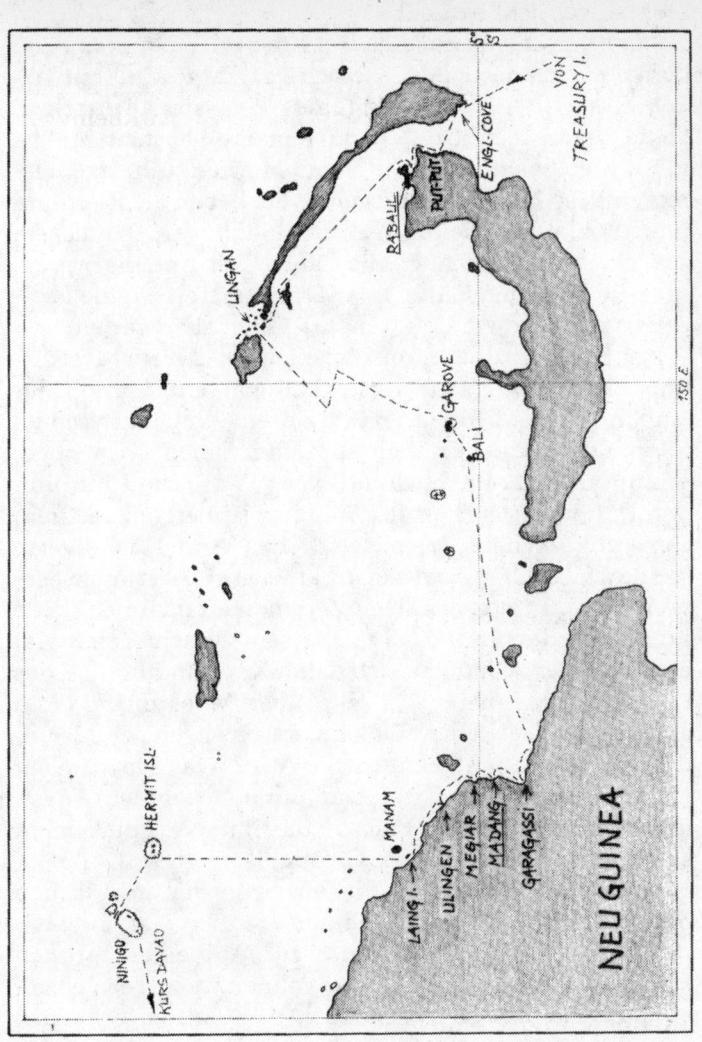

Eingeborene die technischen und ökologischen Zusammenhänge nicht begreift.«

Als Konkurrenz zur Bildungsarbeit der Missionen, so berichtet uns der Pater, hat sich der Cargo Cult entwickelt. Das ist in ganz Neuguinea eine stark vertretene Sekte, deren Glaube unter anderem darin besteht, auf die mit Waren beladenen Schiffe und Flugzeuge zu spekulieren und so zu einem sorgenfreien Leben in Reichtum und Wohlstand wie die Weißen zu kommen. Zu diesem Zweck roden und halten die Cargo-Cult-Anhänger sorgsam die höchsten Gipfel ihrer Distrikte frei, wo die Flugzeuge kommen werden, um ihre Güter abzuwerfen.

Der Pater erzählt uns ein Beispiel von diesem Mystizismus: Auf der Nachbarinsel Bali hat ein Cargo-Cult-Anhänger – ein Junge von 20 Jahren – unlängst seinen toten Onkel ausgegraben und ihm einen Arm abgeschnitten. Er hoffte, sich auf diese Weise die Kraft und den Ruhm dieses ehemaligen Luluai (Chief) anzueignen. Der Junge schabte das Fleisch des Armes in diverse kleine Fläschchen und versteckte sie in einer abgelegenen Hütte. In regelmäßigen Zeremonien nahm er kleine Löffel von davon und schmierte sein Gesicht damit ein, immer in dem Glauben, sich damit Kraft und Einfluß des Onkels anzueignen. Das ging über Monate, bis er in Trance plötzlich seinen Onkel vor sich sitzen sah, der zu ihm sagte: »Wo ist denn mein Arm? Was hast du mit meinem Arm gemacht?« Daraufhin bekam er Angst, meldete sich bei der Polizei, die ihn vor ein Gericht stellte. Urteil: acht Monate Gefängnis.

Noch lange sehen wir die Kirche in der abendlichen Sonne übers Heck der segelnden »Kathena faa«, als wir den Pater und Garove verlassen. Auf einem grünen Hang, eingebettet in Fels und Palmen, liegt der gelbgestrichene Holzbau. Es scheint kein Zufall zu sein, daß sich die Missionare immer an einem der landschaftlich hübschesten Plätze niederlassen. Kym hinterläßt Pater

Empen noch ein Andenken: Er hat ihm in kindlichem Sammeleifer sämtliche Chili-Schoten im Garten abgerissen. Ohne Chili schmeckt auch dem Pater »flying fox« nicht. Die Strafe gibt Pikinini sich selbst: Er reibt mit dem »Reißerhändchen« seine Augen – erbärmliches Gebrüll, und er reibt und reibt, nicht ahnend, daß es damit nur noch schlimmer wird.

Auf Ungan sind wir ganz unter Eingeborenen. Hier gibt es keine Missionsstation: Go long bloody well to hell allsame! Selbstverständlich ist das Eiland eine Atollinsel: Meine Leidenschaft für die flachen Dinger wird allmählich zur Manie. Astrids Ansprüche sind bescheidener. Wieder einmal sagt sie nur: »Hauptsache, es ist geschützt, und wir müssen nicht auch noch vor Anker schaukeln.«

Für die Eingeborenen ist es unbegreiflich, daß wir nur so umhergehen, keine Funktion haben wie sonst alle Weißen, die hierherkommen. Sie selber haben auch viel Muße, es gibt keine Plantage und keine regelmäßige Arbeit, sie leben von Fischen und Nüssen und trinken viel Selbstgebrautes, gegorenes Kokosfleisch: All time wild too much. Kym hat Pidgin schnell begriffen: »Me belong Germany.« (Ich gehöre zu Deutschland.)

Die Unganesen interessieren sich mächtig für das Boot, besonders dafür, wie es von innen aussieht. Wir kochen Tee für alle Besucher und reichen Kekse herum. Wie es bei uns zu Hause ist, wollen sie wissen. Ich zeige meinen Deutschland-Bildband und erzähle dazu. Der Kölner Dom, das Rathaus zu Bremen, der Schwarzwald. Die Begeisterung bleibt lahm.

»Ihr wollt wissen«, sage ich, »wie die Leute in meiner Heimat leben und was sie tun?« Und hole mein einziges, langsam immer speckiger werdendes Geo-Heft mit der Geschichte und den Bildern Rainer Joedeckes vom Einödhof hervor: wie der Bauer Steine vom Acker sammelt, ein Schwein schlachtet, wie er sich rasiert und die Frau

Holz besorgt – das können unsere Gäste sich vorstellen, das fasziniert sie. Mit der abstrakten Sterilität von Bildbänden können sie nichts anfangen.

Der Strom der Besucher reißt von nun an nicht mehr ab. Jeder will »lukim green book« mit der Story vom Einödhof.

Um dem dauernden und wenig abwechslungsreichen Palaver aus dem Wege zu gehen – das Thema und die Vokabeln erschöpfen sich schnell – und um uns den Anstrich einer Funktion zu geben, holen Kym und ich unseren Fußball raus. Das hat eine unheimliche Wirkung. Die Augen unserer neuen Freunde beginnen zu glänzen. Vom Fußballspiel verstehen sie auf allen Inseln was, und so ist bei uns an Bord der Ball immer hübsch aufgepumpt.

Barfuß im knöcheltiefen Sand kämpfen wir bis zum Umfallen, so, als wäre dies die wichtigste Sache der Welt. Die Begeisterung während des Spiels quillt förmlich über, und die Freude, daß wir uns mit ihnen beschäftigen, ist größer als ein mitgebrachtes Geschenk, denn die Eingeborenen lieben jede Art von Spiel (genau wie ich).

Hier am Strand von Ungan sind wir gleichwertig. Zwischendurch »servieren« uns die Mütter Trinknüsse oder wir jumpen in die laue Brühe der Lagune. Kym verläßt schon mal das Spielfeld vorzeitiger: »Die stinken mir zu sehr!« Mich stört der Geruch von Schweiß nicht. Unangenehmer sind mir die harten Knochen, die ich nur schwerlich mit meinen Tricks umgehen kann. Unsere Beziehung ist nach so einem Spiel herzlich: »Morgen wieder?« – eine obligatorische Frage.

Und da ihnen dieser Spaß offenbar genug Anlaß ist, uns ein Fest zu geben, wird ein »sing-sing« veranstaltet. Zum Tamtam der Trommeln aus ausgehöhltem Holz hebt monotoner Gesang an. Wir hocken im Kreis der Eingeborenen vor Bananenblättern, auf denen Taro, Papaya, Palmenherzen und gekochte Fische liegen. Wir essen mit den Fingern, es schmeckt vorzüglich, und dann werden wir wieder und wieder zum Tanz aufgefordert. Ich geniere mich. Astrid will natürlich auch nicht. Es beginnt ein längeres Geplänkel zwischen uns beiden.

»Du zuerst«, sage ich.

»Du, als Mann, unter so viel Männern, brauchst dich doch hier nicht zu zieren«, versucht Astrid abzuwiegeln.

»Warum ich? Immer ich! Ich muß alle unterhalten: Fußball . . .«

Astrid protestiert: »Wieso ich? Als Frau, und mein Laplap sitzt auch nicht richtig.«

Schließlich erhebt sie sich, klatscht in die Hände, als ob sie in Düsseldorf vor ihrer Schulklasse stünde, und legt einen Kosakentanz hin. Die Begeisterungswoge schlägt über uns zusammen, wie kleine Kinder wollen sie mehr, immer mehr.

Nachts schreibe ich beim Schein der Petroleumlampe ins Logbuch: »Spaß haben ist schöner als Geld.« Und: »Verplempertes Leben« – mit Ausrufe- und Fragezeichen.

Wie wunderbar kann so eine Reise sein. Wir segeln, um vor Anker zu gehen! Ich empfinde das jeden Morgen neu; dieselbe Frau, dasselbe gesunde Kind um sich, die Freunde an Land können wir uns aussuchen, nur dreimal im Jahr Post kriegen, und immer eine schöne Aussicht. Dazu sind wir natürlich unseren Stimmungen unterworfen – langweilig ist's nie.

Jahrtausende hindurch reiste kaum jemand einfach so zum Spaß in der Welt herum. Kinder, sind wir glückliche Leute! Wir dürfen unsere Freiheit so gestalten, wie wir es für richtig halten. Und darin sind wir vielleicht tatsächlich einfallsreicher als andere Leute. »Ich glaube, wir sollten nicht in die Heimat zurückkehren, Astrid«, sagte ich eines Abends, als wir versonnen in der Cockpit sitzen, »ich glaube, wir sollten uns eine Insel suchen. Ich glaube, wir sind für zu Hause verdorben.«

Mein Tip des Jahres: Wenn Sie die ärgerliche Gegenwart satt haben, müde sind in Ihrer Sicherheit, dann besorgen Sie sich ein kleines Boot, greifen einen Sextanten und segeln einfach für ein paar Jahre davon. Die letzte Leine am Steg, die binden Sie nicht los, sondern nehmen das scharfe Deckmesser und ritsch-ratsch . . . Sie haben damit Ihr Eingezwängtes abgeschnitten und können nur noch gewinnen. Ich weiß, die Idee ist kühn und praktisch zugleich. Ich weiß auch, sie hält die Zahl der Mitwirkenden aus natürlichen Gründen – (Gott sei Dank) in Grenzen.

Ungan ist eine Insel, die für viele steht. Undurchsichtig bleiben für uns die Familienverhältnisse auf diesem Hundert-Seelen-Atoll. Dem Eindruck, alle seien miteinander verwandt, können wir uns nicht entziehen. Komisch ist das, wenn ungefähr Gleichaltrige sagen: »Dies ist mein Sohn«, oder uralte, runzlige Mütter uns ihre Babys vorstellen, und der älteste Sohn hat die 40 schon erreicht, und eine eigene Tochter von 10 Jahren wohnt in einer anderen Hütte mit einer anderen Familie zusammen. Da soll sich einer zurechtfinden!

Solche Zustände herrschen auf vielen Miniinseln. Trotzdem sehen wir wenig Fälle von Degeneration durch Inzucht.

Irgendwann, exakt am 14. Juli, geht auch unsere Zeit in Ungan zu Ende. Mit »big peller wind« setzen wir unsere Tippel-Tappel-Tour von Insel zu Insel fort. Der »große Wind« hilft uns dabei nur sporadisch, und dann auch nicht mit der erhofften Puste aus der richtigen Richtung. Für gewöhnlich quälen wir uns durch eine Region von wechselhaftem Wetter – mit einem Wetterbericht, der im hiesigen Rundfunk über die Angabe von Luftdruck, Temperatur und Regenmenge nicht hinauskommt. Ich hole die Seekarte hervor, um die nächste Strecke festzulegen: »Also Lisseno, Kavieng, New Hannover, Dyaul, Bali, Sakar . . .«

»Nicht so viele Inseln, Willy! Bloß nicht! Lieber in einer Bucht länger bleiben, als alles gesehen zu haben.«

Neuguinea umfaßt ein riesiges Gebiet auf der Weltkarte. Und zusammen mit den umliegenden Inselgruppen weist es viele Landschaftsformen auf: schneebedeckte Berge, Ebenen, Vulkaninseln, Atolle und auch Sandinseln und Riffe. Die Vielfalt der Bewohner macht dieses Stück Erde noch faszinierender. Mit der »Kathena faa« können wir nun den nördlichen Teil sichten – und den auch nur bruchstückhaft. Schuld daran ist unsere menschliche Schwäche. Wenn einer von uns sagt: »Komm, Anker auf und Segel setzen«, ist niemand um Ausreden verlegen: »Och, ich muß noch Muscheln suchen«, »Ich hab' ein schlimmes Furunkel«, »Meine Malaria fiebert heute«, »Kym hat Durchfall«.

Nach dem hundert Jahre alten Tagebuch des russischen Wissenschaftlers Maklai steuern wir endlich seine Bucht am Garagassi-Point in der Astrolabe-Bay an. In unserem »Reiseführer« hat er festgehalten, was er im ersten Jahr erfahren und gelitten hat. Es wird sozusagen eine Reise in die Vergangenheit. Ein gewisser Schauer haucht uns an. Wie werden wir seine »Wilden« erleben?

Wir müssen uns an diesem Tag beeilen, denn die Sonne hat es auch eilig und will uns davonlaufen. In der Düsternis der plötzlich einfallenden Tropennacht wollen wir nicht riskieren, dort unseren Ankerplatz zu suchen. Also wird dem flauen Wind heute ausnahmsweise mal mit Diesel nachgeholfen.

Die Landschaft hat sich, verglichen mit Maklais Beschreibung, nicht verändert: »Die Küste steigt in Terrassen oder Stufen an. Zahllose Klüfte und Schluchten, die mit üppigem Grün bewachsen sind, zerfurchen das Bild. Näher am Meer verwandeln sich die schmalen Plateaus in große Lichtungen, die wie große Weiden wirken. An zwei Stellen am Ufer ist Rauch zu sehen, der von der Anwesenheit der Papuas zeugt.«

Es ist wie vor hundert Jahren: Auch bei unserer Ankunft, im letzten Licht des Tages, zeigen sich dicke Qualmwolken über den Palmenkronen.

Ja, da sind wir nun.

Das wird Maklai, als er am 20. September 1871 hier an Land schwappte (seine Schaluppe kenterte in der Brandung), wohl auch gedacht haben.

Wir bringen keine Glasperlen und roten Stoff mit, wie unser Vorgänger Maklai sie bei sich hatte, als er hierherkam. Ob dieses »Negergeld« immer noch begehrt ist? Erfahrungsgemäß tauschen die Insulaner ihr Obst, ihre kunsthandwerklichen Produkte oder auch mal ein frisch geschlachtetes Huhn gerne gegen eines unserer T-Shirts ein. Hier in Garagassi werden wir jedoch mit einem Korb vorzüglicher Tapioka begrüßt – von Duan, der die Bucht mit seiner Familie als einziger bewohnt. Zwei seiner Kinder, Coco und Jabok, zeigen uns den »Mat-mat« von Maklai. Aber es ist natürlich nicht sein Grab, sondern nur ein Gedenkstein, denn er starb in Rußland. Eingraviert auf der Nirosta-Platte in Russisch und Englisch: »In Memory of the Russian Scientist H. H. Miklucho-Maklai, who arrived here in 1871 with the Corvette Vitiaz.«

Errichtet wurde dieses Denkmal von den Wissenschaftlern des russischen Forschungsschiffes »Vitiaz« im Jahre 1970.

Melancholisch und verträumt lasse ich mich am Stein von Astrid ablichten. Sie tut's nur widerwillig und bringt für meine Stimmung kein Verständnis auf. Wer reizt wen? Und da kein Dritter zum Abreagieren bei uns ist, sind letztlich die allgegenwärtigen Moskitos an unserer Verstimmung schuld.

Zum Glück kühlt ein kräftiger Tropenschauer unsere Gemüter. Wir fangen Wasser für unsere Tanks auf und trinken es, und wir trinken viel, ohne Haltbarkeitszusätze – beide sind wir allergisch gegen Tabletten! Ich habe nie vermerken müssen, daß einer von uns vom

Trinkwasser an Bord krank wurde. An Land, im Café oder anderswo, lassen wir besondere Vorsicht walten – wir trinken abgefülltes Wassers.

Wenn man in Papua-Neuguinea ist, »muß« man die Chimbus oder einen der anderen wilden Stämme im Inneren des Landes gesehen haben. Astrid verspürt keine Lust, sich dahin zu bewegen, ich überrede sie schließlich – nicht, denn ich will auch nicht. »Man müßte ein Flugzeug nehmen, im Hotel übernachten . . .« Als Touristen wollen wir uns keinesfalls entpuppen. Eine unserer großen Schwächen: Wir entfernen uns in den Häfen selten allzu weit vom Boot. Eine Nacht in fremden Betten und »Kathena faa« allein lassen, das wird aus Sorge – hält der Anker, was ist, wenn Diebe kommen – tagelang vorher diskutiert. Ja, wir sind ein bißchen wie Seeleute im Hafen, die kommen normalerweise auch nie über die erste Kneipe hinaus.

Coco und Jabok, die beiden Jungen, führen uns zum Dorf Bongu, mit dem Maklai seinerzeit Freundschaft schloß. »Wollen doch mal sehen und hören, was die Leute noch in Erinnerung haben und wie sie im Vergleich zu früher leben«, sage ich mit dem Buch unter dem Arm.

Der Forscher schreibt über seinen ersten Besuch in Bongu: »Ich trat heran und blickte in das Innere der Hütte. Mit Mühe konnte man in dem Dunkel die darin befindlichen Gegenstände erkennen: Pritschen aus Bamboo, auf dem Boden einige Steine, auf denen ein zerbrochener Tontopf stand. Zwischen den Steinen glimmte ein Feuer. An den Wänden hingen Bündel von Muscheln und Federn und unter dem Dach ein rußgeschwärzter Menschenschädel.«

Uns zeigt sich bei einem Blick in die Hütten, daß sich kaum etwas verändert hat. Sicher, den rußgeschwärzten Schädel wird man heutzutage schwerlich finden: Die ehemaligen Kannibalen geben sich mit Tonmasken, die auf das Knochengerüst einer Schildkröte modeliert sind, zufrieden. Ein Tontopf mit Griffen, die aussehen wie Flying-Fox-Köpfe, hängt an einem Draht über einer Feuerstelle. Der Topf gefällt Astrid, sie möchte ihn gern haben. Wir bieten Streichhölzer, Tabak. Der mittelgroße, fast schwarze und gutgebaute Papua zögert. Zeitungspapier braucht er!

Zu unserer Überraschung erleben wir, wie billig wir davonkommen – und daß wir einen ungeahnten Schatz an Bord haben: alte Zeitungen. Nicht, daß die Eingeborenen sie lesen wollen. Die meisten von ihnen sind Analphabeten. Nein, sie brauchen die Gazetten, um sich mangels Zigarettenpapier ihren Tabak darin einzudrehen. Am höchsten im Kurs steht die »Papua-News« mit ihrem dünnen, klebrigen Papier. Aber auch der »Rheinische Merkur«, den wir von Pater Empen bekamen, hat hier seinen Wert. Wir bekommen für eine Ausgabe den Topf.

Wir behalten Neuguinea als einziges Land unserer Reise in Erinnerung, wo sich der Wert einer Zeitung nach ihrem Verkauf noch steigert. Ohne dieses »Zigarettenpapier« geht gar nichts.

Auf dem kleinen Dorfplatz, beschattet von den umliegenden hohen Arecapalmen, bewundern wir unseren neuen »Kochtopf«. Um uns herum hocken dunkelbraune, schwarzgelockte Mädchen mit dicken, vorspringenden Unterlippen und wie Ösen aussehenden Ohrläppchen, durch die Muscheln gezogen sind. Einige sind am Palavern, andere starren uns an. Um die Hüften haben sie verwaschene Tücher gewickelt. Weiter entfernt hocken die Männer betelkauend in der Runde, als wär's immer so friedlich in diesem Bongu gewesen. Ihre Betelblätter wachsen gleich hinter uns an einem Strauch. Sie schmecken, ich habe sie selbst probiert, würzig und scharf. Eingewickelt mit einem Stück Nuß der Arecapalme und mit Kalk bestäubt und dann gekaut, regen sie das Nervensystem an. Eine leichte Droge und in vielen tropischen Ländern verbreitet.

Kym jagt während unseres Besuchs unter dem Geschrei der Kinder die Hühner ins Gebüsch. Damals bewegte Maklai bei seinem ersten Besuch noch die Frage: Soll ich einen Revolver mitnehmen oder nicht?

Der mutige Russe in seinem Tagebuch: »Plötzlich flogen zwei Pfeile sehr nahe an mir vorbei. – Um mich herum waren lauter finstere, beunruhigende, unzufriedene Gesichter. Es kamen immer mehr Papuas und umringten mich. Dabei fuchtelten sie mit den Speeren, die sie in den Händen hielten. Einer von ihnen ging sogar so weit, daß er ruckartig mit dem Speer zum Wurf ausholte und beinahe mein Auge verletzt hätte. In diesem Augenblick war ich zufrieden, daß ich meinen Revolver nicht mit hatte. Ich weiß nicht, ob ich sonst so kaltblütig geblieben wäre. – Ohne lange zu überlegen, wählte ich im Schatten einen Platz aus, schleppte eine neue Bastmatte hin und streckte mich auf ihr mit Unbehagen aus.«

Das verblüffte die Eingeborenen derart, daß sie Maklais Politik der Geduld und Nichtaufdringlichkeit akzeptierten. Nicht er ging zu ihnen, sondern sie kamen zu ihm in die Hütte am Garagassi Point. »Sie brachten mir Kokosnüsse und Zuckerrohr. Meine Gegengaben waren eine leere Schachtel und Nägel. Etwas später erschienen noch einige Männer, gleichfalls mit Geschenken. Jedem gab ich zwei Nägel von mittlerer Größe.«

Mut kann man dem Forscher nicht absprechen. Irgendwann macht er sich sogar auf, entfernt liegende Dörfer aufzusuchen. »Ich ging nach Gumbu, in der Hoffnung, dort noch einige Schädel zu erwerben.«

Vielleicht spielte auch das Motto jener Zeit eine Rolle: Fürchte dich, und du wirst berühmt!

Ich zeige den im Kreis um uns hockenden Papuas die Strichzeichnungen in Maklais Tagebuch: Porträts ihrer Vorfahren in Kriegsbemalung und mit grimmig dreinblickenden Gesichtern, Mädchen, die mit einem Schurz bekleidet sind, ein segelndes Kanu mit an Deck errichteter Hütte. Die Aufmerksamkeit, die ich damit erreichen will, bleibt gering. Es bleibt sozusagen bei einem Desinteresse mit Würde.

Ein Kanu mit Kindern kommt bei uns am Boot vorbei. Kyms erste Frage: »Got him shells?« (Pidgin, etwa: »Habt ihr Muscheln?«) wird verneint. Das ergeht ihm oft so, da die Eingeborenen selten Muscheln sammeln, und wenn sie doch welche in ihrer Hütte aufbewahren, sind sie von der Sonne verblaßt oder weisen andere Fehler auf. Eine Muschel hat für unseren Jungen, wie bei richtigen Sammlern, nur dann einen Wert, wenn sie makellos und glänzend ist. Kym betreibt die Muschel- und Schneckensuche mit einer Ausdauer, die uns schon unnatürlich vorkommt. Aber gibt es ein besseres Hobby für eine Familie, die mit dem Segelboot unterwegs ist?

In dem schwarzen Sand der Maklai-Bucht finden wir schwarze Muscheln. Die Spezies passen sich immer der jeweiligen Umgebung an. So findet man in jeder Bucht oder Insel eine Art, die weit häufiger auftritt, alle anderen in dem Gebiet. Hier ziehen pechschwarze, makellose Olivenschnecken ihre Spur.

Die Zeit verrinnt beim Suchen im lockeren Sand schnell, und so merken wir diesmal nicht, daß unsere Rücken von den Stechfliegen zu Streuselkuchen gemacht wurden. Im Busch Moskitos! Am Strand Stechfliegen! Daß Maklai dies überlebte, ist allein schon ein Wunder. Was muß er gelitten haben – ohne Resochin und andere Mittel gegen das entsetzliche Malariafieber. Sein Boy aus Samoa starb allerdings ziemlich schnell daran: »Es war an der Zeit, den toten Boy zu bestatten. Das mußte mit großer Vorsicht geschehen, damit die Bewohner nichts merkten. Ich werde den Leichnam heute Nacht mit in die Schaluppe nehmen, ihn mit großen Steinen beschweren und im Meer versenken.«

Maklai kehrte in Abständen von mehreren Jahren aus Rußland zu »seinen« Papuas zurück – und entkam der Hölle jedesmal. Auch wir fühlen uns »entkommen«, als wir seiner Bucht den »Streuselkuchen«-Rücken schneller kehren, als wir es eigentlich vorhatten. (Scheußlich, diese Juckerei!)

Und noch ein weiteres Mal auf dieser Route sehen wir uns auf einer Reise in die Vergangenheit – diesmal nicht mit Maklai, sondern mit der deutschen Kaiserlichen Kriegsmarine. Sie hat hier Flagge gezeigt, als dieses Land deutsches Mandatgebiet war (von 1884 bis 1918). Mit einer Seekarte, herausgegeben vom Oberkommando der K. K. Berlin 1912, steuern wir Madang an, das darauf noch Friedrich-Wilhelms-Hafen heißt. Alle Achtung! Nicht für uns, sondern für die damaligen Kartographen. Ich habe das vergilbte Stück später mit einer neuwertigen Karte verglichen und mit Bewunderung festgestellt, daß die beiden absolut identisch sind. Die Landkonturen, jedes Riff, sämtliche Untiefen sowie der Küstenverlauf sind nach den damaligen Vermessungen übernommen worden. Die pedantische Astrid: »Nur der Leuchtturm in der Hafeneinfahrt fehlt.« Bruder Leichtsinn ist also nicht mit im Spiel, als wir uns nach dieser Karte richten. Nur Bruder Gehrig von der Missionsstation Vunapope, der mir das antike Stück schenkte, als wir keine Seekarte von der Region an Bord hatten. Er kramte sie aus seiner Holzkiste unterm Bett hervor.

Wir ankern vor dem Städtchen Madang. Die Hitze steht unterm Sonnendach. Astrid bereitet genüßlich Frühstück mit Ei und Toast und Tee und . . . »Mir geht diese ganze Zeremonie auf die Nerven«, platzt es mir so heraus, »jeden Morgen vertrödeln wir damit die schönste Zeit des Tages.«

»Du Miesepeter, mach erst mal ein freundliches Gesicht, wenn du dich zu uns setzt.«

»Und du sorg mal endlich dafür, daß Kym nicht schon

in aller Frühe rumquakt. Ich werde noch verrückt mit euch den ganzen Tag . . . ich halte das nicht länger aus . . . ich will mal allein sein.«

»Mir ist das schon lange zu eng, wenn du den ganzen Tag hier rumhängst und nichts tust und dann noch die halbe Nacht bei Petroleumlicht liest . . .«

»Am Tage kann man ja nicht, da hast du doch dauernd Wünsche. Wilfried, kannst du nicht dies holen und jenes reparieren. Du bist ja sogar zu dumm, Petroleum in den Kocher zu füllen.«

»Und diesen Blödsinn muß ich mir zum Frühstück anhören, du, du großer Meister und Pläneschmied, und da fahren wir hin, und dort müssen wir rein, weil es da ganz »Wilde« gibt, so'n ollen Stein müssen wir tagelang begucken und uns sinnlos über die Mücken ärgern, und immer stellst du die Route zusammen, aber ins Restaurant führst du uns nicht. Überhaupt, arbeite doch mal wieder: Ich liebe Menschen, die sich für die Arbeit begeistern können. Zu denen darf man dich ja wohl nicht zählen.«

»Gut, daß du dich so direkt äußerst. Mich biste los. Kym, bring mich an Land.«

Zu Astrids Erstaunen fische ich tatsächlich mein mit Talkum gegen Rost gepudertes Werkzeug raus: Hobel, Säge, Hammer, streife Hemd und Hose über und lasse mich von Kym mit dem Dingi an Land pullen.

Schnurstracks gehe ich zu Rudi Caesar, den wir gleich am ersten Tag kennengelernt haben, murmle was von »wieder mal richtig was tun«, und sofort werde ich von ihm »angestellt«. Rudi braucht Regale, Bilderrahmen gleich in Mengen, und für seine unzähligen »Neuguinea-Masken« braucht er Nägel zum Aufhängen. (Im übrigen ist es wirklich nicht der Mühe wert, das Ganze eingehend zu beschreiben, denn es hat ja nur eine Woche gedauert!) Zwischendurch erzählt Rudi seine Lebensgeschichte. Wen interessiert die Biographie von Rudi Caesar? Den Freskenmaler aus Österreich hat es vor 20 Jahren hierher verschlagen. Sein Geld verdient er heute als »primitive-art-Sammler« in Madang. Und wenn er Lust hat, dann malt er abstrakte Bilder, die ihm reißend von den Australiern abgenommen werden.

Die Arbeits-Ausweichmöglichkeit läßt Astrid und meinen Disput schnell vergessen. Ich bekomme ein völlig neues Bild von meiner Familie: Mit offenen Armen werde ich nach meinem »Dienst« empfangen. Wir erkennen den Grund für unsere »atmosphärische Störung«: Das Übel ist die ständige Erreichbarkeit an Bord, sie gibt einem das Gefühl, nie allein zu sein. Zudem kennen wir Reaktion, Mimik, Körpersprache des anderen zu genau. Wo können wir Ärger abladen? So gesehen, sind wir die meiste Zeit sogar verblüffend sanftmütig zueinander.

Rudi ist ein netter Typ, aber ein empfindsamer Egozentriker. Zum Beispiel will er Astrid als Trost – weil ich sie wegen der Arbeit so lange allein ließ – ein Radiokassettengerät schenken. Astrid wehrt ab: »Nein, Rudi, bitte . . .« (Er hat mich ja gut entlohnt!) Da schmeißt er das soeben gekaufte Gerät im hohen Bogen in den Rinnstein. Kym brüllt wie ein Stier. Er versteht nicht, warum ein so kostbarer Apparat hingeworfen wird, läuft hin und holt ihn ganz schnell wieder. Gut, daß die Verpackung aus Styropur war.

»Und jetzt gehen wir uns anschauen, wie in Neuguinea ›primitive‹ geschnitzt wird«, sagt Rudi.

An einer Ausfallstraße beobachten wir Vater und Sohn, wie sie mit Stecheisen und Holzhammer hantieren; der Junge cremt die Symbolfiguren mit der Schuhputzbürste ein und macht sie ganz schön schwarz. Alt ist »in«. Um die Schnitzereien für die Touristen attraktiv und unverfälschlich zu machen, werden die fertig geschnitzten Holzfiguren mehrere Jahre vergraben oder in den Rauchfang der Feuerstelle gehängt. »Dies Stück hat mein Urgroßvater geschnitzt«, das hört man dann auf dem Markt von Madang.

»Daß es hier auch so etwas gibt«, staunen wir nur.

»Das haben wir verdient«, meinte Rudi, der nur »Carvings« (Schnitzereien) sammelt, die nicht für den Tourismus bestimmt sind. Er holt seine echten Stücke aus dem Hinterland, aus der beschwerlich zu erreichenden und unzugänglichen Sepik-River-Region. Fürs Museum in Port Moresby hat er an die hundert »echte« Stücke gestiftet.

Astrid denkt an die Zeit nach unserer Reise: »Rudi, du schickst uns davon einige Kisten voll, die ich dann bei uns verkaufe. Aber nur die wertvollen und seltenen Stücke, die einige tausend Dollar wert sind.«

Madang im September 77: »Ein entzückendes, kleines Städtchen, mit einem Puk-Puk-Teich (Krokodil) in der Mitte«, schreibt Astrid ihrer Mutter, und: »Hier wird bei uns im Exzeß gegessen . . . und getrunken! – Das unerwartete Erscheinen Rudi Caesars macht dies möglich.«

Rudi Caesar wird unser bester Freund, nicht nur, weil er mir Arbeit gegeben hat und so unser Zusammenleben fördert oder uns aufgepäppelt hat mit Schweinekeulen, nein, vor allem deshalb, weil er viel Zeit für uns hat und so herrlich sprunghaft denkt und handelt. Man ist bei ihm nie vor Überraschungen sicher – selbst nicht, nachdem wir uns von ihm verabschiedet haben: »Mach's gut Rudi, wir segeln weiter in Tagestörns entlang der Küste.«

Doch in Alexishafen steht er, als wir einlaufen, bereits winkend am Ufer: »Ich bin schon da!« – (Rudi mit Diesel und eisgekühltem Pacific-Lager-Beer).

Nächste Bucht – Megiar Bay: »Ich bin schon da!« (Rudi mit einem Kasten Corned beef und Pacific-Lager).

Uhlingen Bay: »Ich bin schon da!« dito.

Laing Island: dito.

Hermit Island: »Steht da ein Weißer am Strand?« Nein!

– Wir »atmen« auf. 176 Meilen über das offene Meer hat Rudi nicht geschafft. Kym, der jetzt, frei nach Rudi, Zwergl heißt, will uns auf den Arm nehmen: »Lukim, Rudi.«

10

Taifun Kim

> »Bei uns ist alles wie gehabt: Arbeit-›Freizeit‹;
> Tageshetze nach Geld und Image, Aggression,
> Manipulation, Frustration, alles, was halt die
> Zivilisation so angenehm und begehrenswert
> macht. – Bei mir läuft bereits der seelische
> Count-down zum großen Absprung. Meine
> selbstgesetzte Frist: Zwei Jahre. Ich hoffe, in
> dieser Zeit meine Frau, die der See sehr skep-
> tisch gegenübersteht, rumzukriegen.«
> *Ludwig S. aus Augsburg*

Nach mehr als sechs Monaten verlassen wir am 20.
Oktober 1977 Papua Neuguinea und seine Inselwelt.
Mein Weltbild ist wieder zurechtgerückt worden, nachdem wir erfahren mußten, daß hier außer Schweinen
auch Geld mittlerweile hochgeschätzt wird. Das Geld ist
hier Ersatzschwein: Auf der höchsten Banknote, 20 Kina,
ist eine prächtige Sau abgebildet.

Unser nächstes Ziel ist Cebu auf den Philippinen. Wir
planen für die Fahrt zwei Wochen ein. Es beginnt auch
zufriedenstellend: 113 und 97 Meilen – die ersten Etmale,
die Tage schön und klar, See und Himmel dunkelblau,
die wenigen Wolken weiß und flockig. Dazu »Kathena
faa« allein auf weiter See, und die letzte Insel verwischt
sich in unserem Gedächtnis. Es war Ninigo (was Wunder) ein Korallenatoll mit Lagune – unser 17. Atoll auf
dieser Reise!

Für Abwechslung sorgt ein Fregattvogel, der uns im
Kielwasser begleitet. Als er aufdringlich dicht über die
Cockpit hinwegsegelt, rafft sich Astrid aus der Hunde-

Im Kandavu Archipel der Fidschi-Inseln erkunden wir ein unbewohntes Eiland.

Stundenlang kann ich am Riff den Unterwasserzauber der Tropen betrachten und dabei Muscheln und Korallen für uns sammeln. – Astrid greift zum Pinsel, sie möchte es schön und gemütlich an Bord haben.

Kym hat mit seinen vier Jahren auch Aufgaben; auf See ist er für die Ordnung im Cockpit zuständig. ▶

Die Kokosnüsse werden von den oft sehr hohen Palmen selbst gepflückt.

Wenn Seeigel oder Bananen nicht genügend hergeben, greifen wir uns eine der vielen sorgfältig gestauten Konserven.

Kindliche Neugier und – Skepsis im Abiang Atoll.

◄ *Die „Kathena faa", ein Glasfiber-Boot von zehn Meter Länge.*

Eine Erfrischung in der leichten Brise.

Eingeborene hängen uns Blumenketten um. – Vor Anker im Likiep-Atoll. ▶

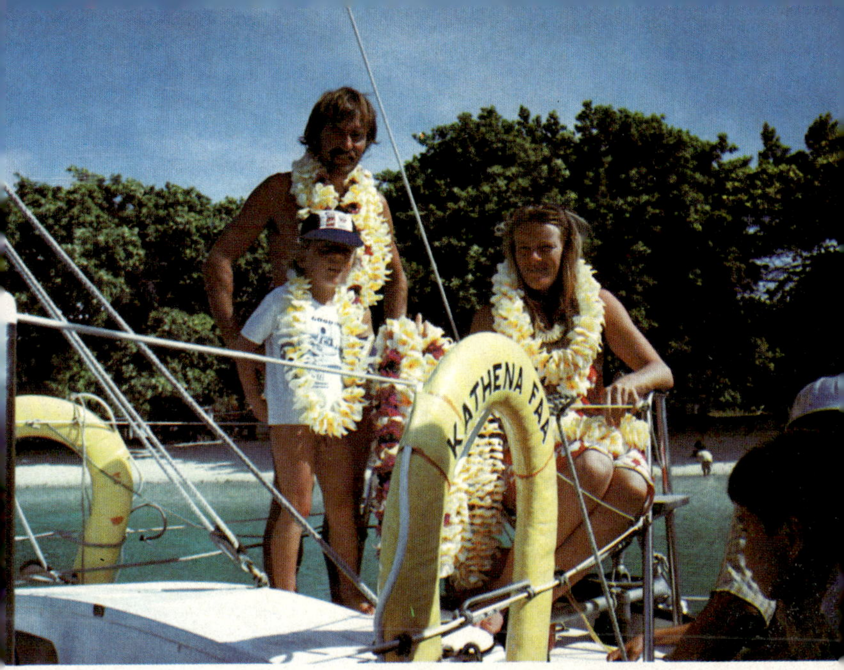
KATHENA FAA

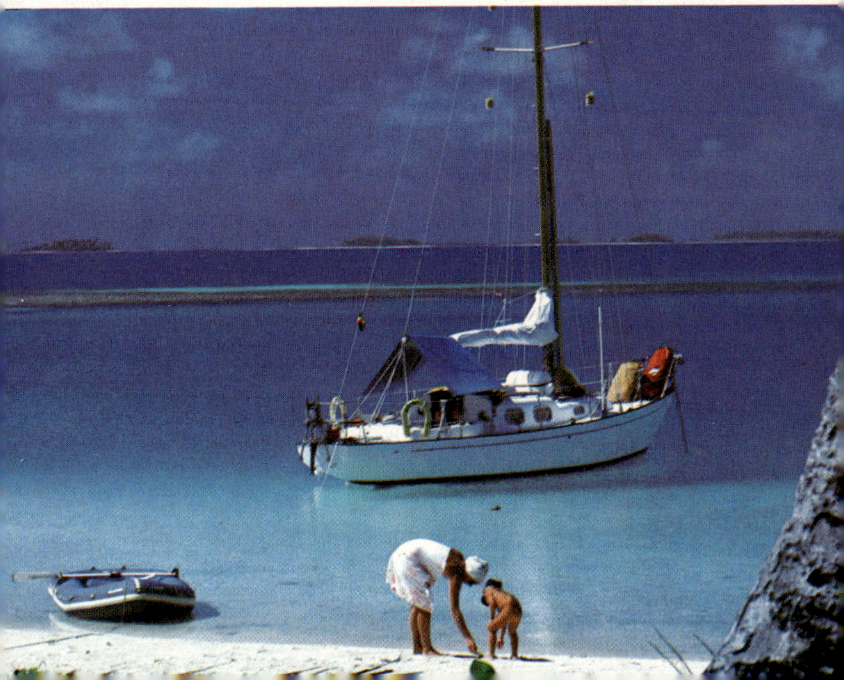

*Morgendämme-
rung in den Hermit-
Inseln. – Muscheln
auf dem Kajüten-
tisch, die wir mit
Namen und Fundort
markieren. – Weih-
nachtsbescherung
unter einem Kunst-
stoff-Tannenbaum.*

*Nächste Doppel-
seite: Die Salomo-
nen: So viele Kanus
hatten wir noch nie
am Heck unserer
„Kathena faa".* ▶

Die Plumps-Klos in den verästelten Bäumen entlang der Küste Neuguineas. –
Eingeborenentänze in Megiar Bay.

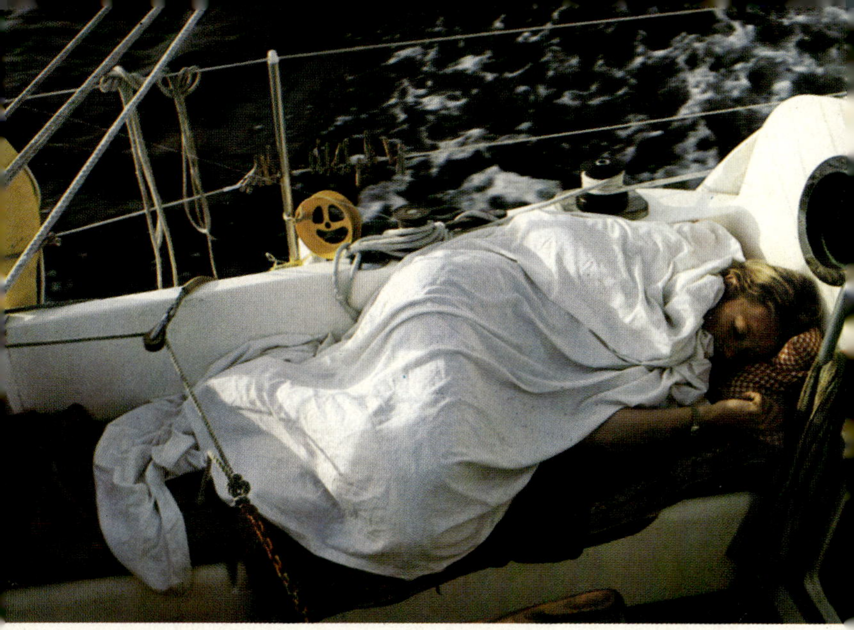

Die Schüsse vor dem Bug zerstören jäh die Ruhe. Ein heimlich geknipstes Bild des Piratenschiffes.

Ankunft und Abschied in Beaulieu: Mit einer Flasche Champagner beenden wir das Seglerleben.

koje auf und schreit: »Hau ab, du Räuber.« Für sie bedeutet dieser Vogel Unheil. Mit Kokosnußstücken attackiert sie ihn, aber der häßliche schwarze Teufel mit seinen Flügeln von über zwei Meter Spannweite will nicht von uns lassen.

Astrid brennt eine Kerze ab. Ein Talglicht.

Die Prozedur verwirrt mich, ich schalte das Radio ein, um Astrid mit den neuesten Nachrichten aus der Bundesrepublik abzulenken. Es sind lauter Meldungen vom Terrorismus.

Im gleichmäßigen Rhythmus der Schiffsbewegungen, in der Stille der See klingt das Gehörte unglaublich: Von einer Handvoll Menschen läßt sich Bonn mit Blut und Terror einheizen. Über die Schleyer-Entführung und Geiselnahme der Lufthansapassagiere kann Astrid stundenlang diskutieren. »Die Terroristen sollte man in eines der offenen Rettungsboote mit Captain Bligh setzen.«

Ich nehme die Nachrichten ohne Emotionen hin, fast erreichen sie mich nicht richtig. Ich hab' mit mir allein genug zu tun: Kurs festlegen, Segel optimal einstellen, Logbuch führen, Essen zubereiten. Das alles beschäftigt mich am ersten Seetag mehr, als mir lieb ist.

Wunderbarerweise blieben wir bisher von schweren Stürmen verschont. Sieht man von den zwei normalen Stürmen ab, die wir, ohne Gefahr zu spüren, abritten, gab es nur plötzlich einfallende Regenböen zu fürchten. Aber die waren von kurzer Dauer und im Grunde nützlich. Sie halten mich fit, kühlen die Luft und füllen manchmal gar die Wassertanks auf. Jetzt, auf unserem Philippinen-Kurs, segeln wir direkt in die Taifun-Region. Uns gefällt das absolut nicht, denn dort wollten wir eigentlich niemals hin. Nach Indonesien wollten wir, nur können wir es leider ohne Schiffs-Clearance nicht riskieren. Die deutsche Botschaft in Djakarta, die wir gebeten hatten, uns dies unbedingt notwendige Papier zu besorgen, schickte es uns nicht. Obschon wir unsere Bootspa-

reichten, kam in unserem letzten Hafen weder ein Zwischenbescheid noch ein winziger Absagebrief. Das war mit ein Grund, warum wir in Madang so lange rumhingen. Wir können nur von Glück sagen, daß wir dort Rudi kennenlernten, der uns die Zeit vertrieb. Ach, wie gern hätten wir gen Ternate, Ambong und die anderen Gewürzinseln gekreuzt!

Nach anfänglich gutem Wind treiben wir tagelang in der Flaute. Spiegelglatte See, verschwommener, dunstiger Horizont, drüber ein gelber Vollmond. Es ist unheimlich. Astrid schaudert's: »Das erinnert mich an Conrads Roman ›Die Schattenlinie‹.« Wir haben dieses bedrückende Buch auf der zweiten Weltumseglung gelesen.

Nur Kym scheint Flaute nichts auszumachen – »da kann man prima schwimmen« – und wenn ich verzweifelt sagte, daß der Wind schon wieder einschläft, fragt er: »Zieht der auch eine Hose an?« Und berge ich in aller Hast die Segel – »Eine Windhose, eine Windhose nähert sich uns!« sagt Zwergl: »Also hat der Wind doch eine Hose an!«

Aus dem Logbuch: »Eine Woche unterwegs. Der Äquator ist überquert. Ich erinnere mich nur an Hitze, schlagende Segel, wenig Wind – Dümpeln in der Dünung des Ozeans. Es ist die reinste Sisyphusarbeit, die Segel zu setzen – sind die Schoten durchgeholt, die Aries justiert, ändert sich die Windrichtung, die Windstärke, oder der Wind macht Feierabend. Verfluchte Segelei! Und wir sind freiwillig unterwegs!

Kym übt Palstek (einen schwierigen Seemannsknoten). Mitmacher Astrid putscht sich mit einem Heftchenroman auf. Ich beschäftige mich. Ich mache Inventur in den Bücherschapps: 6 Seehandbücher, 31 gebundene Romane, 88 Taschenbücher, ein dtv-Lexikon, 21 Kinderbücher, 36 ›National Geographic‹ und andere Magazine und Zeitschriften.«

Abends feiern wir mit einem Glas Sherry Abschied von

der südlichsten Halbkugel: Wir überqueren den Äquator nach Norden.

Doch in den folgenden neun Tagen rutschen wir noch viermal unter die Linie. Im Laufe dieser Zeit prallen wir mehrmals mit Treibgut zusammen; mit Bäumen, die aus den großen Flüssen Neuguineas geschwemmt werden. Die Fischer in Ninigo mögen sich über solche Stämme freuen. Sie bauen ihre halbwegs seetüchtigen Auslegerkanus ausschließlich aus Treibholz. Wir dagegen sind ob dieser mehrere Tonnen schweren Urwaldriesen beunruhigt. Nur gut, daß »Kathena faa« bei diesem flauen Wind selten drei Knoten Fahrt überschreitet. Bei dieser »Geschwindigkeit« können die Stämme dem Rumpf keinen ernstlichen Schaden zufügen. Dennoch macht es uns kribbelig, wenn wir nachts von einem Kratzen und Knirschen an der Bordwand aufgescheucht werden oder, was auch einmal passiert, sich ein Ast in der Reling verhaspelt. Ein merkwürdiger Anblick wird uns eines Morgens geboten: Kym sieht in der Ferne einen verästelten Urwaldriesen, in dem bereits ein neuer Baum wächst. Genau deuten können wir das Ungetüm nicht. Als Navigator lasse ich mich zum Kartentisch schicken: Ich finde in diesem Gebiet nur Wasser verzeichnet – keine Insel!

Endlich kommt mehr Wind auf, aber aus dem Nordwest-Quadranten, also genau von vorn. Wir kreuzen, segeln fast hundert Meilen ab und kommen unserem Ziel doch nur 20–30 Meilen näher. Das Kreuzen ist eine Schinderei, alle drei, vier, fünf Stunden eine Wende, und unser Sohn »Pikinini« stellt wie üblich fest: »Wir segeln Ypsilons.«

Es wird auf die Dauer auch langweilig für ihn. Hat er mit seinen Legosteinen, Autos und seinem Knetgummi ausgespielt, muß ich eine Geschichte erzählen, am liebsten die: »Wie war das damals mit Mami?«

»Och, vor vielen Jahren segelte ich mit meinem Boot allein um die Welt und kam am Felsen von Gibraltar vorbei. Da stand ein langhaariges Mädchen . . .«

»Blondes«, wirft Astrid ein.

». . . dieses Mädchen sah ein bißchen einsam und verlassen aus und wollte mitgenommen werden.«

»Nie!« kommt es entschieden aus der Koje.

»Du weißt ja, Kym, wie wir das immer so machen, mit dem Daumen nach oben zeigen . . .«

»Ich werde böse, wenn du so was erzählst«, ruft Astrid.

»Du weißt, ich hatte ein eigenes Boot und war dazu noch ein ansehnlicher, muskelbepackter Bursche . . .«

»Stimmt alles nicht.«

»Ach ja. Ich hab' das Mädchen dann doch nicht mitgenommen, weil ich die Früchtedosen allein aufessen wollte.«

Kym trollt sich, damit ist die Geschichte für ihn gelaufen. Daß ich Astrid später wiedersah und dann mit ihr um die Welt segelte, interessiert ihn nicht. Um den Heidenspaß für ihn – und für uns auch – gebührend abzuschließen, sucht er, kopfüber in der Backskiste hängend, die Fruchtdose für heute abend raus: 820 Gramm Del Monte-Ananas – aufgeteilt für drei!

Das Logbuch vom 12. Seetag:

»Der fünfte Tag mit Wind um Stärke 5 und 6 aus Nordwest hintereinander. Alle Luken sind wegen des Spritzwassers dicht. In der Kajüte Saunahitze. In dieser Situation ist Kym der einzige Lichtblick. Mit verschmitztem Gesicht singt er: »Ging ein Weiblein Nüsse schütteln, Nüsse schütteln, alle Kinder helfen rütteln, rums, rums . . .«, fast im Einklang mit unseren Bumsern in die aufgewühlte See. Er hat bei dieser ungemütlichen Schräglage des Bootes Humor, Appetit und ist lieb.

Schlechte Stimmung bei Astrid und mir nach dem Mittagsbesteck. Immer volle Pulle gesegelt und nur 24 Meilen auf direktem Weg gutgemacht! Das reizt. Der halbe Knoten Gegenstrom ist auch ärgerlich. Man kann sich noch so zusammenreißen, aber die Enttäuschung schlägt durch. Da wir stets nach der Mittags-Navigation warm essen, schlägt's auf den Magen. Das ölige, amerikanische Hühnchen aus der Dose will nicht runter. Ach, wenn man sich wenigstens in irgendeiner Form Luft machen könnte! Belämmert dieser Philippinen-Kurs, und das alles, weil Indonesien für uns mangels Einreisepapieren tabu ist.«

Astrid nimmt die äußere »Landschaft« nur noch als innere wahr. Wir sind froh, daß ihr sportliches Naturell mit einer gewissen Robustheit ausgestattet ist. Auf See liest sie fast ausschließlich Heftchenromane. Auf englisch, deutsch, so wie sie sich diese Zeitvertreiber in den Häfen besorgt, werden sie verschlungen. Hauptsache, es kommen welche an Bord. Ich finde diese Neigung zum Heftchenroman sonderbar. Astrid, die an Land eher zum anspruchsvollen Suhrkamp-Buch greift, giert auf See förmlich nach diesen Schmökern.

»Warum, um Gottes willen, liest du all die Dinger?« will ich mal wissen.

»Alle Leute, die nicht denken wollen, lesen die«, sagt Astrid lakonisch – in Abwehr aller weiteren Erklärungen.

Die Etmale bleiben bescheiden: 29, 45, 16, 31 Seemeilen.

Das Logbuch vom 16. Tag:

»So etwas an Wind wie in den vergangenen Wochen hab' ich bei meinen fast 100 000 gesegelten Meilen noch nicht erlebt. Dieser blöde Wind immer von vorn. Ganz klar, wir haben die richtige Jahreszeit verpaßt. Amüsant und hierher passend, was Kym gestern beim Spielen von sich gab: »Es muß auch ein bißchen Schwierigkeiten geben.«

Recht hat er. Es darf ruhig ein wenig schwierig werden, denn wenn wir genau wüßten, wie die Reise verläuft und wann wir ankommen, würde unsere Fahrt ihre menschliche Dimension verlieren und wäre nur noch

Mittel. Ich mache Astrid gegenüber in Optimismus: »Wir wollen doch nicht wie bei einer Eisenbahnfahrt ständig auf die Uhr schauen.« Doch ihre Reaktion ist schwach: »Dabei schaukelt's wenigstens nicht«, kommt es aus der Hundekoje. Und sicher denkt sie: Da hängt man nicht mit dem Kopf auf der Bordwand und dann wieder auf der Motorklappe. Man hört auch keine quietschenden Blöcke, schlagenden Segel und aneinander stoßende Dosen in der Bilge bei Nacht. Und wird auch nicht im eigenen Mief und Schweiß gesotten. (Unser Kojenzeug stinkt entsetzlich.)

Am 17. Tag dann ein flauer Gegenwind, bei brennender Sonne. Das belämmerte Etmal (20 Meilen) macht mißmutig. Nicht mal die Hälfte der Strecke nach Cebu ist geschafft. Bei dem Gedanken krampft sich mein Herz zusammen. Um mich abzureagieren, blättere ich in Büchern vom Überleben in der Natur. Ulkige Beispiele erheitern mich: Man nehme Weidenstöcke, um . . . aber wie soll man nur an Weidenstöcke in der Südsee kommen? Oder: In Lehm gebackene Fische sind besonders köstlich. Wo hol' ich auf meinem Atoll den Lehm her?

»Nach dieser Reise wird erst mal kein Geld in Boote investiert, ein kleines Häuschen auf dem Lande muß her.« Das steht an diesem Tag im Logbuch!

Tags darauf weht ein stärkerer Nordwest. Wind von vorn, alle Luken dicht. Die Crew ist in Stimmung. Astrids stereotype Frage, nachdem ich die Ortsbestimmung gemacht habe: »Wieviel?« wird mit 20 Meilen beantwortet. Die Eintragung in die Seekarte will Astrid schon gar nicht mehr sehen. Nach diesem Besteck möchte ich am liebsten jemandem den Sextanten an den Kopf schmeißen und dabei laut Scheiße schreien.

Es ist eintönig an Bord. Kym hat alles, was er an Sachen hat, mehrmals durchgespielt. Der aufmunternde Ton der ersten Wochen ist verflogen. Wir sind reizbar. Zu langsam kommen wir vorwärts. »Ach, laß mich in

Ruh«, wird zur gängigen Redewendung. Die »Reis mit«-Gerichte werden lustlos eingenommen. Und bei allem der Gedanke: wenn der Wind nur einige Striche nach Steuerbord oder Backbord drehen würde, wo man dann innerhalb von Tagen schon sein könnte!

Am 22. Tag, es ist der 10. November, herrscht graues, bewölktes Wetter, und gelegentlich gehen Regenschauer nieder. Der Wind dreht – endlich – nach West, nimmt allerdings an Stärke zu. Nichts deutet darauf, daß wirklich schlechtes Wetter zu erwarten ist. Die Zeit für Taifune sollte vorbei sein; nur im nördlichen Pazifik treten sie gelegentlich auch noch im November/Dezember auf. Es fehlt aber jene lange Dünung, die einem tropischen Sturm voranzugehen pflegt, und die Wolken sehen keineswegs unheilverkündend aus. Es ist frisches Wetter, weiter nichts! Womöglich kommt mit diesem Wetter der Nordost-Passat des Nordpazifiks durch.

Gegen Abend geht ein richtiger Sturm. Ich habe die Segel bis aufs gereffte Groß weggenommen. Das Meer ist schwarz und bewegt. Astrid ist fassungslos: »Jetzt auch noch Sturm!« Mit mir ist auch nicht viel los. Keiner von uns beiden spielt oder beschäftigt sich mit Kym. Er singt derweil Weihnachtslieder. »Leise rieselt der Schnee . . .« Schön hört sich das an. Es läßt uns vergessen, daß draußen im Rigg ein ganz anderer Gesang tönt.

Während der Nacht wird der Sturm sich vermutlich austoben, und dann im Laufe des nächsten Tages spielt sich der Passat ein. Ein leichtes Steigen des Barometers, das spät am Abend eintritt, bestätigt endgültig, daß wir den Sturm in Kürze hinter uns haben werden.

Aber nein, kurz nach Mitternacht spüre ich, wie Wind und Seegang zunehmen. Das Barometer beginnt wieder zu fallen. Es stürmt nun wirklich ganz ordentlich. Was tun? Wenn wir wenigstens ablaufen könnten, aber in Ost liegt unser Ziel nicht. Ich ziehe Ölzeug an und verringere das Großsegel bis auf ein klitzekleines Dreieck. Vier bis fünf Quadratmeter Tuch halten »Kathena faa« jetzt auf Steuerbordbug am Wind, ohne Fahrt voraus. Dazu regnet es wie aus Kübeln. Obwohl der Wind weiter aus Westen kommt, macht sich eine hohe Dünung aus Nord bemerkbar. Dies sowie der weiter fallende Luftdruck machen uns kribbelig.

Wir befinden uns auf 133 Grad Ost und 7 Grad Nord, und es ist unser 23. Tag auf See.

Da Wind und See aus verschiedenen Richtungen laufen, bilden sich riesige Wasserhaufen. Bisweilen prallen sie hart aufeinander und schleudern sich gegenseitig in die Luft. Oder schlagen plötzlich gegen den Rumpf und hüllen das Schiff mit Gischt ein, die einen Augenblick lang alles verwischt.

Unter Deck kramt Astrid alle möglichen Bücher hervor, die tropische Störungen im Nordpazifik abhandeln. Emsig stöbert sie. Dann liest sie vor: »Im November treffen die verschiedenen Bedingungen für die einzelnen Entwicklungsstadien eines Taifuns selten zusammen. Manchmal beginnt der Prozeß, löst sich dann wieder auf, fällt in sich zusammen, und es kommt lediglich eine ›Depression‹ zustande. Depressionen sind in Wahrheit nichts anderes als solche toten oder halbfertigen Wirbelstürme.« Das wissen wir, und trotzdem sind wir unruhig. Ich schließe mich Astrid an und blättre ebenfalls in Büchern. Um im letzten Augenblick noch Informationen aufzupicken?

Eigentlich suche ich nichts, ich will nur vom Grübeln wegkommen, etwas tun, denn Stürme habe ich mit all meinen Booten ausreichend abgeritten, und wie ich mit denen zu Rande komme – na ja, das sollte mir keine Probleme bringen. Im Grunde ist wohl alles Getue nur Beschäftigungstherapie, die Gefahr, das Unbequeme zu unterdrücken, auf Null zu schalten. Kym hilft uns dabei. Ihn scheint nichts zu erschüttern. Zu den Sturmböen, aus der Hand mit Anemometer gemessenen 9 Windstärken, meint er in der Cockpit stehend: »Och, ist doch gar nicht so viel.« Offensichtlich ist er glücklich mit seinen Autos, Büchern und Liederkasetten, denn wir tun den ganzen Tag rein gar nichts für ihn. Sogar in seine Hundekoje, die er nur auf See bewohnt, schlüpft er allein, ohne zu murren – zur üblichen Zeit: 19 h. Die Innenaufteilung unserer »Kathena faa« ist durch die beiden gegenüberliegenden Hundekojen ideal: Mutter und Sohn haben sich so immer im Auge.

Während Kym schnell einnuschelt, läßt Astrid das verflixte Wetter keine Ruhe. In unserem Transistorradio mit drei Kurzwellen sucht sie Wetterberichte, Warnmeldungen. Doch die Mühe ist umsonst: Musik, Nachrichten, Störungen.

Das rauschende Pfeifen des Windes hält an. Wasser schnellt an Deck und läuft am Heck durch die Speigatts ab. Ich möchte Astrid beruhigen. Ich möchte sie trösten: »wird schon nicht so schlimm werden«, oder: »Wir haben doch 1972 in der Biskaya schwerste Stürme abgewettert«, aber es gelingt mir nicht. Ich steh' vor ihrer Koje und krieg' nicht die richtigen Worte zusammen. Dabei ist es doch so einfach zu sagen: »Du brauchst keine Angst zu haben, Liebling.« In solchen Situationen leben wir aneinander vorbei. Keiner sagt ein Wort. Dabei würden mir ein paar ordinäre Sprüche – als Ventil der Angst – eher helfen. Auch im nachhinein ist von Astrid nichts zu erfahren, was sie so in ihrer Koje grübelt. An was denkt sie, wenn Brecher an die Bordwand knallen, Wasser durch die undichten Fenster tröpfelt, ich an Deck ohne Sicherheitsgurt rumturne? Werde ich's mal erfahren?

»Kathena faa« steuert sich alleine, ohne daß die Aries eingestellt ist, durch die See. Im stetigen Auf und Ab durch die aufgewühlte See hält sie auf Steuerbordbug liegend Kurs. Die Stärke der Böen vom Tage nimmt zusehends ab. Es geschieht nichts. Wilfried, denke ich, du wirst schon pessimistisch. Ich schlafe nach drei unruhigen Nächten etwas besser.

Der 24. Tag. Der Wind bleibt um West, die Dünung läuft gefährlich hoch weiter aus Nord. Barometer: 1000 Millibar, Tendenz fallend.

Kym bleibt unser Unterhalter Nr. 1. Um 7 Uhr steigt er während einer Regenböe in die Plicht, »muß mich erst mal waschen«, und schreit vor Vergnügen dabei. Unsereins zittert um Boot und Segel.

Um 9 Uhr, als das Barometer weiter fällt und die gleichbleibende Windrichtung beweist, daß wir uns direkt in der Bahn der tropischen Störung befinden, drehe ich bei. Ich berge das Stückchen Großsegel und drehe das Heck in den Wind, um mit rauhem Wind abzulaufen. Die Fahrt dabei erreicht fast drei Knoten – leider in die falsche (nordöstliche) Richtung, dafür steuert nun die Aries ganz allein.

Der Sturm wird mit Sicherheit zunehmen, wahrscheinlich sogar sehr schwer werden. Ich bereite das Boot darauf vor. Am Mast haben wir zwei Spinnakerbäume hängen, die hole ich runter, um sie an Deck festzuzurren. Merkwürdigerweise schaffe ich das, ohne mich zu verletzen. Denn mehrmals werde ich dabei, umgeben von Gischt und Brechern, gegen die Reling geschmissen. Aber ich muß es machen, auch wenn es ungeheuer viel Kraft kostet. Die Bäume bieten einfach zu viel Windfang. Und als Seemann fühle ich die Pflicht, jede Gefahr, auch die kleinste, nach Möglichkeit zu verringern. Zusätzlich verstaue ich sämtliche überflüssigen Fallen und anderes Tauwerk in der achterlichen Luke. Die Rettungsringe kommen ins Vorschiff. Mir ist warm, obwohl ich nur ein T-Shirt und abgeschnittene Jeans, und beides naß, auf dem Körper trage.

Die Rettungsinsel! Was mache ich mit dem sperrigen Ding, das hoch an Deck festgezurrt ist? Soll ich sie wegschaffen? Denn ich bezweifle, daß sie in schwerstem

Wetter zu besteigen ist. Als ich sie losgebunden habe, trifft uns eine hohe Welle ziemlich breitseits, deckt mich vollkommen zu und drückt mir die lose Insel aus den Händen. Ich halte mich, um nicht rücklings aufs Gangbord zu knallen, am Mast fest, während die Rettungsinsel aufs Gangbord poltert und sich zwischen Relingsstützen und Kajütenaufbau festklemmt. Mit ihrem Gewicht hat sie den Stützen verbogen. Als ich das schwere Ding endlich nach unten bugsiert und in der Plicht festgelascht habe, ist mir wohler zumute. Nur noch die zusammengerollte Sturmfock im Bugkorb bleibt an Deck. Sie soll eventuell das Schiff manövrierfähig halten.

Zu Mittag öffne ich eine Champbell-Dose Erbsensuppe. Das Warmmachen auf dem Petroleumkocher wird zur Akrobatik. Als mal wieder Suppe aus dem Topf schwappt und den Teppich bekleckert, ist's auch bei mir mit der Seemannsruhe vorbei: Himmel! – Mir schmeckt die Suppe plötzlich nicht mehr. Mein Hunger ist weg, ich krieg' keinen Löffel runter. Ich mache mich für einen längeren Aufenthalt an Deck klar: Pullover, lange Hose, Ölzeug und Gummistiefel. Gott weiß, wie lange ich in diesen Klamotten stecken muß. Beim Raushangeln – ich öffne nur ein Schott – singt Kym mit klarer heller Stimme:

> Jingle bells, jingle bells
> jingle all the way
> oh, what fun it is to ride
> in one horse open slay.

Erst als ich in der Plicht sitze, wird mir bewußt, was Kym da eben gesungen hat. Mit Pferd und Schlitten und Glockengeläut durch weihnachtliche Wälder fahren! Mir wird's ganz blümerant bei diesem Gedanken. Die Beobachtung, wie der Wind das Wasser aus dem Kurbelloch der Schotwinsch peitscht, bringt mich in die Gegenwart zurück. Über die Seiten sehe ich nicht die gewohnte See, sondern ganze Wasserlandschaften. Die Wellen brechen sich und fressen ihren eigenen Schaum. Der Wind reißt in meinen Haaren. Ich merke, sie sind zu lang, immer wieder fallen sie über meine Augen, und das stört mich. Das macht mich nervös. Ich lasse mir von Kym eine Schere rausreichen und schneide – ritsch, ratsch – die vorderen Haarbüschel ab. Nun ist mein Blick wieder frei. Der Gedanke an Kym stimmt mich gar freudig. Prächtig, wie er sich hält, wie er allein mit sich fertig wird, vor allem, wenn wir, so wie heute, in Druck sind. Warten und beobachten.

Nachmittags geht es los, mit peitschenden Regenböen, die aus allen Ecken zugleich zu kommen scheinen. Der Sturm wächst weiter. Ich ahne, was noch kommt. Ich hocke mich auf die Bank und greife zur Pinne, um der Aries zu helfen. Sie schafft es nicht mehr, Kurs zu halten, die Seen 2–3 Strich von achterlich zu nehmen. Zu oft schlägt »Kathena faa« quer, was gefährlich ist. Zugleich schlinge ich mir das Ende der Sturmfock-Schot um den Leib. Einen Rettungsgurt trage ich nie. Solange ich fit bin, verlasse ich mich lieber auf meine Beweglichkeit: Wie eine Katze taste ich mich in jedem Wetter bei Tag und bei Nacht übers Deck; mal langsam, mal schnell, stets fühle ich mich sicher. Eine Katze wird auch nie springen, wenn sie glaubt, sie schafft es nicht. – Mag es auch unglaublich klingen: mit einer nachziehenden Gurtleine, die sich auch noch an Deck vertörnen kann, sind schon Segler ertrunken.

Wir treiben weiter vor Topp und Takel: Kurs Südost. Die See kommt jetzt achterlich von Steuerbord ein. Wir wollen nicht nach Norden, wo sich der Kern der Störung befindet. Die Luke ist dicht, einige Ritzen habe ich zusätzlich mit Tesaband überklebt. Ich bin ruhig, es kann losgehen.

Bevor es an diesem 24. Seetag dunkel wird, ziehe ich mir in der Kajüte noch eine Schwimmweste über. Ich sage nichts, und sie, sie sagt auch nichts. Sie hat sich mit Kissen zum Abfangen der härtesten Stöße in der Koje verkeilt. Es ist schwül und stickig. In der geschlossenen Kajüte steht der Mief durchschwitzer Körper.

Ich quetsche mich durch die Luke. Das Wetter zeigt eine Änderung. Bis jetzt kam der Wind ununterbrochen aus West. Nun kommt er in kräftigen Stößen aus Südwest. Die Böen drücken »Kathena faa« tief in die See. Öfter und öfter steigt die hochgehende See an Deck. Die Dünung aus Nord ist auch noch vorhanden. Ich steuere von Hand: mit 2 bis 3 Strich von achtern muß »Kathena faa« die Wellen abreiten. Um in diesem Chaos die Übersicht zu behalten, ist mein Blick nur auf die rauschenden Wellenkämme gerichtet. Die unberechenbaren Böen, die gar nicht abflauen wollen, dauern eine halbe Stunde. Ich kann jede Bö kommen hören an einem fernen Geheul, das stetig zunimmt, bis es uns trifft.

Es ist stockdunkel, mit verdammt komischen dunklen Wolken.

Ich denke an Astrid, habe eine Vorstellung von ihrer Lage: Zur Verständigung haben wir Klopfzeichen verabredet. Dreimal kurz heißt: alles okay. Mehr als dreimal: Wie steht das Barometer? Ich denke auch: Drinnen die junge sensible Frau mit Herzschmerzen, draußen der – harte?! – Mann mit im Hintergrund grollenden Brechern.

Für Astrid sind die Seetage nur noch ein Mittel, um an schöne Ankerplätze und nette Menschen zu kommen, und das ist schade. Ich finde sie im Augenblick ängstlich, abhängig, passiv.

Weiß schäumende Wellen brechen sich am Heck, das Deck wird überspült. Ich sitze da, mit einem Tampen um den Bauch, wie ein Fels in der Brandung. Die rechte Hand an der Pinne. Wir dürfen auf keinen Fall querkommen! Darin liegt die größte Gefahr des Kenterns. Keineswegs darf die See seitlich voll an Deck schlagen / knallen / krachen. Immer das Heck des Bootes gegen die Seen halten: ein, zwei, drei Strich von Steuerbord sollen sie einkommen, das ist meine Aufgabe.

Erstaunlich, daß dieser Wind von unvorstellbarer Gewalt sich noch fühlbar verstärkt. Die Atmosphäre besteht nur noch aus Gischt und ist vollkommen undurchsichtig. Nur am Schlingern merke ich, daß sich um uns herum riesige Wellen auftürmen und am donnernden Geräusch, wenn eine Welle sich kurz vorm Heck bricht.

Immerhin, je stärker ein Sturm, desto kürzer ist er auch für gewöhnlich, und zieht auch um so schneller vorüber; vielleicht noch in dieser Nacht – wenn wir Glück haben und nichts . . . der Mast, der Mast – nein, das darf nicht passieren!

Ich sehe machtlos zu, wie er sich unaufhaltsam in die kochende See senkt. Ganz langsam. Ich klammere mich am Relingsstützen fest, hänge senkrecht daran. Um mich herum die brodelnde See und das Cockpit halb unter Wasser. Ich denke nur noch: Die »Kathena faa« wurde in England gebaut . . . solide Arbeit . . . die verstehen was vom Bootsbau . . . wir werden nicht sinken . . . wir werden nicht sterben . . . der Tod ist für die anderen . . .

Es hat – höchstens zehn Sekunden gedauert, die nächste See richtet uns wieder auf. Mast und Rigg stehen noch. Langsam fließt das Wasser ab, von Deck, aus dem Cockpit, aus dem Ölzeug. Wie konnte der Mast nur in die See tauchen, wir sind doch nicht am Kap Hoorn!

Ich gebe Klopfzeichen am Schott: Dreimal. Astrid gibt sie kurze Zeit später zurück. Also, offenbar in der Kajüte auch alles klar.

Die Luken sind alle vorhanden, irgendeine Beschädigung kann ich mit einem Blick übers Deck nicht feststellen. Aber aufpassen muß ich. Noch so eine ›vollgefressene‹ Welle, und es könnte aus sein. Diese Ungetüme von Wellen, die sich über viele tausend Meilen bilden, indem sie andere Wellen schlucken, sind gefährlich, sie machen mit einem Boot unserer Größe, was sie wollen. Auch wenn man sein Boot zu fahren versteht. Ich mühe mich ab, mit meinen zerschundenen Händen Kurs zu halten. Meine Glieder schmerzen von der Anstrengung. Naß und kalt bin ich, aber schlimmer noch ist, wie ich mich abmühen muß, an nichts zu denken. Wie Kinder in ihrer Phantasie in jedem Gebüsch einen Löwen vermuten (bei Kym sind's Krebse), so sehe ich jetzt in allen Wellen diese aufgetürmten Biester von Seen auf uns zukommen. Die See ist furchtbar, es stürmt schlimmer als zuvor. Ich atme Salzwasser. Ein Ende ist nicht abzusehen. Zwei Tage warten wir nun auf das Ende, das ist eine lange Zeit.

Mit der Dämmerung wird es heller, aber es ist noch immer keine Besserung zu erkennen. Gischt, zerstäubtes Meer, verhüllt alles. Es ist jetzt eine weiße Nacht statt einer schwarzen, das ist alles. Um meine Müdigkeit zu bekämpfen, drücke ich die Knöchel in die Augen. Das schmerzt, denn meine Hände sind voll Salz.

Dann konzentriere ich mich wieder auf meine Aufgabe: Blick auf die Wellen, den Kompaß behalte ich im Auge, und mit der Hand gebe ich Ruderbewegungen. Gut, daß die Pinne dick ist, da bekommen meine Finger keinen Krampf.

Mit der Zeit bläst der Wind aus Süd und wird stetig. Es scheint, als hätten wir das Zentrum hinter uns.

Schließlich, gegen 9 Uhr morgens des 25. Tages, Klopfzeichen von Astrid: Das Barometer fällt nicht mehr.

Hat der Sturm sich ausgetobt?

Wildes Geklopfe. Ich reiße die Luke auf. »Was is'?« Kym muß aufs Klo, er braucht einen Eimer. Auf die Toilette im Vorschiff möchte er nicht gehen. Ich sehe, daß der Teppich naß ist. Ein Leck? Ich schaue nach und finde die flache Bilge mit Wasser gefüllt. Offensichtlich hat das Boot so stark gearbeitet, daß an einigen Stellen Wasser eingedrungen ist.

Ich lasse mich und das Schiff treiben. Mein Gefühl sagt mir: Das war's. Ich streife mein Ölzeug ab.

»Kym hat die ganze Nacht geschlafen«, sagt Astrid.

»Und du?« frage ich. Eine Antwort erwarte ich nicht. Das Barometer steigt. Ich bin zittrig – und müde. Das waren also 22 Millibar unter Normaldruck.

Ich kann's kaum fassen, als ich sehe, daß der Wind nachläßt – sieben, acht – und weiter nach Südost dreht, und – was das Barometer bereits bewiesen hat – daß wir endlich an der Peripherie des Sturms sind.

Ich werfe mich auf meine Koje. Ich will nichts hören und sehen. Tief und fest schlafen möchte ich. Doch ich kann nicht, der Geist ist zu rege, ich fange an zu denken, die Dinge der letzten Tage, der vergangenen Nacht gehen durch den Kopf, werden nachvollzogen. Ich sitze wieder in dem Cockpit und gebe Ruder, mit einer Hand, mit beiden, wenn ich die Pinne hart anlegen muß. – O Herr, ich bin zu sorglos, ich bin ein Narr. Zweifel. Erinnerungen an meinen Biskaya-Orkan vom 6. April 72 mit Astrid, der uns die Fenster eindrückte und die Kajüte bis über die Kojenpolster unter Wasser setzte. Und Astrid allein in dieser wassereindringenden Höhle in dunkler Nacht, dazu Kym im Bauch. Hat sie dabei einen Schock bekommen? – O Herr, meine Augen stoßen das Salz aus.

Das Barometer steigt weiter. Es steigt den ganzen Nachmittag, und gegen Abend flaut der Sturm merklich ab. Es ist ganz offensichtlich, daß der Sog der Depression uns nicht mehr in seinen Klauen hat, daß wir endlich ausgespien werden. Ich will nicht damit sagen, daß der Sturm vorüber ist; er verfolgt seine Bahn in unverminderter Stärke, aber die »Kathena faa« ist nicht länger drin.

Es bläst jetzt nur noch ein steifer, ein sportlicher Wind. Das Schiff liegt mit der Nase so ziemlich nach West, und der Wind kommt aus Südost, fast ganz von achtern.

Jeder weiß, daß ein Segelboot nicht so heftig rollt wie ein Dampfer. Vorausgesetzt, der Wind drückt auf die Segel. Wir können uns jedoch nicht entschließen, ein

Segel zu setzen, die See geht nämlich noch hoch und sieht unheilverkündend aus. So rollen wir, daß uns die Zähne klappern. Als uns dies dann doch zu ermüdend wird, entscheiden wir uns für die Sturmfock. Gleich ist das Leben angenehmer, und die psychologische Unterstützung – 3 Knoten Fahrt richtiger Kurs – baut uns auf. Ich koche für alle eine Riesenportion Nudeln. Kym, zwischen Niedergang und Spüle hockend, findet seinen Löffel nicht. »Ach, ich kann ja auch mit den Fingern essen«, sagt er so, als ob das ganz selbstverständlich wäre.

Mensch, wenn wir Kym nicht mit an Bord hätten, wär die Reise nur die Hälfte für uns wert! Heute, bei der schweren Rollerei, baut er sich Lokomotiven aus Legosteinen.

Astrid fummelt ungeduldig am Radio rum, um endlich einen Sender mit Wetternachrichten zu finden. Doch erst zwei Tage später hören wir im Radio die »Stimme Amerikas«: »Taifun Kim hit Manila with 180 km/h early this morning.« Es war der schwerste Taifun, der die Philippinen seit 1970 traf. Endlich können wir es benutzen, das Wort »Taifun«. Gelübdenarren, die wir sind, und um uns nicht bange zu machen, hatten wir es gemieden wie die Pest. Es war tabu wie das Wort »Angst«. Ironische Pointe, daß der Taifun auch noch Kim heißt.

Taifune drehen sich mit rasender Geschwindigkeit um sich selbst, wandern aber als Ganzes nur langsam weiter. Selten, daß sie auf ihrem Höhepunkt zwölf Meilen die Stunde erreichen; gewöhnlich sind es um fünf Meilen. Das Zentrum eines Taifuns ist vollkommen windstill. Der Wind kann einfach durch die hohe Geschwindigkeit nicht hinein. So wandert dieser merkwürdige Motor aus Luft und Wasser von 50 Meilen oder mehr im Umkreis von seinem Entstehungsgebiet im mittleren Pazifik nach Westen. Oft wochenlang. Und seine durch Sonne und Regen erzeugte Kraft wächst in der Bewegung. Erst wenn er auf Land trifft oder sehr kalte Luft, löst er sich auf.

Taifun Kim richtete an der philippinischen Küste gewaltigen Schaden an und forderte 65 Menschenopfer. An uns war das Auge (Zentrum) nördlich vorbeigezogen, daher die hohe Dünung aus Nord. Wäre das Auge über »Kathena faa« hinweggegangen, hätten wir mit Sicherheit den normal verstagten Mast, acht 6 mm dicke Wanten und Stagen, verloren. Es ist schon ein aufwühlendes Gefühl, daran zu denken.

Es klart soweit auf, daß ich unsere Position bestimmen kann. Ich stelle fest, daß wir in drei Tagen 178 Seemeilen gedriftet haben. »Wir sind mit dreieinhalb Knoten nach Ostnordost abgetrieben«, sage ich zu Astrid.

Der Wind kommt schwach aus Ost. Das Wetter wird gleichmäßig, ohne Regenschauer und Böen. Wunschwetter.

Wir geben unser Ziel Cebu auf. Da wollen wir nicht mehr hin, obwohl uns die Entscheidung schwerfällt. Wir aber haben die Nase voll und ändern den Kurs. Der nächsterreichbare Hafen soll unser sein, und das ist Davao auf Mindanao.

Daß wir so glimpflich davongekommen sind, macht Astrid munter, sie räumt auf, trocknet all die nassen Sachen, kocht und cremt sich die Sorgenfalten aus dem Gesicht. Ein gutes Zeichen. Ich lese »Admiral Hipper«, ein Kriegsbuch, spucke auf die letzte Seite und lasse das Buch über Bord gleiten. Auf 331 Seiten hat der Autor nicht einmal die Meinung oder einen Gedanken eines Heizers, eines Matrosen, eines Mannschaftsdienstgrades verzeichnet. Aber notiert, wie sich die deutschen Offiziere im besten Hotel von Drontheim über eine Steckrübenmahlzeit mokierten.

Die Sonne zeigt sich wieder den ganzen Tag; sie steigt empor, sie kulminiert, sie senkt sich. Nach den Wochen der Anstrengungen liegen wir entspannt in dem Cockpit und erleben endlich mal wieder das zauberhafte Schauspiel, wie der Tag in die Nacht versinkt. Wir erleben dies ja nun schon viele Male, wir sind sozusagen darauf abonniert – von Anfang bis Ende unserer Reise, aber wie eben kein Tag in Wirklichkeit eine Wiederholung des vorigen ist, so gleicht auch kein Sonnenuntergang dem vorangegangenen. Nach einer Periode schlechten Wetters ist das Spiel der Farben um so leuchtender, wilder, berauschender. So dicht am Äquator verlischt leider der Glanz sehr schnell. Ich knipse ein paar Bilder, denn meine Sprache wird nie ausreichen, diese prächtigen, südlichen Farben am Himmel, diese Töne und ihre gleißenden Spiegelungen zu beschreiben.

»Kathena faa« läuft auf Westkurs. Der Wind weht schwach aus Ost; trotzdem erreicht sie Etmale von 79 und 83 Meilen. Das Barometer verharrt auf einem hohen Stand. Der Himmel sieht vertrauenerweckend aus. Die See ist ziemlich ruhig.

Zweimal vierundzwanzig Stunden muß ich wegen Rückenschmerzen stilliegen. Im Taifun habe ich mir beim Steuern die Wirbelsäule so strapaziert, daß sich eine Beule bildete, die furchtbar wehtut, und zwar genau in der Höhe, wo der Rücken tagelang an der Süllbordkante scheuerte.

»Trag das in dein Logbuch ein«, sagte Astrid. »Hühnereigroße Beule vom Sitzen in dem Cockpit.«

Kym entdeckt die hohen, wolkenverhangenen Berghänge von Mindanao als »erster«. Wir haben ein bißchen nachgeholfen, sozusagen als Belohnung. Er hat ja so gar keine Vorstellung, wie lange wir nun auf See sind.

Die Freude ist groß. Ganz überrascht und ungläubig sieht er uns an. Dann rennt er zum Bugkorb und klettert obendrauf, um besser sehen zu können. »Kommen wir heute abend an?«

»Nein, Kym, noch eine Nacht schlafen.«

»Nur noch eine Nacht?«

»Unterm Großsegel siehst du doch das Kap. Da müssen wir rum, und dann noch 60 Meilen.«

»Kap San Augustin, jetzt kann uns nichts mehr passieren«, sagt Astrid und wird aktiv. »Komm, machen wir ›Kathena faa‹ landfein.«

»Und danach für alle Kaffee und Kuchen«, sage ich überschwenglich. Doch unsere Vorräte sind knapp geworden. Die schmackhaftesten Sachen verputzt, nur ein paar zerbröckelte Arnott-Biskuits kann ich aufs Tuch in das Cockpit legen. Dafür ist die See glatt, und in unseren weißen Tassen dampft schwarzer Kaffee. Lange haben wir nicht so idyllisch beieinandergehockt. Kym trinkt Milo (Kakao) und freut sich auf die Stadt.

Kym hat uns in diesen Seetagen begeistert. Immer gesund und fröhlich und auch bei dem Sturm guter Laune und hilfsbereit. Er hat Astrid in der Koje versorgt, Segel für mich eingesackt, Ordnung gehalten, den Tisch gedeckt und die Dosen für das Essen geöffnet.

Weder davor noch jemals danach haben wir erlebt, daß er so positiv gegenüber Seetagen eingestellt war.

Was hätte uns mit diesem Kym an Bord ein Taifun »Kim« auch schon anhaben können?

11

Die schießen tatsächlich auf uns!

> »Lieber Kym ... Du kannst ja schön malen,
> Deine Bilder mit den Bananen, Ananas und
> Kokosnüssen fand ich besonders hübsch, denn
> die gibt es hier nicht. – Nun ist es zwei Jahre
> her, seit ich Dich zuletzt sah ... ach, wie gerne
> möchte ich Dich mal wiedersehen und feste
> drücken ...«
> *Meine Mutter aus Karstädt*

Der örtliche Radiosender macht gerade in Lokalpatriotismus mit einem Beitrag »Davoa, die saubere Stadt im Süden«, als wir im Hafen nach einem Liegeplatz Ausschau halten. Dabei starren uns Müllhalden, verrottete Stege, versunkene Schiffe entlang der Uferböschung an. Wir können uns nicht entschließen, hier zu ankern. Astrid wird unruhig: »Da drüben im Ruderboot sind drei Weiße, frag die doch, wo man hier besser ankern kann!« Die mit Badehosen bekleideten »Weißen« entpuppen sich als Philippinos. So hellhäutig haben wir sie uns nicht vorgestellt.

Sie deuten in Richtung Norden, also segeln wir weiter, an der Stadt vorbei bis zu einer Villa im Kolonialstil mit einer großen Wiese davor. Der Anker fällt im klaren Wasser aus 16 Meter Tiefe. Während Astrid und ich das Boot klarmachen und Pässe, Impfbücher und die Mannschaftsliste zurechtlegen, steht Kym an der Reling wie ein Boxer vor dem Kampf. Er ist nicht mehr zu halten. Er springt allein ins Dingi und rudert mit kräftigen Stößen an Land. Dort dreht er im schnellen Lauf unzählige Runden, bis er nicht mehr pusten kann. Muskeln wollen bewegt werden.

Kym schüttelt sichtbar seine Probleme mit Laufen ab. Ich setze mich an den Kartentisch und ziehe Bilanz über die letzte Strecke: 31 Tage für im Zirkel gemessene 1400 Meilen seit Ninigo ergeben einen Tagesdurchschnitt von 45 Meilen. Einen so miserablen Schnitt segelte ich nicht einmal in meinen Anfängerjahren mit der nur sieben Meter langen ersten »Kathena«. In dem Gefühl, hiermit unser Quantum an Gegenwind, Sturm und langen Flauten für die nächste Zeit hinter uns zu haben, bekomme ich einen unheimlichen Appetit. »Astrid, jetzt eine Riesenportion Spaghetti mit den gepellten Tomaten von Edgell.« Astrid ist an diesem Sonntagmorgen auch ganz happy. Hungrig wickelt sie enorme Mengen Nudeln um ihre Gabel, wir sind gelöst, der Magen ist aufgeschlossen, die Spaghetti flutschen nur so hinein. Vorbei sind die Tage, an denen der Blick auf Kompaß, Wind, Segel und Meer uns unablässig beherrschte und die Mahlzeiten nur hinuntergeschlungen wurden.

Barfuß und die Hosenbeine hochgekrempelt, winkt ein Mann am Strand zu uns herüber. Astrid nimmt das Fernglas und meint etwas herablassend: »Verschlissenes T-Shirt, sucht wohl Muscheln, der sieht nach einem Seemann aus.« Nachdem der Mensch energischer Zeichen gibt, rudere ich mit unserem Dingi zum Strand. Es ist der Bewohner von dem großen Haus gegenüber. Er wundert sich, warum wir ausgerechnet hier ankern. Ob etwas passiert sei? Noch nie, seitdem er das Haus bewohnt, und das sind immerhin vier Jahre, ankerte hier eine Yacht. Das verblüfft ihn und macht ihn neugierig. Und wie das schließlich so geht: Zu Mittag sind wir heute Gast bei David, dem Junggesellen aus England. Zwei philippinische Mädchen bedienen uns frisch gewaschene Meeresbummler, die nach den ordinären Nudeln mit Tomaten aus der Dose kräftig bei dem exotischen Sinegang Babui (Suppe mit Schwein) zulangen.

Dank Davids Fürsorge bekrabbeln wir uns schnell. Mit seinem Haus und Bad, das wir jederzeit benutzen dürfen, haben wir es gut getroffen für unsere wochenlangen Überholungsarbeiten in der Kajüte. Ich verkleide nämlich die Hundekoje mit Mahagonileisten, die ich im Holzland Philippinen endlich in gewünschter Qualität bekomme. Dazu werden alle Naturhölzer naß abgeschliffen und neu lackiert und die Backskisten weiß ausgemalt. Hier und da ändere ich was. Und eine lang aufgeschobene Sache wird in Angriff genommen: Unser Pump-Klo setze ich fünf Zentimeter höher, in der Hoffnung, daß es bei extremer Schräglage auf See nicht mehr überschwappt. Die Mühe hat sich gelohnt, wie ich später feststellen konnte.

David, der dicht bei seinem Haus eine Fabrik leitet, die Hanftaue herstellt, ist während dieser Tage sehr hilfsbereit. Seine beiden Hausmädchen, Baby und Luce, verwöhnen uns. Und es dauert auch nicht lange, bis Kym es begriffen hat: Er sitzt im Sessel und imitiert den Hausherrn: »Baby, Limonade! – Luce, my shoes, please!«

Astrid ist fast wieder soweit, zu sagen: »Yachting ist doch schön!« Sie braucht ihren Beutel mit schmutziger Wäsche nur im Waschhaus abzustellen, der Rest erledigt sich dann wie von selbst. Ihre Finger läßt Astrid von Luce maniküren. Baby wäscht und kämmt liebevoll ihre langen blonden Haare. Beide reißen sich um diese Dienste. Darauf verstehen sich die philippinischen Mädchen, die in der Stadt wie aus dem Ei gepellt daherschreiten, auch wenn sie noch so wenig Geld verdienen. In einer Drogerie zähle ich in den Regalen 27 verschiedene Haar-Shampoos!

»Unsere« Hausmädchen – sie vernachlässigen David schon ziemlich – passen auch auf Kym auf, und so können wir beide endlich mal ausgiebig bummeln gehen.

Davao ist bunt und laut. Das wird uns besonders bewußt nach der angelsächsischen Lebensweise auf Neuguinea und den anderen Inseln. Hier gibt es Bier zu jeder Tageszeit und – was bei der Hitze noch wichtiger ist – an jeder Ecke. Das gelockerte Leben in der Stadt wird dekoriert von all den freundlichen Menschen, von netten, hübschen Mädchen. Zwei Drittel der 150 000 Bewohner Davaos sind weiblich.

Unsere Stimmung wird gedämpft, als wir hören, daß auf unserem weiteren Kurs im südwestlichen Mindanao und in den Suluinseln die Moslem-Rebellen weiterhin gegen die Regierungstruppen des Präsidenten Marcos kämpfen, obwohl ein Waffenstillstand zwischen den beiden Rivalen unterzeichnet wurde. Insgesamt sollen 16 000 bewaffnete Moslems diesen Glaubenskrieg – Koran gegen Kreuz – für den Islam führen. Sie wollen einen unabhängigen Moslem-Staat.

Uns wird unbehaglich bei dem Gedanken, unter diesen Umständen mit dem Segelboot durch den Sulu-Archipel zu schippern. David, die Hafenpolizei, ein hoher Militärbeamter in Davao, alle raten uns ab, diesen Weg zu nehmen, der allerdings der direkte ist, um nach der Umrundung des Nordkaps Borneos nach Singapur und Malaysia zu gelangen. Und der Monsunwind wäre auf der gesamten Strecke mit uns. Genauer betrachtet, bleibt uns auch keine andere Wahl: Durch Indonesiens Inselwelt geht es mangels notwendiger Genehmigungen nicht. Östlich um Mindanao herum ins Chinesische Meer zu segeln, wäre gleichfalls ein Risiko, wegen des stark setzenden Gegenstromes und um diese Jahreszeit pausenlos blasenden Gegenwindes. Das würden »Kathena faa« und wir nicht schaffen.

In Davao ist es ruhig, da merkt man nichts von dem Moslem-Problem, das bestimmt nicht so schnell gelöst werden wird. Als die Spanier im 16. Jahrhundert das Christentum hierher brachten, war von Arabien her der Islam bereits bis nach Mindanao vorgedrungen. Wenn die Spanier auch den Vormarsch des Islam im philippinischen Inselreich aufhalten konnten, so gelang es ihnen doch nicht, die in Sultanaten lebenden Moslems zu unterwerfen. Auch den Amerikanern, die zu Beginn dieses Jahrhunderts die Spanier ablösten, glückte es nicht, diese Volksgruppe unter ihre Kontrolle zu bringen.

Zu den gegenwärtigen Unruhen hat auch das Landproblem beigetragen. Die Amerikaner siedelten seinerzeit Christen aus den übervölkerten Gebieten im Norden der Philippinen in die südlichen Küstengebiete Mindanaos um, so daß heute von neun Millionen Einwohnern dieser Gegend bereits sieben Millionen Christen sind. Die christlichen Philippinos, die größere Aktivität an den Tag legten und auch eine bessere Schulbildung besaßen, machten aus einem Stück Land in kurzer Zeit einen blühenden Garten, was den Neid der Moslems erweckte, die auch oft durch gefälschte Besitzurkunden um ihr Landeigentum gebracht wurden. Aus anfänglichen Schlägerbanden entwickelten sich seit zehn Jahren scharf schießende Rebellen.

Wir verschieben unsere Abfahrt von heute auf morgen, auf übermorgen, auf überübermorgen. Zeitungsmeldungen, wie ein Patrouillenboot in den Sulus von den Rebellen angegriffen und mehrere Besatzungsmitglieder getötet, lassen uns keinen Handschlag tun, um abfahren zu können. Um uns zu »pushen«, da wir ja doch irgendwann einmal weg müssen, machen wir's mit einem kleinen Schritt: Gegenüber von Davao, nur eine Segelstunde entfernt, liegt die Insel Samal, und dorthin, vor das Dorf Péna-Plata, segeln wir – um Mut zu fassen! Kym befreundet sich schnell mit einem Philippino unseren Alters, der Salomon heißt und ihm Bötchen baut, die sie dann gemeinsam im seichten Wasser segeln lassen. Eine Stunde nach unserer Ankunft sagt Zwergl: »Salomon ist mein Freund!« Und dies, nachdem er sich zwei Stunden zuvor heiß und innig (mit Küßchen) von seinen

Herzensfreunden David, Baby und Luce verabschiedet hat. Das nennt man »treuherzig treulos!« Kym, du bist wie ein Schmetterling. Wie groß muß da sein Herz sein, um alle seine Lieben zu konservieren. Bis Likiep zurück hat er sie jedenfalls noch alle in Erinnerung . . .

Übrigens, das »treuherzig treulos« kann man ebenso auf Astrid und mich übertragen. Rudi aus Madang, der uns wirklich zum Freund wurde, hat sehr lange auf Post von uns warten müssen.

Salomon ist ein kleiner drahtiger Typ. Er lebt mit Frau und zwei kleinen Kindern gleich gegenüber unserem Ankerplatz inmitten seiner kleinen Kopra-Plantage. Er spricht gut englisch und gibt sich aufgeklärt: »Kommst du von Ost- oder Westdeutschland?«

»West.«

»Warst du schon mal im kommunistischen Teil?«

»Ja, kenne ich gut.«

»Und warum lebst du nicht da?«

»Ja, warum? Dann könnte ich zum Beispiel diese Reise nicht unternehmen. Die lassen dich nicht einfach raus, wenn du um die Welt bummeln willst. Die haben Angst, du kommst nicht zurück.«

»Warum das? Trotzdem möchte ich sehen, wie sie leben. Dafür geht es denen besser als uns. Schau mal am Wochenende zum Flughafen, da fliegen all die Bananenplantagen- und Sägewerksbesitzer nach Manila, dort haben sie ihr richtiges Haus, dort leben sie im Luxus und geben das Geld aus, das wir ihnen verdient haben. Hier trauen sie sich nicht. Ihre Arbeiter könnten ja Lohnerhöhung fordern. Ich möchte Kommunist werden, kommunistisch tätig werden . . .«

Salomon nennt man im Ort den »Troublemaker of Paliki«. Offenbar war er im Viertel um den Markt bereits agitatorisch tätig.

5. Januar 1978: Es ist mal wieder soweit. Mit pochenden Herzen machen wir uns auf die Reise. Gespannte

Atmosphäre. Den Tee trinken wir im Stehen. Astrid hat steuert sie uns hinaus auf See. Ich kümmere mich um Anker und Segel. Das Gespräch dreht sich – wie seit Tagen – immer um denselben Punkt, welchen Weg wir nun durch die Suluinseln nehmen sollen. Ich bin für den Kurs dicht unter der Küste an Zamboanga vorbei. Da sind die Patrouillenboote stationiert, allerdings passieren dort auch die meisten Überfälle. Einfach durch die Mitte zu segeln würde mir auch gefallen, aber da liegen die Inseln und Riffe sehr dicht beieinander. Astrid schlägt den südlichsten Kurs vor – Sibutu-Passage, die liegt am weitesten von den Rebellen entfernt, würde aber zur Folge haben, daß wir danach gegen strammen Wind ankreuzen müßten. Ich kann mich nur schwer entscheiden, Astrids Vorschlag zuzustimmen.

Am nächsten Morgen haben wir erst einmal die Insel Sarangani dicht an Backbord. Astrid hört selbst bei dem frischen Wind Motorengeräusch und stürzt an Deck. In unserem Kielwasser folgt uns ein Pumpboot. Wütend zieht sie über mich her: »Du Dussel, du Dummkopf, ach, ich weiß nicht, warum du das tust. Du weißt doch genau, daß auf dieser Insel die Moslems vor kurzem zwei Polizisten umgebracht haben. Ich versteh' dich wirklich nicht, warum du den Kurs so dicht unter der Insel abgesetzt hast . . .«

Das Pumpboot, so nennt man in Mindanao Kanus mit beidseitigen Auslegern und innenliegendem Motor, folgt uns weiter im Abstand von nur 10 bis 30 Metern. Die beiden Männer drüben an Bord haben Tücher um den Kopf gewickelt und blicken ständig zu uns herüber. Ich winke – keine Reaktion. Als Astrid und Kym winken, hebt keiner die Hand. Um in dieser merkwürdigen Situation überhaupt etwas zu tun, mache ich unter Deck die Leuchtpistole klar. Heimlich. Zehn Minuten, fünfzehn Minuten, sie »kleben« noch immer an unserem Heck.

Nach 20 Minuten ist der Spuk endlich vorbei. Der Motor im Pumpboot stoppt, und bei unseren gut sechs Knoten Fahrt haben wir diese seltsame Bekanntschaft schnell aus den Augen verloren. Astrid ist ernstlich böse mit mir. Die nächste Widrigkeit läßt nicht lange auf sich warten: Zwei Tage später, während meiner Nachtwache, um drei Uhr morgens, sehe ich nach einer Regenbö einen Schatten an Backbord. Er kommt genau vierkant auf uns zu. Ich greife zur Taschenlampe. Es ist wieder so ein Pumpboot, und rumms! – prallt der Bug gegen unser Süllbord. Wir sind in einen Pulk von mindestens sechs dieser Boote geraten. Und das in stockdunkler Nacht 60 Meilen von der Küste Mindanaos entfernt. Die Pumpboote sind alle unbeleuchtet, und ihre Leute liegen unter Deck und schlafen. 60 Meilen von Land – unglaublich!

Ich werfe schnell die Fallen los, damit die Segel an Deck rutschen, und stelle den Diesel an. Da haben wir das nächste Malheur: Eine Leine von denen hat sich in unserem Propeller vertörnt. In diesem Moment merken wir erst, daß die Boote untereinander verbunden und wir mit »Kathena faa« über eine dieser Leinen gerutscht sind, die an unserem Ruderskeg festhängt. So haben wir das fremde Boot richtig rangezogen.

Auf den Booten gehen jetzt überall Lichter an, während Astrid, nur mit einem T-Shirt bekleidet, an Deck steht und mir mit einer Stablampe leuchtet, während ich viermal tauchen muß, bis ich den Propeller frei habe. Ich bin drauf und dran, mit meinem scharfen Deckmesser das Tau durchzusäbeln, denn die Lichterschatten lassen in mir die Angst vor Haien aufkommen. Dagegen will ich die Leute dieser Boote auf keinen Fall verärgern, indem sie eine durchgeschnittene Leine an Deck ziehen.

Wir legen schnell den Gang ins Getriebe – und ab. Hinter uns erlöschen die Lichter. Wir atmen auf und schwatzen noch lange. Die Moslems werden auch was zu erzählen haben. Astrid vermutet aufgrund der Kopfbedeckungen, daß es welche waren. Ich meine auch, wegen der hübsch bemalten Bootsrümpfe, zusätzlich denke ich, es waren Bajaus, auf dem Wasser lebende Moslems. Da viel Kriegsgut in kleinen Booten in die Sulus transportiert wird, haben wir natürlich im ersten Augenblick an einen Konvoi dieser Boote gedacht.

Kym, der diesen Zwischenfall verschlafen hat, fragt am nächsten Mittag: »Was bietest du mir zu essen?« Astrid und ich haben keinen Appetit.

Abends in dem Cockpit lädt Kym uns zu einer imaginären Party ein. Da werden der Rudi, Werner, Kapitän Addiks, Erika aus Kwajalein, der Zahnarzt, der Astrids Zähne gezogen hat und noch mehr eingeladen. »Luce und Baby backen schon im Vorschiff den Kuchen.« – »Salomon holt uns frische Nüsse aus dem Mast.« – »Am Heck gibt es Gin.« – »Mit dem Pumpboot fahren sie alle wieder nach Hause.«

Astrid hat nicht viel Lust mitzuspielen, sie ist nervös und ungeduldig. Dem kleinen Seemann gefällt das nicht. Er wird böse und sagt zu seiner Mutter: »Ich mag dich nicht. Ich will, daß du tot bist.«

Wegen der Gefahren in den Sulus steuern wir den Sibutu-Paß bei Nacht an. Ohne Navigationslichter, aber mit gutem Wind schleichen wir uns durch die Passage. An Steuerbord zeichnen sich in der Dunkelheit die Konturen hoher Inseln ab.

»Was ist das für ein Schatten . . . Da wieder . . . An Steuerbord voraus . . . Wilfried, siehst du das denn nicht . . .?«

»Ich sehe nichts.«

»Guck doch mal . . . da . . .«

»Wo denn? – Was du bloß wieder siehst!«

». . . och . . . eine Fischfalle. Eine losgerissene Fischfalle.«

»Dir sitzt wohl jetzt das Herz, wo es nicht sein sollte«, versuche ich albern daherzureden, aber mir gelingt nicht, unsere Verkrampfung zu lockern, »die haben uns in Davao ganz schön bange gemacht.« Diese mannshohen Fischfallen, Flöße aus Bambus und Palmenblättern, sind uns bekannt. In der Bucht von Davao liegen sie – zu Hunderten mit tiefgehenden Netzen und Reusen vor Anker.

Die Geographie macht uns auch noch Kummer. Die Navigation und Orientierung in diesen Gewässern, die mehr Riffe und Untiefen aufweisen als die berühmt-berüchtigte Torresstraße bei Australien, wird ebenso schwierig wie gefährlich. Darüber hinaus brennt kein Leuchtfeuer, und der Strom setzt stark und unregelmäßig. Unzählige Male flitze ich in dieser Nacht runter zum Kartentisch, knipse meine Taschenlampe an und trage mit Zirkel und Dreieck jede kleine Kursänderung ein. Manchmal stiere ich ganz einfach auf die Karte und denke: Sind wir nun am Riff vorbei oder nicht? Mensch, wie haben Magellans Schiffe es nur geschafft, 1521 hier ohne Havarie durchzusegeln und dann gleich zweimal – nach Brunei und zurück . . .

Im Morgengrauen stehen wir vor der Küste Borneos. Nur ebenes, bewaldetes Land ist auszumachen. Dichtes Mangrovengestrüpp reicht bis ins Wasser. Wind und Strom stehen gegenan und werfen eine hohe See auf, bei der unser Vorschiffdeck mehrmals wegtaucht. Das Wasser ist trübe, stellenweise braun. Wir haben zwar Sibutu hinter uns, aber noch etwa 50 Meilen am Sulu-Rand vor uns. Mit Genua und Großsegel schneidet der Bug der »Kathena faa« bei acht Knoten Fahrt die weißen Wellenkämme auf.

Gefrühstückt wird bei Schräglage in dem Cockpit. Kym rutscht dabei die Marmelade immer wieder von den Crackern. Die Mutter macht es sich einfacher. Sie balanciert nicht lange und stopft die ganzen Cracker in den Mund. In einer kräftiger einfallenden Nord-Bö erwäge ich die Genua gegen Fock I auszutauschen, doch Kym

174

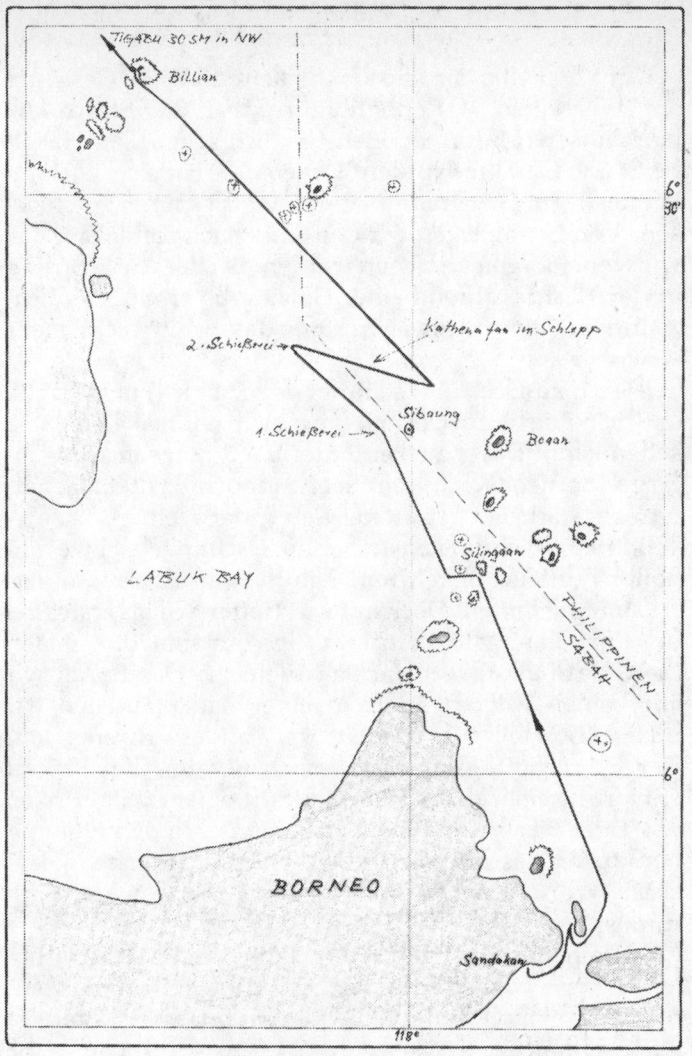

Tiga4BU 30 SM in NW

Billian

6°
30'

2. Schießerei

Kathena fan im Schlepp

1. Schießerei

Sibaung

Bogan

Silingaan

PHILIPPINEN
SABAH

LABUK BAY

6°

BORNEO

Sandakan

118°

protestiert lauthals: »Wir wollen doch schnell segeln, damit wir bald in Deutschland sind und ich Omi sehen kann.«

Um 12.00 Uhr am Kap Usang klaren unsere Gesichter auf: Wir segeln jetzt endgültig in Sabah-Gewässern, die nach unseren Informationen friedlich sein sollen. Sabah heißt das Land im Norden Borneos. Es hat sich 1963 mit Sarawak zur Föderation Malaysia zusammengeschlossen. Von Usang legen wir den Kurs nach Sandakan, das wir wohl morgen erreichen werden. Bei der Ansteuerung in der Nacht während einer Gewitterbö erschreckt mich Astrid mit dem Ruf: »Ich kann das Schiff nicht mehr sehen!«

Als ich an Deck bin, schüttet es so stark vom Himmel, daß ich von dem Cockpit aus nicht einmal den Mast sehen kann. Dabei zucken unter Land Blitze in schneller Folge. Borneo! Nach dem Seehandbuch das von Gewittern am stärksten betroffene Gebiet der Welt.

Borneo. Wir denken dabei an Dschungel, Hitze mit hoher Luftfeuchtigkeit und natürlich an Affen, Gorillas . . . und Elefanten. Doch auf was treffen wir als erstes bei unserem Landgang? Auf ein Geschäft mit drei neuen Mercedes-Limousinen im Schaufenster. Das haben wir auf keinen Fall erwartet. In einer Bank tauschen wir unsere US-Dollar in Ringgit, die Landeswährung, um. Der Umrechnungskurs ist einfach für uns: Ein Ringgit entspricht einer deutschen Mark. In einem Café trinken wir Tiger-Bier – drei Ringitt die Flasche. In den Philippinen kostet das nur ein Viertel. Wir lernen erste malaysische Worte: Kopi susu – Kaffee mit Milch, wie wir ihn trinken.

Mit einem prächtigen Blumenkohl vom Markt verholen wir uns wieder an Bord. Die Brühe außenbords lädt nicht zu einer Runde Schwimmen ein. Der Strand ist auch schmutzig. – Wir legen uns früh am Abend in die Kojen. Das war also der Ankunftstag. Der Nerventörn –

im »Rebellenwind« – hat uns sehr mitgenommen. Körperlich wie seelisch.

Sandakan ist eine reiche Stadt. Sie lebt überwiegend vom Holzhandel, der hier in großen Ausmaßen betrieben wird, und vom Krevettenfang, wozu im Hafen an die 200 Boote liegen. Holz und Krevetten werden fast ausschließlich nach Japan exportiert. Weil Piraten wiederholt ganze Flöße, bepackt mit kostbarem Hartholz, kaperten, hat die Regierung in Sandakan zwölf Polizeischnellboote stationiert. Das beruhigt uns ungemein. Eines dieser Boote ist immer auf Patrouille, also denken wir bei künftig möglichen Gefahren nun mehr an die unzähligen Riffe, die bis zum Nordkap zu umschiffen sind, als an Piraten. Wertvolle Ladung haben wir ohnehin nicht an Bord.

Erholt und den Matrosen auf den Polizeibooten zuwinkend, verlassen wir nach einer Woche die Hafenbucht. Der tägliche Anblick der dicht bei uns verankerten Boote machte uns auch seelisch wieder fit. Zur nächsten Insel – Silingaan – sind es nur 27 Meilen. Wir ankern hier für die Nacht. In Tagestörns wollen wir uns durch die Riffe und Inseln zum Nordkap Borneos hangeln.

Samstag — 28. Jan. 78.
Von Silingaan nach Billean
Wind: Nordost 5
Seemeilen: 33
Motor: I h, 30 min
Ab: 0550 h unter Segel. – An.: 1315 h unter Segel.

Ankern auf 14 m Tiefe vor einer kleinen Insel, die kaum 300 m lang und dicht mit Büschen bewachsen ist . . .

Dies sind die »technischen« Daten dieses Tages im Logbuch. Die böse Überraschung beansprucht mehr Platz. Vorwegschicken möchte ich Kyms treffende Bemerkung, die er am Ende dieses aufregenden Tages von sich gab: »Was wir alles so erleben!«

Eine Meile südlich der winzigen Ein-Baum-Insel Siba-ung, die zu den Philippinen gehört, entdecken wir in einem Abstand von einigen hundert Metern ein großes Fischerboot. Wir denken an nichts Schlimmes und spotten noch über den unförmigen Kasten, als wir plötzlich Schüsse hören. Wir beachten sie zunächst kaum. Ich sage gar: »Worauf schießen die denn? Da fliegen nicht mal Vögel.« Als Astrid rund um unser Boot das Wasser aufspritzen sieht, wird uns blitzartig klar, daß die auf uns zielen. Ich kann es nicht glauben, schließlich haben die doch ein Netz im Schlepp! Das sind doch Fischer – oder? Wieder Einschläge im Wasser. Ich zögere keine Sekunde, starte den Hilfsmotor, und mit voller Leistung – Segel plus Schraube bringen immerhin acht Knoten – rauschen wir ab. Wir nehmen Reißaus. (Die vielen Kriegsmarine-bücher, die Rudi uns mitgegeben hat, spornten mich womöglich an.)

Als das Fischerboot am Horizont immer kleiner wird, stellen wir die Maschine ab, holen tief Luft und meinen, alles wäre »Spaß« gewesen. Aber plötzlich wird aus dem breitseits treibenden Schiff ein schmaler Strich. Der Schornstein beginnt zu qualmen, der Bug zeigt genau auf uns. Die »Fischer« holen wohl erst ihr Netz ein, bevor sie die Verfolgung aufnehmen konnten. Wir gebrauchen wieder zusätzlich zu den Segeln den Motor – volle Pulle. Er nutzt nichts, ganz langsam wird der Verfolger größer. Das stark motorisierte Boot holt deutlich auf. Es sind, kein Zweifel, eindeutig Leute, die etwas von uns wollen. Und sicherlich nichts Gutes. Jetzt wird's brenzlig. Ich denke an Sandakan, wo wir von Piratengeschichten hörten. Aber, wie das so ist, man glaubt, einem selbst stößt schon nichts zu.

Eine Stunde später ist das Boot auf Schußweite an uns herangekommen. Ganze Salven von Gewehrschüssen fliegen uns um die Ohren. Wir alle drei bekommen eine Angst, wie nie in unseren schlimmsten Stürmen – eine nackte Angst um unsere Existenz . . . Ich gebe unseren Leitgedanken, wer stramm steht, kann sich nicht verteidigen, auf: Rasch stelle ich den Diegel ab und gehe mit »Kathena faa« in den Wind, um die Segel zu bergen. Beim Festlaschen der Fock streift eine Kugel meinen Fuß. Eine weitere knallt auf den Anker an Deck.

»Kathena faa« treibt breitseits zu den Wellen. Wir verholen uns alle auf den Boden der Kajüte und hoffen ergeben, daß die Knallerei aufhört. Als wir Kugeln in die achtere Sitzbank und gegen die Aries schlagen hören, wird es Astrid offensichtlich zu dumm. Ohne daß ich sie daran hindern kann, schnappt sie sich ein weißes Bettlaken und stürzt damit zum Achterstag, um dort dieses Zeichen einer bedingungslosen Kapitulation mit Wäscheklammern zu befestigen. Ich erinnere mich bei dem Anblick mit Selbstironie an mein Philosophenbuch im Regal: »Da aber die Natur den Mann stärker gemacht hat als die Frau, hat er das Recht . . .«

Das flatternde Bettuch bewirkt nichts. Unverdrossen schießen unsere Verfolger weiter. Astrid hockt am Niedergang in Deckung. Kym weint. Er spürt instinktiv, daß dies kein Spaß ist. Erst in unmittelbarer Nähe vor uns stellen die Piraten das Feuer ein. Als das Boot etwa 50 Meter querab ist, zeigen wir uns alle drei mit erhobenen Händen in dem Cockpit. Kym will nicht mit raus, aber er muß, damit sie sehen, daß wir eine harmlose Familie sind, keine Schmuggler oder was sonst hier rumschwirrt. An Bug und Heck des grauen Bootes steht jeweils einer mit dem Gewehr im Anschlag. Der Name des Schiffes ist am Bug mit einer Persenning verhängt. Nur »Manila« als Heimathafen können wir lesen. Langsam kommt das Boot, das doppelt so lang wie »Kathena faa« ist, auf Reichweite heran. Im Schatten des von vorn bis achtern durchgezogenen Deckshauses stehen eine Menge wild aussehender Typen.

Uns wird mit Gesten angedeutet, längsseits zu kommen, was jedoch bei dem Seegang unmöglich ist. Daraufhin wird mir befohlen, alleine rüberzukommen. Ich tue das mit dem Dingi, während zwei junge Burschen mit Gewehren bewaffnet »Kathena faa« entern. Sie benutzen dazu unser eigenes Dingi.

Ich gebe mich höflich gegenüber den Freibeutern, in deren Gesichtern das freundliche Philippinenlächeln nicht vertreten ist. Sie sind ganz offensichtlich wütend, daß sie so lange hinter uns herfahren mußten. Ein Kerl zieht mich am Ohr zum Ruderhaus. Dort gibt mir der Oberbandit eins mit der Faust auf die Zähne, wobei mir ein Stück vom oberen Schneidezahn rausbricht. An seinen Fingern blinken verschiedene Ringe, einer muß mich getroffen haben. Meine Unschuldsbeteuerungen kann ich nicht loswerden, in gebrochenem Englisch wird mir erklärt, daß unsere Yacht geschleppt werden soll. Wohin? Ich vermute, die Philippinos – das sind sie augenscheinlich – wollen »Kathena faa« in Lee einer Insel ausschlachten. Ein Tau wird zur »Kathena faa« rübergeworfen und von Astrids Bewachern belegt. Der Schleppkurs zeigt auf die nächste Insel: Bo-aan, 12 Meilen entfernt und den Philippinen zugehörig. Die hohe Fahrt gegen die See läßt die Schleppleine in regelmäßigen Abständen gefährlich strammkommen. Ich habe Sorge, unser Boot schneidet in den Wellen unter, dabei könnte ein Stück vom Vorderdeck rausgerissen werden. Ich teile meine Befürchtungen dem Kapitän mit und verlange, daß die Fahrt vermindert wird. Doch der lacht nur.

Astrid beweist in dieser Situation ihren beiden Bewachern gegenüber hintergründigen Humor: »Do you want to see our passports?«

»Never mind, mam«, bekommt sie zur Antwort.

Nach einem flüchtigen Blick in Schränke, Backkisten und Bilge setzen sie sich zu Astrid in das Cockpit, die unser Boot steuert.

An Bord des getarnten Fischerbootes ist es furchtbar

schmutzig, ich habe das Gefühl, am Deck festzukleben. Es springen etwa acht in Tücher gehüllte Gestalten herum. Im Ruderhaus liegen zahlreiche Waffen verschiedenen Kalibers, die ausreichen würden, einen großen Frachter in Bedrängnis zu bringen.

Ich hocke auf einem Poller und gebe mich cool, was ich selbstverständlich nicht bin. Fuß und Zahn beginnen zu schmerzen. Ich müßte die blutende Wunde an der Ferse verbinden, habe aber kein Hemd an, das ich zerreißen könnte.

Vielleich hätten die Piraten es gerne, wenn ich zittern würde wie eine Silberpappel, aber den Gefallen will ich ihnen auf keinen Fall tun. Als meine Sinne klarer werden, schießt mir zuerst durch den Kopf: Was werden sie uns wegnehmen? Alle beweglichen Gegenstände ohnehin. Unser Boot? Ich wage meine Gedanken nicht weiter voranzutreiben. Die Piraten würdigen mich keines Blikkes. An Deck liegt ein Fischernetz, das naß ist. Nach Fisch riecht es an Bord nicht. Astrid sehe ich an der Pinne in der Sonne, unter blauem Himmel . . . mir wird schlecht.

Nach knapp einer Stunde Schleppfahrt geschieht etwas, was mir bis heute unerklärlich geblieben ist: Das Fernglas wandert zwischen der Crew des Manila-Bootes hastig von Hand zu Hand. Schließlich springt der »Kapitän« mit dem Glas in der Hand aufs Deckhaus, der Oberbandit mit seinem Gewehr hinterher. Abwechselnd schauen sie durchs Fernglas – immer in Richtung Borneo-Küste. Die auf dem Vordeck versammelte Mannschaft schreit durcheinander.

Dann geht alles sehr schnell. Astrids Bewacher werden zurückgepfiffen (mit eigenem Boot schnellstens an Bord geholt), die Leine zur »Kathena faa« gekappt, und ich darf ins Wasser springen und schwimmend mein Boot erreichen. Nach ein paar kräftigen Zügen, die für mich befreiend sind, klettere ich über das Gestänge der Aries an Bord. Der Pirat dampft mit full speed davon. Wir auch, mit Maschine und Segel, in entgegengesetzte Richtung.

Kym liegt in meiner Koje auf dem Rücken. Alle Glieder weit von sich gestreckt, schaut er uns apathisch an. Er versucht zu sprechen, bringt aber nichts raus. Astrid weint bitterlich. Ich »lecke« meine Wunde.

Mein Gott – soll es das gewesen sein?

Viel später, in Jeddah in Saudi Arabien, halten uns deutsche Bekannte eine Zeitungsmeldung vor: »Piraten töteten Seglerfrau. Philippinische Piraten haben die Frau des norwegischen Weltumseglers Peer Tangvald ermordet. Zeitungen in Oslo meldeten am Montag, die 26 Jahre alte, aus Frankreich stammende Lydia Tangvald sei am 20. Februar nördlich der Insel Bancoran in der Sulu-See an Bord ihrer Yacht ›L'Artemis Pytheas‹ durch Schüsse tödlich verletzt worden. Tangvald und der dreijährige Sohn des Paares seien in Sicherheit.« Eine Familie wie wir, ein Schicksal wie unseres, nur – mit tödlichem Ausgang.

Vor der Busch-Insel Billian, sechs Stunden nach unserem Abenteuer – stärken wir Körper und Geist mit starkem Kaffee. »Daß wir da rausgekommen sind, haben wir nur der rauhen See und dem Auftauschen eines Polizeibootes zu verdanken«, sage ich zu Astrid.

»Hast du es gesehen?«

»Nein, gesehen habe ich es nicht.«

»Aber was kann es anderes gewesen sein? – Haben die uns im Sabah-Gewässer gekapert oder waren wir ein bißchen darüber?«

»Um Gottes willen, niemals, wir segelten bestimmt noch im Seegebiet von Sabah. Komisch, daß die philippinische Grenze bis zu fünf Meilen an die Küste Borneos heranreicht.«

»Das haben wir vor Sandakan gar nicht gewußt.«

Ein wunderschöner Tag folgt, mit leichtem Wind und

wolkenlosem Himmel. Wir ankern gegenüber einem Dorf auf der Insel Tigabu, in Sabah. Drei junge Männer kommen mit Kanus zur »Kathena faa« gepaddelt. Sie stürzen sich in unser Cockpit und sprechen unaufhaltsam – auf malaysisch. Astrid verbirgt ihre Unsicherheit, indem sie mit den braunen Burschen Vokabeln übt: Kampong – Dorf. Matahari – Sonne. Udang – Krevette. Pulau – Insel. Einer von den Männern mit glattem schwarzem Haar zeigt immer mit dem Finger auf seine Brust und sagt: »Mata-Mata. Mata-Mata.« Wir begreifen nicht, was er damit meint. Es dauert lange, bis wir kapiert haben, daß er Polizist ist. So recht glaubhaft erscheint es uns trotzdem nicht.

Kym geht in Deckung, als er plötzlich lautes Knallen hört. Auf dem Hügel gegenüber unserem Ankerplatz wird Busch abgebrannt. Grüne Äste, die verbrannt werden, knallen eben, weil darin zuviel Wasser ist, das müssen wir ihm erst mal klarlegen.

Bei unserem Landgang schenken die Bewohner uns Kokosnüsse und Hühnereier. Doch wir tun uns schwer, Vertrauen zu fassen, zu gebeutelt fühlen wir uns, um das Mißtrauen fallenzulassen. Jede Geste, jeder Gesichtsausdruck wird von uns analysiert. Schon das mehrmalige Fragen, ob wir morgen noch hier sind, macht uns argwöhnisch. Ein Teller mit gebratenem Fisch für uns verdrängt dann wieder aufgekommene Zweifel.

Am Tag darauf entpuppt sich der »Mata-Mata« tatsächlich als Angehöriger der Polizei Sabahs. In seiner auf Pfählen gebauten Palmblätterhütte zeigt er uns stolz seine Uniform. Auf einem Bord in der Ecke steht ein transportables Funkgerät. Wir erstatten ihm Bericht. Mit Händen, Füßen, Grimassen und bruchstückhaften Vokabeln verdeutlichen wir, was uns zugestoßen ist. Er will unseren Zwischenfall nach Kudar, der nächsten Polizeistation, weiterleiten. Ob er es getan hat, zeigt sich nie.

Nachmittags ist das Cockpit gerammelt voll mit Kindern und Männern. Alle wollen unser Boot sehen. Drei Tage später haben wir das Gefühl, alle 200 Bewohner dieser Insel seien bei uns an Bord zu Besuch gewesen. Und etwas ganz Neues: Alle wollen sie eine Fotografie von uns! Die Leute, die dem mohammedanischen Glauben angehören, sind stets freundlich. Astrid sagt überschwenglich: »Die sind irre nett.« – Sie sind auch fleißig. Mit ihren kleinen Booten, die von einem 7-PS-Diesel angetrieben werden, fahren die Männer jede Nacht auf See, um mit einem Grundnetz Krevetten vom Meeresboden zu holen. 20–30 Kati (1 Kati = 660 g) bringt so eine Zwei-Mann-Besatzung meistens mit. Ihre Krevetten verkaufen sie für 5 Ringgit das Kati in Kudat, der nächsten Kleinstadt.

An einem dieser Tage, wir sitzen gerade, umgeben von Kindern, gemütlich in dem Cockpit, beim Teetrinken, zeigt ein Junge plötzlich auf den Horizont und sagt: »Oh, Philippine kapal!« Kym zischt wie eine Rakete ab – runter in die Kajüte. Inzwischen weiß er selbstverständlich, daß »kapal« das malaysische Wort für Boot ist.

Tatsächlich ist es ein philippinisches Boot mit einer Ladung Kopra für Labuan (an der Westküste Borneos). Die Besatzung holt sich hier in Tigabu das gute Trinkwasser.

Kym läßt sich zwar schnell beruhigen, aber er hat trotzdem noch lange »Bedenken«. Wörtlich sagt er: »Angst nicht – Bedenken.«

Die Erinnerung an die Schießerei der Piraten wird wohl eine seiner frühesten und einprägsamsten bleiben. Die Angst, die er erlitten haben muß, läßt sich nur erahnen. Vor allem die Angst um mich, der ich an Bord der Banditen mit angelegten Gewehren empfangen wurde. Astrid erzählte mir später, daß er in dem Moment furchtbar geschrien hat. – Erst nachdem das Piratenboot am Horizont verschwunden war, »ist es nicht mehr zu sehen – wirklich nicht?!«, war er zu bewegen, an Deck zu kommen. Seine heutigen »Bedenken« sind kein in den Wind geredetes Geflunker.

Ich möchte unserem »Gefechtstag« eine Episode, die ziemlich unglaubwürdig klingt, hinzufügen. Da liegen wir doch am späten Nachmittag desselben Tages vor Billian, als sich ein um die 12 Meter langes »Fischerboot« zu uns gesellt. Das Boot, das die Flagge Malaysias zeigt, ankert bei einer Sankbank, die dicht neben Billian liegt. Verflucht, was soll das nun bedeuten? Zum Absegeln ist es zu spät, eine Fahrt durch dies riffverseuchte Gebiet, mit zerschossenen Leuchtfeuern gespickt, wollen wir in der Dunkelheit nicht wagen.

Was tun die Männer dort? Durch das Fernglas beobachten wir, wie sie etwas aus dem Beiboot tragen und hastig auf der Mitte der Sandbank vergraben. Was soll das? Der Vorgang wiederholt sich auch noch mehrmals. Obwohl mir die Neugierde auf den Fingern brennt, habe ich nicht den Mut rüberzurudern.

Bei Einbruch der Dunkelheit kommen zwei Männer mit dem Beiboot auf »Kathena faa« zu. Leichte Schauer rieseln den Rücken runter, als wir dies bemerken. Mein und auch Astrids erster Blick, als sie längsseits kommen, geht ins Beiboot: Liegen Waffen drin? Die Männer wollen eine Seekarte von diesem Gebiet haben. Ich kopiere meine Karte flüchtig mit Bleistift auf Pergamentpapier und gebe ihnen das Original mit – froh, sie wieder los zu sein. An deren Fischertätigkeit können wir nicht glauben. Astrid versorgt sie noch mit einer Röhre Aspirin. Nachdem die beiden fort sind (Astrid läßt sie nicht an Bord kommen), ist uns eines klar: Die Nacht ist bestimmt nicht zum Schlafen da. Neugierig beobachten wir bis weit in die Nacht hinein, wie sie ihre Fahrten zwischen Sandbank und Boot fortsetzen. Was haben sie dort nur zu verstecken? Gebrandmarkt, wollen wir nicht leichtsinnig werden und verlassen Billian noch vor ihnen, in aller Herrgottsfrühe.

Verständlich, daß wir uns in Tigabu sichtlich wohl fühlen. Unsere Angst ist verschwunden. Wir lassen sogar »Kathena faa« allein und umwandern die Insel, sechs Kilometer lange Sand-, Mangroven- und Felsküste, was immerhin einen halben Tag beansprucht. Wir verlassen uns jetzt ganz auf Mohammed Ali Abdul, den Polizeifunker. Er gibt, das haben wir nach und nach erfahren, alle drei Stunden Meldung nach Kudat an der Küste. Warum? »Die Philippinos könnten uns ja überfallen«, hören wir in Kampong. Die Fischer fahren nur im Konvoi auf die See. Ihnen wurden schon ganze Boote abgenommen. Die Banditen ließen die Besatzung oft meilenweit an Land schwimmen.

Die Tigabu-Insulaner beschimpfen die Rebellen in den Suluinseln, obwohl selbst Moslems, mit dem Wort »outlaws«.

12

Unser Boot ist unsere Insel

»Besten Dank für Euren interessanten Brief mit dem abenteuerlichen Piratenüberfall. Es ist schon eine tolle Story, und ich hoffe, Ihr habt nichts dagegen einzuwenden, wenn wir schnell einen kleinen Bericht mit Zeichnung und Foto für die YACHT daraus zurechtstricken. Als Journalist überlegt man immer gleich, was die Leser so fasziniert.«
Harald Sch. aus Hamburg

Für gewöhnlich ist eine Insel wie Tigabu eine unserer liebsten. Von einem Korallenriff umschlungen, in dem sich bunte Fische tummeln und Muscheln ihre Spur ziehen, liegt sie da in glasklarem Meer. Dazu ein weißreflektierender Sandstrand, sich im Tropenwind neigende Palmenkronen mit Kokosnüssen, über die federleichte Wolken ziehen. Ferner die Menschen dieser Insel, unser in Lee liegendes Boot und wir. Weltumseglers Traum!

Schuld daran, daß es diesmal nicht so ist und wir hier mit vermatschten Gefühlen rumhängen, ist die sich erst einige Tage später einstellende Reaktion auf unsere Konfrontation mit den Piraten: Astrid will nicht mehr weiter. Sie möchte, daß wir die Reise abbrechen, das Boot in der nächstgrößeren Stadt verkaufen und nach Hause fliegen.

Sie spricht nicht von der Angst, die sie erlitten hat.

Die läßt sich nur erahnen, wenn sie sagt: »Das Chinesische Meer haben wir noch nicht passiert.« Und: »In der Andaman-See und im Roten Meer wird sogar mit festmontierten Maschinengewehren auf kleine Boote geschossen.« Ich kann Astrid nicht viel Zuspruch gewähren. Ich schwanke. Einerseits möchte ich die eigene Befriedigung nicht wichtiger erscheinen lassen als die Gefühle meiner Frau und meines Sohnes. Andererseits denke ich, Astrid leidet an einer allgemeinen Erschöpfungsdepression, dem Ergebnis langanhaltender körperlicher und seelischer Überlastung durch die besonders anstrengenden letzten Monate.

Kym merkt von unseren Verstimmungen nichts. Er ist, so scheint es, mit seinem seelischen Knacks am besten zurechtgekommen. Während wir uns eher energielos durch den Alltag treiben lassen und uns mit dem Gedanken vertraut machen, daß die Früchte der großen Freiheit bisweilen sauer schmecken, ist er den ganzen Tag über ohne uns unterwegs. Im Kampong jagt er mit den Kindern die Hühner, mit dem Dingi treibt er überm Riff und angelt, oder er übt Tauchen mit Brille und Schnorchel. Neue Erlebnisse überdecken, ja verdrängen den Schock. Er spricht kaum mehr davon. Alles, was er will, ist eigentlich, uns mit an Land zu haben. »Kommt doch bitte mit.« Mit faulen Ausreden wimmeln wir ihn ab. An Bord tun wir nur das Notwendigste. Ich schrubbe mit einer Bürste in einminütigen Tauchgängen das Unterwasserschiff frei von Entenmuscheln und Seegras. Astrid kocht. Die restliche Zeit hocken wir auf dem Vordeck, in dem Cockpit, auf der achterlichen Sitzbank oder liegen ganz einfach lang – in der Koje. Wir blasen Trübsal. Unsere Trägheit ist nicht zu überbieten. Kym erzählt uns, daß die Fischer schon fragen, was mit uns beiden los ist. Warum wir nicht an Land kämen? Ob wir krank wären?

Um nicht ganz dem Grübeln zu verfallen, widmen wir uns ausgiebig den 22 Heften des Spiegel, die uns ein Entwicklungshelfer in Sandakan schenkte. Auf einigen Titelblättern sind bis zu 14 Namen abgezeichnet, so daß wir die 15. und 16. Leser sind. Einen 17. »Leser« finden die Hefte in Kym. Er schnippelt sich Schneelandschaften und Motorräder raus und klebt sie auf die Bordwand in seinem Vorschiff.

Aufmerksam registrieren wir, was im letzten Jahr in der Heimat passiert ist. Fests Hitler-Film, die Terroristen, Renten- und Steuerprobleme, die Arbeitslosen ziehen durch viele Hefte. Wir stellen fest, wir haben keine tiefere Beziehung dazu. Über vieles schütteln wir gar den Kopf. Dahin wollen wir zurück: Und sogar noch früher, als wir es vorhatten? Das Gelesene und vor allem Kyms Verhalten machen mich mutig. Ich will Astrid und mich aus dem Flautenloch rausmanövrieren, uns beide vorm Kentern bewahren, indem ich mich bemühe, zwischen Selbstvertrauen und Zweifel den richtigen Kurs zu steuern.

»Astrid, ich finde, wir sollten uns doch nicht die ganze Fahrt wegen ein paar Schießern vermiesen lassen. Komm, segeln wir weiter. Das ist sicher die beste Therapie, unserer Schwermut Flügel zu machen! Groß, Fock, fünf Knoten, sechs Knoten.«

». . . ja, schon, . . . aber ich kann nicht . . . ich habe keine Lust.«

»Die Funksicherheit ist gut, aber irgendwann müssen wir weg. Zehn Tage sind auch lang genug.«

»Und wohin? Wie geplant, über die Westküste Borneos nach Singapur?«

»Ja, natürlich, dort können wir erst mal weitersehen.«

»Weitersehen? Ich schlage vor, wir verkaufen unser Boot dort. Manchmal ist es mutiger, eine Sache abzubrechen, statt sie weiter zu verfolgen.«

»Ach, reiß dich mal am Riemen.«

»Uns ist bös mitgespielt worden!«

»Jetzt müssen wir damit auch fertig werden.«

Nach einer kurzen Pause: »Ich wünschte, auf halbem Weg, so in Indien, stünde ein Kran mit einem riesigen Ausleger, der würde uns samt Boot packen und im Mittelmeer absetzen.«

Astrids schöne Illusion ist nicht als alberner Witz gedacht. Zu der Seekrankheit hat sie jetzt noch die Angst an Bord. Nach Kudat zu segeln und die Polizei zu bitten, uns mit ihren Schnellbooten ein Stück zu begleiten, die Idee wird als irreal schnell verworfen.

»Kym, morgen segeln wir ab. Bist du klar? Bring all dein Spielzeug von Land mit.«

»Ich will nicht. Ich will noch bleiben. Hier kann ich so schön mit den Kanus fahren.«

»Du hast doch gestern gesagt, du willst weg. Die Männer ziehen dir die Hose runter.«

»Och, doch nur der eine, der mit der weißen Kappe.«

Flau und ohne Dampf machen wir »Kathena faa« seeklar.

Hand über Hand hole ich in der noch tiefstehenden Morgensonne die Ankerkette ein. Bei Kyms »Anker klar« holt Astrid die Großschot dicht. Ich heiße schnell das Focksegel, und behutsam faßt der Wind die Segel. Ganz langsam nehmen wir Fahrt auf. Wir sind in Lee der Insel. Wind schralt. Mal kommt er halb, mal vorderlich, dann wieder von achtern. Wir nehmen Kurs auf Mallevalle, 16 Meilen entfernt. Das soll fürs erste reichen. Mit vom Passat gefüllten Segeln verlieren wir Tigabu und die Funksicherheit schnell aus den Augen. Eine ganz neue Zeitrechnung beginnt für uns. Die Zeit vor und nach Tigabu.

Im Wasser der Bucht von Mallevalle stehen fünf, sechs Häuser auf wackligen Pfählen, teils mit Wellblech, teils mit Blättern gedeckt. Kym schnappt sich ein Kanu und fährt bis in die Dunkelheit hinein Slalom unter den Häusern. An Land wird uns von einem Mann Fruchtsaft und Schokolade angeboten. Baß erstaunt (wo hat er das wohl her) langen wir zu. Unser junger Gastgeber trägt eine amerikanische Hose, die 60 Ringit gekostet hat, wie er uns stolz mitteilt. Ja, die Fischer machen ein feines Geld mit ihrem Krevettenfang. Der Marktpreis liegt bei fünf Ringgit das Kati.

Der Fischer hat auch eine Mitteilung zu machen, die uns sehr interessiert. Hier stehen drei Gewehre von der Regierung gegen eventuelle Eindringlinge bereit!

Astrid drängt uns nach einer Nacht, die ich ihr zuliebe in dem Cockpit verbringe, weiter. Drei Gewehre erscheinen ihr offenbar nicht ausreichend. Auf dem Weg nach Patununam beißt an unserem Blinker, der an einer 50 Meter langen Leine geschleppt wird, ein Fisch an. Auf See der erste seit vielen Monaten. Das Herz schlägt mir laut vor Freude . . . das wird uns ablenken. Schnell weggelegt das Fernglas, mit dem wir nervös zwischen Vordeck und Cockpit pendelten, um den Horizont nach dubiosen Booten abzusuchen.

Es ist eine Goldmakrele – eine sehr große. Ich ziehe sie an Bord und werfe sie mit Schwung in die Plicht. Sie schimmert in der Sonne in goldgelber Farbe, die in ein mit silbergrauen Flecken gezeichnetes Purpurrot übergeht.

Blitzschnell springe ich auf den einen Meter langen Fisch, der sich mit starken Schlägen hin und her wälzt, und stoße ihm mein Deckmesser in die Kiemen. Der Blutstrom schießt aus dem mächtigen Fischleib hervor, und ich muß mich abmühen, ehe es mir gelingt, den ungestümen Bewegungen seiner Muskeln ein Ende zu bereiten. Wir drei beobachten zum wiederholten Male, wie die ungewöhnlich reiche Farbe der Goldmakrele an der Luft schnell zu verblassen beginnt und wie sie schließlich ganz grau wird.

Ich schlitze den prallen Leib der Makrele auf, weide ihn aus, säble ihn in vier Teile, spüle alles sauber und reiche die Brocken an Astrid weiter. Sie schneidet das saftige Fleisch in dünne Scheiben, paniert sie heute ausnahmsweise mit Ei (wohl in der Hoffnung, daß ich auch ein Stück mitesse).

»Hm, hm . . .«, Kym kann sich nicht zurückhalten, er sitzt vor den gehäuften Fischtellern und macht große

Augen. Es sind 27 Filets, die Astrid in der Pfanne brät. Um Gutes für unsere Stimmung zu tun, lange ich auch zu – mit Kaffee, mit Pfeffer und Tabasco helfe ich nach.

Kym und Astrid essen mehr, als ihnen guttut.

»Mami, warum hast du so beglückt aufgeschrien, als der Fisch angebissen hat?« Auch Kym merkt die entspannte, aufgelöste Atmosphäre dieses Tages – daß endlich mal etwas passiert, worüber man sich ausschließlich und ohne Hintergedanken freuen konnte.

Die freudige Stimmung hält an. Mit der selbstgemachten Pergament-Seekarte (das Original ist ja bei den Fischern) und unseren Polaroid-Sonnenbrillen finden wir uns fabelhaft in den Riffen zurecht. So segeln wir mit voller Fahrt an unseren Ankerplatz ran.

Wir runden Sampanman Point, das Nordkap Borneos und hüpfen weiter von Bucht zu Bucht. In der tief ins Land eingeschnittenen Agal Bay verweilen wir einige Tage. Aber wir gehen kaum an Land. »Kathena faa« ist unsere Insel. Unsere Begeisterung durchwachsen. Ich kann es nicht beschreiben, ohne mich zu wiederholen. Astrid drückt ihre Sorge dadurch aus, daß sie Palmenzweige anschleppt und damit den grellweißen Aufbau der »Kathena faa« tarnt. Man könnte uns von See aus ja zu leicht erkennen.

Agal Bay ist eine hübsche Bucht, unterbrochen von Felsen und Sandküste. Grüne, freie Hänge am Scheitel der Bucht erinnern an die Landschaft im Norden Neuseelands. Es fehlen nur die Schafe und Kühe.

Das Boot liegt so ruhig wie in einem Baggerloch. Die Abende mit Sonnenuntergängen bei wolkenlosem Himmel sind eine Pracht. Die Atmosphäre ist hier so rein, daß sich bei Neumond der ganze Kreis des Mondes deutlich abzeichnet. Kym rutscht dabei sogar ein »ist ja Vollmond« raus.

Die Leute im Kampong sind arm. Im Vergleich zu Tigabu und Mallevalle spüren wir das doppelt. Kein

Koprageschäft, die Palmen sind zu jung, sie tragen noch nicht, kein Krevettenfang, das Meer fällt zu steil ab. Die Fische, die sie fangen, sind meistens nicht größer als ein Handteller. In Tigabu wurden die weggeworfen. Reis betrachten die Einwohner als Delikatesse. Wie sie zu ihrem Geld kommen, das sie für Petroleum, Öl und Stoff brauchen, haben wir nicht rausgekriegt. Ihre Vorstellung von uns, unserer Reise, von der Welt ist so schwach, wie wir es selten auf der Reise angetroffen haben.

Abends, im Schein einer Petroleumlampe, fischt ein junges Pärchen vom Kanu aus. Mal treibt es vor dem Bug, mal weit von unserem Heck. Als sie ziemlich dicht bei uns sind, fragt Astrid: »Habt ihr was gefangen?«

»No fish«, ist die Antwort.

»Warum fischt ihr denn jetzt noch?« will Astrid wissen und weist mit der Hand zum hochsteigenden Neumond.

»No . . .« sie zeigen auf ihren Bauch und zucken mit den Schultern. Die Fische beißen nicht an, und beide haben ganz offensichtlich nichts zu essen. Astrid reicht ihnen eine Dose Würstchen ins Kanu, die sie jedoch nach langem Drehen und Wenden schließlich zurückreichen. Wir schauen uns an. Warum das? Astrid ahnt, warum. »Halal?« fragt sie.

»Halal!« kommt es spontan zurück.

Der Konserve fehlt das aufgedruckte Halal, das in Malaysia allen konservierten Fleischprodukten groß aufgestempelt ist. Halal bedeutet, daß dem Rind die Kehle durchgeschnitten wurde und es so für Moslems genießbar ist. Wir reichen eine Dose Erbsen runter, die sofort akzeptiert wird.

Mit wenig Schwung hangeln wir uns an der Westküste weiter nach Süden. Ambong, Kota Kinabalu, Tega, Labuan, alles Buchten und Häfen, hinter deren Namen im Logbuch nichts besonderes notiert ist. Im Sultanat Brunei dampfen wir dann den Fluß – Sungai Brunei – bis Bandar Seri Begawan, die Hauptstadt, hinauf. Diese

20 Meilen sind eine ziemliche Quälerei! Von oben brennt die Sonne, von unten heizt der Motor. Als wir vor der Stadt im trüben Flußwasser ankern, haben wir um uns herum ein ständiges Außenbordgebrumme. Hunderte von Booten verkehren – immer full speed – mit dem auf der anderen Seite des Flusses liegenden Kampong Ayer, einem auf Pfählen im Wasser gebauten Dorf mit fast 30 000 Bewohnern.

Uns interessiert als erstes, nachdem wir mit unserem Dingi durch das von den Speedbooten aufgewühlte Wasser an die Böschung gelangen: Wo ist das Postamt? Seit Madang, und das ist ein halbes Jahr her, hatten wir keine Adresse, und seit Tagen sind wir neugierig, was uns wohl postlagernd in Bandar Seri Begawan erwartet. Es sind 34 Briefe und ein großer dicker Umschlag mit einem Fußball-Magazin. Unter einem Ventilator in einem Kedai (Kaffeestube) reißen wir hastig die Briefe auf, lesen sie flüchtig, wobei wir uns das Wesentliche zwischendurch zuwerfen: »In Karstädt passiert auch nichts Besonderes.« – »Inge schreibt: ›Unsere Reinigung geht gut, aber ich träume nur noch von Hosen‹.« – »Hör mal Ludwig: ›Ich denke jeden Tag mit Wehmut an Euch . . .‹« – »Meine Mutter hat Probleme mit ihrem Boot.« – »Ingrid hat sich ihren Jungmädchentraum erfüllt, sie war in Paris und ist nicht enttäuscht.« – »Vater ist gesund: Schnaps und Zigaretten schmecken.« – »Wird Kym sich noch in ein normales Leben einfügen können?«

Später an Bord werden alle diese Briefe in Ruhe gelesen, tagelang, und sorgfältig analysiert. Und es dauert Wochen und Monate, bis wir sie alle, meist abends im Schein einer Petroleumlampe, wenigstens notdürftig beantwortet haben. Es ist so mühsam, denn fast langweilt es mich, immer dieselbe Darstellung von unserem Wohlergehen zu geben und dabei noch persönlich auf die Briefeschreiber einzugehen. Aber eine Antwort wie diese: »Ich habe mich riesig über Deinen Brief gefreut, er kam gerade an einem Tag, an dem ich ziemlich down war . . .« versöhnt uns dann.

Brunei ist ein wohlhabender Staat mit reichlichem Ölvorkommen an der Küste. Der Sultan ist ein souveräner Alleinherrscher über 190 000 sichtbar zufriedene Einwohner. Es gibt ausreichend Arbeit und Geld, denn Öl wird hier bereits seit den zwanziger Jahren gefördert. Die Preise für Obst und Gemüse sind in diesem Ölstaat immens, Zigaretten und Benzin, was wir beides nicht benötigen, sind dagegen spottbillig. Dazu gibt es Tankstellen mit besonderem Service: Die Kunden werden von weißbehandschuhten Mädchen mit langen Kleidern bedient.

Die von vier Minaretten gekrönte Moschee ist der Mittelpunkt von B.S.B., wie die Stadt im Volksmund heißt. Um das imposante Heiligtum mit der vergoldeten Kuppel von innen zu besichtigen, wird Astrid ein langes schwarzes Gewand übergestreift. Sie findet das Innere mit den zusammengerollten Teppichen im Gegensatz zu einer katholischen Kirche leer und trist. Von den Marmorwänden geht eine unnahbare Kühle aus. Dafür wirkt der Ruf des Muezzin ermunternd. Jeden Morgen, lange vor Sonnenaufgang, schallt es vom Minarett per Megaphon bis zur »Kathena faa«: »Allahu akbar – Allah ist der Größte!« Unter Knurren dreht sich Astrid ob dieser frühen Störung in der Koje um. Als Kym den Muezzin im Rundfunk bei Freunden hört, sagt er unter allgemeinem Gelächter: »Das ist nicht Astrids Musik!«

Bei den vielen Engländern, die hier für Staat und Wirtschaft tätig sind, kann sich Astrid den Überfall durch die Piraten endlich so richtig von der Seele reden. Sogar Radio Brunei meldet sich bei uns an Bord! Sie senden ein ausführliches Interview mit Astrid.

Mit dem Hinweis von Ortskundigen, im hundert Meilen entfernten Sungai Balait liege man ungestörter, verlassen wir das heiße und schoppige B.S.B.

Nach einer Nachtfahrt, in der sich kein Augenlid senkt – auf der einen Seite Bojen und Schlepper mit und ohne Anhang, auf der anderen Bohrinseln und Riffe –, stehen wir vor der Flußeinfahrt von Sungai Balait. Mit Hilfe der Richtbaken ist sie an der Dschungelküste leicht auszumachen. Nur: Die See bricht sich vor der gesamten Mündung. Da aber größere Schlepper rein- und rausfahren, nehmen wir unseren Mut zusammen und steuern in Peilung der Baken die Mündung an. »Kathena faa« hat ja nur eineinhalb Meter Tiefgang. Mit langsamer Fahrt steuert Astrid, während ich, auf dem Vordeck stehend, lote. Bei der Zweimetermarke am Lot bricht sich der erste Roller am Heck. Es ist doch flacher, als wir glauben, denke ich, und rufe Kym zu: »Geh schnell runter und mache die Schotten dicht.« Er soll von Deck in dieser brenzligen Situation.

»Ich will auch gucken.«

»Bitte, Kym, bitte, geh runter«, versuche ich es freundlicher, aber natürlich hört der Bengel nicht. Erst als Astrid ihn anschreit: »Ab! Rein, Kym!« verschwindet er zögernd. Es sieht so aus, als ob es gefährlich werden könnte. Vor uns steht eine schwere Brandung, auf die wir mit mittlerer Fahrt zufahren. Es ist jetzt unmöglich für uns, die Mündung noch zu verlassen, denn beim Wenden würde das querstehende Boot garantiert von den anrollenden Brechern eingedeckt werden. Das Lot zeigt weniger als zwei Meter, als eine tosende, überschlagende See sich in das Cockpit ergießt und wir eine leichte Grundberührung spüren. »Astrid, halte genau die Richtbalken in Peilung. Komm bloß nicht quer!« Hinter uns wächst ein neuer Brecher, doch er zieht trotz erneuter Grundberührung mehr unter als über der »Kathena faa« durch. Das rostbraune Wasser schäumte zwar noch ordentlich, aber Sekunden später ist die Brandung an flachster Stelle der Barre durchquert. Der auflandige Wind drückt uns schnell in den Fluß, und kurze Zeit später liegen wir ruhig und sanft vor dem örtlichen Segelklub. Es dauert natürlich nicht lange, bis es an Bord heißt: Ich habe Durst! (Ein Ausspruch, der an dieser Küste, die ständig unter einem Leinentuch feuchter Hitze ächzt, längst zur Regel geworden ist.) Nachdem einige Glas Wasser aus dem Tank die Kehlen hinuntergeronnen sind, atmen wir auf. Die Einfahrt war eine kitzlige Sache. Die ganze Wahrheit darüber entpuppt sich dann für uns im Klub bei einer Dose Bier: Die 20 bis 30 Meter langen Schlepper und Versorgerboote, die bei unserer Ansteuerung ebenfalls in die Mündung über die Barre fuhren, sind besonders flachgehende oder jet-angetriebene Schiffe. So haben wir uns also in dieser Hinsicht gründlich getäuscht – sind sozusagen »reingelegt« worden.

Für die bangen Minuten der Einfahrt werden wir von netten Frauen und Männern im Klub entschädigt: mit menschlichem Interesse. Wir dürfen alle Einrichtungen des Klubs benutzen, und für die Getränke in der Bar während unseres Aufenthaltes wird nicht mit uns abgerechnet. Der Shell-Yacht-Klub gibt uns das Gefühl, persönlich willkommen zu sein.

Der Club und wie fast alles in Kuala Balait ist Eigentum der Shell-Oil-Company, die hier in Brunei das Monopol in der Ölförderung hat. Selbstverständlich gibt es hier eine Vielzahl von Europäern, die für diese Firma seit vielen Jahren tätig sind.

Obschon alle in Balait ausnahmslos hilfsbereit und freundlich sind, igeln wir uns weiterhin an Bord ein: hocken nur so rum in der feuchtheißen Hitze, die täglich über dem Flußbett liegt, und können uns nicht recht vom Boot lösen. Ich kann nicht genau definieren, warum es so ist. Jedenfalls: Sonne, Sand und Faulsein allein sind es nicht. Vielleicht eine Übersättigung mit immer wieder neuen Eindrücken und fremden Menschen, auf die man auch eingehen muß?

Am 23. März 1978 – wir sind noch in Balait – habe ich mir, nachdem Astrid sagt: »Morgen sind wir wieder eingeladen – bei einer Abschiedsparty«, folgenden Dialog ins Logbuch geschrieben:

»Gibt's da auch zu essen?«

»Glaube ich nicht, sonst hätten sie's erwähnt.«

»Na, Snacks wird's bestimmt geben.«

»Wir sind furchtbar. Jeder Weltumsegler würde sich schon freuen, wenn er nur zum Trinken eingeladen würde.«

»Wir sind wohl verwöhnt.«

»Eine Einladung ohne Essen gilt bei uns nicht viel.«

»Ich trinke ohnehin nur zwei, drei Bier – und dafür soll ich mich den ganzen Abend abstrampeln.«

Wir segeln ab – flußabwärts, um uns die Ibans, die Ureinwohner dieses Teils von Borneo, anzusehen. Die Ibans wohnen in Longhouses, 20–30 Familien und mehr nebeneinander, ähnlich unseren Reihenhäusern in der Heimat, Wand an Wand, nur daß die Trennwände aus geflochtenen Matten bestehen. Wegen der brütenden Hitze kommen wir über eine Tagesreise nicht hinaus. Unser Vorhaben erstickt förmlich. So müssen wir mit den Ibans in der Stadt vorliebnehmen.

Auch nachts bleibt die drückende Schwüle. Wir hängen Moskitonetze vor die Luken, so daß noch weniger Luft in der Kajüte zirkuliert. Ich schlafe auf der Cockpitbank, bin dann morgens zerstochen. Der übliche Sprung ins Wasser frühmorgens fällt auch aus: Krokodile. Also, weg von hier! Da auf dem Meer wird uns hoffentlich wieder wohler zumute.

Am letzten Tag müssen wir Briefe schreiben, eine Pflicht, die wir während unserer ganzen Tour stets vor uns herschieben und wenn, dann sozusagen in letzter Minute erledigen. Endlich raffen wir uns auf, der Familie, den Freunden unseren Piratenüberfall mitzuteilen. Die Presse bekommt ebenfalls Nachricht, nicht, weil wir

LOG VON KATHENA FAA
Dat. FREITAG 14. APRIL 78
VON BINTULU NACH AUR

h	Wind	See	Ba	Wet	KK	WK	Segel	Fahrt	Log	Bem.
0235	NE 1	1	1023	O	270	271	G + Ge	2,5	86,7	Wachwechsel (Astrid)
0500	NE 0-1	2	1024	O	270	271	—"—			Motor kurz an um Schiff auszuweichen
0600	E 1	2	1024	O	SICHT	—"—	—"—	3,0	95	Genua ausgebaumt
0625	E 2	2	1025	O	—"—	—"—	—"—	4,5	97	steuern Südkap v. Aur
0800	E 2	2	1025	O	—"—	—"—	—"—	5,5	2,5 an	Motor an, bergen Ge.
0845	E 2	2	1025	O	—"—		G			Starker Strom an Südkap
0910	E 1	2	1025	O						suchen eine Bucht
1000										Ankern an der West- Düste auf 16m Sand.

BINTULU - AUR 6 Tg. +3h = 536 SM

Mit Bs.	/	Etmal	90 SM,	Strom Süd setzend ~½kn
Mit Lö.	/	Gesamt	536 SM,	Motor Mißw. 10°E

PULAU AUR → 260°, dis. 30 SM

Wieder eine Nacht: hier auf'em Sprung
-langen Schiffahrtsweg Singapur-Japan.
Schauen beide recht lauber aus den Augen:
Müde! - Vor der Insel noch merklich
Gegenstrom und der schwache Wind der letzten
Tage verändert sich auch unter Land nicht.
Palmen und Felsenlinien: die Erwartung
der Landzunge ist groß.
Unsere Bucht heißt Teluk Tokayu. Ge-
nauer ist sie eine Bucht in der Bucht!
Ausfanden?!
N

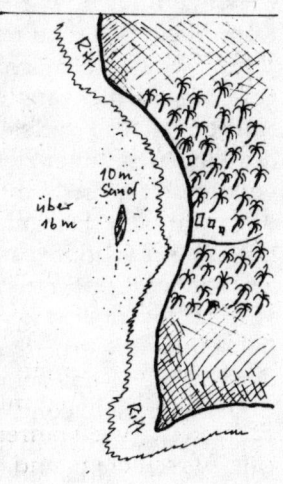

uns darin als Helden feiern wollen, sondern mehr nach dem Motto: Erst was in der Zeitung steht, wird wahr.

Über eine weitere Flußmündung – Bintulu in Sarawak – setzen wir am 8. April 1978 den Kurs für Pulau Aur an der malaysischen Ostküste. Zuerst läuft die »Kathena faa«, wie wir es vorausberechnet hatten; der Nordost-Monsun schiebt uns durch die flache See. Es ist die letzte Phase dieses Windes, der Ende April einschlummert, um einen Monat später aus entgegengesetzter Richtung, Südwest, wieder durch die Chinesische See zu pusten. Zwei Tage vor unserem 600-Meilen-Ziel in den indonesischen Inseln, um die wir einen großen Bogen machen, haben wir nur noch flaue Winde, unterbrochen von Flauten. Ein starker Schiffsverkehr zwingt uns, kontinuierlich Wache zu gehen. Die Nachtwachen sehen so aus: Bis 23.30 h gehe ich, danach Astrid bis 0.30 h, dann wiederum ich bis knapp 06.00 h, und die letzte Wache bis 7.30 h geht Kym. Wir können uns voll auf ihn verlassen. Kommt ein Schiff zu nahe, sagt er Bescheid.

Für Kym hole ich mit dem Kescher wundervoll gefärbte Quallen aus der See. Die Haut ihres glasigen Körpers ist von zartestem Rosa, das sich an einer Stelle dunkler zusammenzieht und in einen Fleck von Blau verwandelt. Ihre Tentakeln sind außerordentlich lang und zahlreich. Diejenigen, die ich für Kym in eine Pütz mit Wasser schöpfe, haben meterlange Fäden. Die Quallen brennen entsetzlich, deshalb warne ich ihn auch, aber seine Vorsicht ist nicht von Dauer. Er faßt sie doch mit seinen Fingern an und steckt diese danach spontan in den Mund, so daß seine Lippen wie Feuer brennen.

Es dauert schließlich sechs Tage, bis wir Pulau Aur an einem wunderbaren, unvergleichbaren Morgen sehen. Alles scheint ineinander überzugehen. Vor uns bildet sich aus der vergehenden Dunkelheit die 600 Meter hohe Insel. Am Heck filtert die Sonne durch die Wolken am Horizont ihre ersten Strahlen. Das leichte Anschlagen der Wellen an dem Rumpf unterbricht die Stille. Astrid und ich sind beide hundemüde von den Strapazen der vergangenen Nächte, doch keiner kann es über sich bringen, das Deck zu verlassen. Niemand will verpassen, wie sich das erste Licht in den Schluchten der Felswände der Insel bricht. Es kommt uns so vor, als hätten wir noch nie eine so schöne Insel gesehen. Sie strahlt mit ihren steilen Hängen, ihrer tropischen Vegetation und Wärme den ganzen Zauber einer Südseeinsel aus, und ich sehe das im Glanz auf Astrids Gesicht. Ist der Traum der Südsee doch nicht ganz ausgeträumt?

Der Augenblick, als »Kathena faa« das südliche Kap rundet und sich die Westküste von Pulau Aur öffnet, weckt auch in Kym Gefühle: »Macht hin, mir jucken schon die Füße.« Er will an Land. Und als wir uns nicht entscheiden können, in welcher Bucht geankert werden soll, ruft er entschlossen: »Ich spring gleich rein, wenn ihr euch nicht beeilt.«

Als der Anker dann auf 16 Meter Tiefe in den weißen Sand fällt und die nachrauschende Kette sich Glied für Glied deutlich auf dem Grund abzeichnet, habe ich das Gefühl, wir kämen gerade von einem Ausflug zurück, der kurioserweise zu Piraten und Dschungelflüssen ging.

13

Nichts zieht mich nach Singapur

»Nun, ich bin noch in der Karibik, wo ich inzwischen fast alle Inseln besucht habe. Domenica ist für mich die schönste, weil die wildeste – keine Touristen! An der Atlantikküste von Domenica fand ich ein einsames, verlassenes Haus, in das ich für einen Monat gezogen bin. Es war wie im Paradies.

PS. Ich habe noch keine ›Köchin‹ gefunden, und so ist es ab und zu langweilig an Ankerplätzen – (nachts).«

Philipe D. Yacht Vagabond

Gackernde Hühner am Strand bringen mich in die Gegenwart zurück. Ich weiß manchmal nicht, in was für einer Welt wir leben: Vor Tagen decouragiert und zu Tode betrübt, jetzt springen wir aus dem Mast ins Wasser, binden uns ein Stirnband um und klettern mit einem Messer in der Hand auf Palmen, um Trinknüsse zu holen.

Wir schauen uns eifrig um; ein steiler Hang, von Palmen und markantem Felsgestein unterbrochen, rahmt die Bucht ein. Wucherndes Unkraut, dichtes Gebüsch, wildwachsende Papayabäume am Ufer des kleinen Baches, dessen frisches Wasser über glatte Steine plätschert, schaffen das Bild einer Wildnis. Hochgezogen am Strand liegt im Schatten ein Kanu. Dahinter zwei windschiefe Hütten. In der Ferne schwach erkennbar die Umrisse anderer Inseln. Oh, was für eine Szenerie!

Unsere Bucht heißt Telok Tokaya. Genaugenommen ist unsere Bucht eine Bucht in der Bucht. Wir gehen gleich unserem »wissenschaftlichen« Streben nach und suchen Muscheln auf dem Riff. Während wir jeder so um die hundert Steine und Korallenbrocken gewendet und natürlich wieder ordnungsgemäß zurückgelegt haben – denn sonst würde alles Leben darunter absterben –, finden wir eine ganze Tüte voll Kauri- und Kegelspezies. Einige der Tiger- und Mapkauris sind außergewöhnlich groß. Wir erfreuen uns an dem Anblick: an den glänzenden, fein gezeichneten Gehäusen, an der bunten, vielfältigen Pracht, wie sie nur die Tropen hervorbringen können. Alle Arten unterscheiden sich durch Zeichnung und Struktur voneinander. Wie viele verschiedene Arten haben wir eigentlich? 300, 400, wir wissen es nicht genau, da wir alle in Postpaketen nach Hause schicken.

Alles liegt in tiefer Stille, bis die Leute, die in diesen Hütten hausen, den Hang, mit Säcken und Macheten beladen, herunterkommen. Sie begrüßen uns freudig mit Händeschütteln und setzen sich zu uns in den Sand. Es ist eine kleine Familie, die von der Kopraherstellung lebt, und das muß in dem steilen Hang mit den Felsbrocken eine elendig schwere Arbeit sein.

Kym freundet sich gleich mit dem kleinen Mädchen an, und die Kinder spielen einträchtig in den folgenden Tagen. Miteinander sammeln die beiden Eremitenkrebse, Motten und Käfer in Gläser und beobachten sie stundenlang. Für die Nacht bringt Kym sich wieder mal heimlich einen Eremitenkrebs mit an Bord, den er in der Kiste mit den Legosteinen deponiert. In der Nacht beginnt dieser »Gefangene« zwangsläufig zu krabbeln und Lärm zu machen. Astrid wird fuchsteufelswild, als sie den Ruhestörer erst nach einer halben Stunde Suchen findet.

Kym schaut auch der Familie an Land auf den Teller. Auf malaysisch berichtet er uns: »Makan nasi ikan, ikan nasi – ini hari, besok . . . Also, sie essen Reis und Fisch, Fisch und Reis, heute, morgen . . .« Ja, jeden Tag. Gelegentlich aufgebessert durch das Fleisch eines Affen, den der Alte schießt. Anscheinend zielt er schlecht, denn es ballert den ganzen Tag ganz ordentlich dabei im Gebüsch. Daß der Alte Affen für den Kochtopf jagt, gibt er allerdings nie zu, obwohl Astrid sich sehr viel Mühe gibt, dies in gegenseitiger Zeichensprache herauszufinden. Er will nicht verstehen.

Warum es hier keine Sweetpotato, die tropische Art der Kartoffel, oder Wurzeln wie Kasava gibt, können wir gleichfalls nicht herausfinden. Schließlich fließt in dem Bach frisches Wasser und der Boden am Hang sieht recht brauchbar aus.

Man stelle sich vor: 95 Meilen von hier entfernt liegt Singapur mit all seinem Luxus. Schinken, Käse, Wein. Die Leute tragen weiße Hemden und trinken einen Aperitif vorm Essen und lassen sich dabei die Luft der Airconditioning um die Nase wehen. Und hier? Tagein, tagaus: Reis mit Fisch.

Was machen wir den ganzen Tag in der Bucht? Womit beschäftigen wir uns? Wie ist der Tagesablauf?

Das ist ziemlich unterschiedlich. So in etwa habe ich dies am Freitag, dem 21. April 78, in meinem Bordjournal aufgeschrieben (wobei die Zeitangaben vage sind, schließlich laufen wir hier nicht mit einer Uhr rum):

05.00 h: West- und Südwestwind bringt Schwell in unsere Bucht. Mich haut's dabei aus der Koje. Folge: Die Nacht ist vorbei. Astrid ist rappelig, böse, schimpft. Warum dreht der Wind, während wir hier ankern?

06.30 h: Kym erscheint. Seine ersten Worte: »Als ich wach wurde, dachte ich, wir wären auf See – weil es so schaukelt.«

08.00 h: Ich tauche, um den Anker zu kontrollieren. Er hält! – Der Anker selbst ist nicht zu sehen, so hat er sich in den Sand eingegraben. Anschließend frühstücken wir gut mit Haferflocken und Cracker, um so besser, da der Schwell nachläßt.

09.00 h: An Bord noch immer ungemütlich. Wir rudern zum Land. Astrid nimmt Wäsche mit, um sie im Bach im klaren Süßwasser zu waschen. Ich bringe die Schaukel für Kym in einer Palme an. Doch Kym schnappt sich Angelschnur und Haken, um am Kap zu fischen. Wie ich ihn kenne, ist er damit für Stunden beschäftigt, denn als Köder nimmt er lebende Krebse, und um die zu fangen, braucht er lange. Die kleinen Tiere mit den langen Beinen sind verflixt schnell in den unzähligen Sandlöchern verschwunden.

10.00 h: . . . und trinken eine Kokosnuß!

12.00 h: Ich habe mit meinem Speer in eineinhalb Stunden neun Fische im Riff erledigt.

14.00 h: Rösten der Fische auf der Glut von Treibholz. Essen sie von Palmenblättern. Der Alte in der Bucht kriegt fünf Fische ab. Ich esse auch ein kleines Stück. Ganz ehrlich gesagt: Ich pule an einem Fisch nur herum. – Boot liegt wieder ruhig.

15.00 h: Unsere »freie« Stunde im Schatten der Palmwipfel.

16.00 h: Trinken Kaffee an Bord. Der Alte und seine Tochter sind mit rübergekommen.

17.00 h: Pullen zurück zum Strand, um im Bach unsere Haare zu waschen. Spülen noch eine Handvoll Muschelgehäuse in der See sauber aus. Obwohl die Ameisen unterm Baum den größten Teil der Schnecke rausgefressen haben, ist das eine stinkige Angelegenheit.

18.00 h: Mache eine Reihe schwarz-weiß-Bilder. Leider mißt die Belichtung an beiden Kameras ungenau. – Trinken noch 'ne Nuß und dann geht es an Bord.

19.00 h: Schieße ein Foto, wie der Mond über dem Hang aufgeht. Jeder ißt zu Abend noch einen Cracker mit Ceddar-Cheese aus der Dose. Astrid trinkt ein Bier, Kym und ich unser obligatorisches Milo.

19.30 h: Zähne werden geputzt, am Heck. Kym verabschiedet sich ins Vorschiff – in seine Koje. Er wundert sich noch, warum die Kinder hier nicht in die Schule müssen, und meint: »Dann brauche ich auch nicht zu gehen.«

20.30 h: Wir kuscheln noch ein bißchen in der 63 cm breiten Koje, und dann verabschiedet sich Astrid. – Ich lese in unserem einzigen Geo-Heft zum 99. Mal die Geschichte vom Einödhof in Oberbayern. Köstlich, wie der Bauer sagt: »Was soll ich mit dem Geld auf der Kasse?« Bayern möchte ich auch erleben – und Preßsack probieren . . .

22.00 h: Ich »knipse« das Petroleumlicht aus und ziehe mein weißes Bettuch über den Kopf. – Es ist eine Vollmondnacht. Gewöhnlich ist das Wetter um Vollmond herum unbeständig. Heute gab es einen Vorgeschmack, und das wird sich wiederholen.

»Nichts zieht mich nach Singapur«, das sage ich wohl täglich hier in Pulau Aur zu Astrid.

Mit Recht antwortet sie mir: »Aber jede Nacht muß man sich in der Koje festklammern, damit man nicht rausplumpst, das schlaucht mehr als Arbeit.« Obwohl es in regelmäßigen Abständen schwellt, verzögere ich die Abfahrt nach Singapur. Mir ist gar nicht nach Stadt, so einer Millionenstadt. Am liebsten würde ich vorbeikreuzen, aber wir wollen mal sehen, wie der Bootsmarkt ausschaut. »Kathena faa« vielleicht verkaufen? Wenigstens brauchen wir eine Menge Sachen für uns, Ausrüstung fürs Schiff und für den Motor. Ein Freund aus Hamburg hat sich auch angesagt. Für diesen Anlaß schmieren wir drei Tage Kajütaufbau, Rumpf und Cockpit mit Politurpaste ein und polieren anschließend mit alten Lappen die Flächen glänzend. Astrid stellt nach getaner Arbeit mit leuchtenden Augen fest: »Man sieht die Mühe. Es glänzt und läßt die Regentropfen perlen!« Ich kann mir nicht verkneifen, zu erwidern: »Da setzt sich der Schmutz der Großstadt nicht so schnell fest.«

Aber Astrid freut sich offenbar: »Kannst du verstehen,

daß ich mal richtig ausgehen will? Im Kleid mit festen Schuhen an den Füßen, in Geschäfte gucken, fein essen gehen! Vielleicht ein Pfeffersteak, ›saignant, please‹, sage ich zum Kellner, ›und für meinen Mann well done . . .‹«

Zunächst segeln wir mit Ypsilon-Kurs Singapur entgegen.

Die Stadt trifft uns wie ein Hammer. Ich hab's kommen sehen. 21 Formulare für die Einklarierung ausfüllen und 20 Dollar für irgendwelchen Müll bezahlen, den wir noch nicht gemacht haben. Kym ist nach dem ersten Bummel total echauffiert. Mit Fieber bringen wir ihn zu Bett. All die neuen Eindrücke! Lifte, Doppeldeckerbusse, überquellende Spielzeugläden, Menschengedränge . . . Die festen Schuhe, die er erstmals wegen des städtischen Pflasters anziehen mußte, drücken ihn, und er quengelt den ganzen Weg. Vor einer Rolltreppe im Kaufhaus bekommt er fast Schreikrämpfe. So was hat er noch nie gesehen, und er weigert sich erst, sie zu betreten. Astrids Hoch ist auch abgeflaut. Wir finden uns nicht zurecht, wir stehen zeitweilig rum wie zwei Bauern, die das erstemal einen Stadtbesuch unternehmen. Wieder an Bord, fliegen Hemd, Hose, Strümpfe, Schuhe in die Ecke.

Mit Ortwin, unserem Besuch aus Hamburg, geht es dann leichter. Als wir ihn vom Flughafen abholen, erscheint er uns sehr blaß. Kym bietet ihm sogleich die Hundekoje an, und in Erinnerung an seine Erfahrungen im Jumbo nach Neuseeland, fügt er an: »Bei uns an Bord ist es schön ruhig, und du brauchst nicht im Sitzen zu schlafen.« Wir liegen mit der »Kathena faa« im Stichkanal bei Singapur Yacht Club in Mangroven eingehüllt. Kein Lüftchen bewegt sich dort. Nach der ersten Nacht dachten wir, Ortwin packt seine Tasche und verholt sich in ein Hotel, aber es kommt ganz anders: »Ist ja ziemlich warm, hab' es aber genossen.« Das ist hanseatisch untertrieben, denn wir selbst wälzen uns vor Hitze durch die Nacht.

Seine Stippvisite direkt aus der Zivilisation öffnet uns die Augen für Dinge, die wir schon gar nicht mehr so recht bemerken. Wir müssen mit unserem Dingi etwa 200 Meter vom Boot quer über die Bucht zum Yachtclub rudern, um zu duschen. Ortwin freut sich geradezu kindisch, daß an den Fensterscheiben der Duschkabine etwa handspannenlange Geckos kleben, die auf Insekten lauern. Und er stellt unsere Lebensweise in Frage, als er nach einer kurzen Paddeltour, gerade zurück an Bord, verschwitzt konstatiert: »Jetzt möchte ich eigentlich gern duschen . . .«

Also, wir sind schon merkwürdige Freunde. Er, Ortwin: So gar kein Abenteurertyp und mit 25 Berufsjahren rundum versichert und gesichert. Wir: Lebenskünstler, die sich so durchschlagen und nichts Positives tun, ihren Toast in einer ollen Pfanne rösten und Kaffee mit Grund trinken. Was es heißt, in der freien Marktwirtschaft tätig zu sein, geht uns ein bißchen auf, als wir sehen, daß unser Freund in seiner Urlaubswoche hier noch einen Kunden betreut.

Um Ortwin ein kleines Abenteuergefühl mit nach Hause zu geben, segeln wir mit der »Kathena faa« zu dem winzigen Eiland Salu, das wir für uns alleine haben. Ortwin enttäuscht uns nicht: Wie ein Entdecker watet er durch das lauwarme Wasser und reißt die Arme hoch, und . . . Salu! Abends an Deck unter einem hellen Sternenhimmel plumpst eine leere Flasche über Bord.

In Singapur stirbt der alte Osten unter der Spitzhacke. Die brüchigen Häuser der chinesischen Viertel passen nicht zur Gartenstadtfassade einer modernen Handelsmetropole. Sie werden ersetzt durch steril hochgezogene Wohnblocks. Schau ich an Bord aus meiner Luke, fällt mein Blick prompt auf einen ganz neu geschaffenen einfältigen Wohnkomplex. Das Inselreich tut alles, um die große Industrie ins Land zu bekommen: Farbfernseher, Kameras, Schiffe werden bereits in dem Zwei-Millionen-Staat gebaut. Er nimmt sich damit sicher das exotische Flair, das unbegreiflich Fremde. Den Geruch des Fernen Ostens: Räucherstäbchen, Garküchen, Tigerbalsam, Orchideen und süßlich-schwere Parfüms gibt es noch. Man findet ihn an den Rummelplätzen des Tourismus: Bugis Street, Change Alley oder auch am Rande der großen Boulevards.

Wir haben unseren eigenen Singapur-Geruch. Täglich einmal öffnet sich die Abwässerschleuse zum Stichkanal hin, wo uns für die »Kathena faa« ein Liegeplatz zugewiesen ist. Mit dem Abwasser schwimmen tote Ratten, Katzen und andere Kadaver vorbei. Es stinkt erbärmlich. Doch sonderbarerweise hängt dieser süßliche, zum Erbrechen reizende Geruch auch stundenlang über der Bucht, wenn die Schleuse dicht ist. Ortwins Geschäftsfreunde klären uns auf – und lassen uns letztlich doch völlig im unklaren: Diesen eigenartigen Geruch gibt es hier erst seit wenigen Jahren. Der ortsansässige dpa-Korrespondent hat zum erstenmal öffentlich darüber berichtet, und er nannte ihn dabei »the stink«. Seither sind die staatlichen Stellen, um Reinlichkeit bemüht, eifrig dabei zu erforschen, woher das Übel kommt. Die Abwässer allein können es nicht sein. Industrie ist hier noch nicht so viel, daß man sie wegen irgendwelcher chemischen Abgase verdächtigen könnte. Eine Kommission der Behörden ist jetzt dabei zu erforschen, ob eventuell die vielen Betonhochhäuser derart auf den schlammig-weichen Baugrund drücken, daß daraus bei bestimmten Wetterlagen erdige Faulgase entweichen.

Singapur ist ein streng geführter Insel-Staat. Wir merken das so richtig, als unser Freund Ortwin für den Rückweg aus der Stadt ein Taxi spendiert. Alle Straßen in Singapur sind bestens gepflastert. Mit einer Ausnahme: Die letzten 800 Meter von der betonierten Hauptstraße zum Yachtclub sind staubiger Feldweg. Der Taxifahrer weigert sich, ihn zu befahren. Nach gutem Zureden verlangt er von der Abzweigung an die Hälfte des Fahrpreises mehr als Aufschlag. Des Rätsels Lösung: Singapurs Staatsführung ist derart auf klinische Sauberkeit erpicht, daß jeder Fahrer, dessen Auto dreckig erscheint, zur Vorführung auf der Polizeiwache verdonnert wird.

Es darf sich auch niemand erwischen lassen, wenn er auf die Straße spuckt – er wird bestraft. Lange Haare bei Männern sind unerwünscht. Ein qualmender Auspuff kann eine hohe Strafe kosten, und eine Zigarettenkippe auf die Straße werfen kostet bis zu 500 Dollar. Nichts für Vandalen und Drogensüchtige; während wir in Singapur sind, wird ein junger Mann, der einige Gramm Marihuana besaß, hingerichtet.

Mit einer langen Liste – Farben, Relingsdraht, Schäkel, Segeltuch, Ölfilter, Seekarten – hetzen wir durch die breit und sauber angelegten Straßen Singapurs. Magenschmerzen drücken mich. Nur wenig wird abgehakt. Die Stadt ist auf andere Konsumenten eingestellt. So fragt der Verkäufer, als ich einen Film kaufen will, ziemlich unwirsch: »Only one?«

»Ja«, sage ich, »nur einen.«

»Lohnt sich nicht. Viel zu mühsam, Geld zu wechseln«, antwortet er mir.

Ich habe jetzt genug und überlasse Astrid den Rest. Bei all den Kameras und Stereoanlagen, die rechts und links über den Ladentisch gehen, fühlen wir uns wie die Parias unter den Fremden in Singapur.

Nur um den letzten Punkt der Liste – neue Reisepässe – zu erledigen, mache ich mich noch einmal, samt Familie, auf den einstündigen Busweg in die Stadt. Für diesen Botschaftsbesuch zieht Astrid ihr weißes Kleid an. Kym wird feingemacht: Er erscheint in Hellblau mit weißen Kniestrümpfen. Ich stutze meinen Bart und poliere die Fingernägel.

Wenn wir schon keine Steuern bezahlen, so wollen wir doch wenigstens einen guten Eindruck hinterlassen.

Doch in der Botschaft, im 12. Stock des Far-East-Shopping-Centre an der Orchard Road, wird unsere Aufmachung total negiert. Die Dame in der Anmeldung, die hinter einer Scheibe wie am Bahnhofsschalter sitzt, sagt nach einem Blick in unsere alten Pässe: »Wenn das alles ist, was Sie von uns wollen, dann füllen Sie diese Formulare aus und legen jeweils zwei Paßfotos bei. In drei Tagen können Sie die neuen Pässe abholen. Vergessen Sie nicht, 66 Dollar dafür mitzubringen.« Sie schiebt uns die Papiere durch den Schlitz unter der Scheibe zurück. Das war kurz, schroff und etwas schnöde. Aber, so unkompliziert haben wir den Umgang mit einer deutschen Behörde nicht erwartet. Wir dachten, das ginge dramatischer zu, mit verzwicktem Verhör und vielen Fragen, Telex mit Rückfragen nach Deutschland und . . .

Weil alles gutging und wir unseren noblen Aufzug noch etwas länger herzeigen wollen, gehen wir ins »Holiday Inn« zum Pfeffersteakessen.

Aus meinem Logbuch am 29. Mai 78:

»Segeln ab. Herrlich! Unter Segel auch noch. Singapur liegt drei Stunden später hinter uns. Es war unantastbar. Eine Stadt ohne Gefühl. Man konnte nichts fassen. Da gab's nichts zum Abreagieren. – Nur Bauchweh.«

Wir verlassen Singapur in Richtung Malakka-Straße. Kym mit neuem Spielzeug, Astrid mit einer Rolex am Handgelenk und ich mit Magenschmerzen. Schon einen Tag später sind sie weg und kommen auch nicht wieder. Ich nenne sie später: Beton-Beschwerden.

14

Ein versuchter Weltumsegler

>>Es hat mich überrascht zu hören, daß Ihr tatsächlich daran denkt, irgendwann einmal wieder zurückzukommen. Ich hatte geglaubt, Ihr wäret nun total vom Südsee-Bazillus infiziert worden. Na ja, so wie Moitessier mag auch nicht jeder enden.<<
Harald Sch. aus Hamburg

»Kathena faa« gleitet durch die Straße von Malakka. Ein leichter Wind aus dem südlichen Quadranten streicht über Deck. 150 Meilen seit Singapur. Kurs: Penang mit Zwischenhäfen. Es regnet etwas, die nackte Haut dampft. Danach ist das tropische Sternenfirmament ganz klar und wunderschön. Gedanken an Joseph Conrad, dessen Romane alle in diesem hinterindischen Archipel spielen, liegen nahe.

Aber die modernen, mit schäumender Bugwelle vorbeiziehenden Containerschiffe löschen zwangsläufig den morbiden Charme der Conrad-Welt. Das bedeutendste Container-Terminal in Port Klang, unserer ersten Station, paßt natürlich ebensowenig in unser Bild. Wir laufen diesen malaysischen Hafen an, um »Kathena faa« aus dem Wasser zu holen. Nach zwei Jahren und vier Monaten, in denen sie sich ununterbrochen in tropischem Gewässer befindet, ist sie reif für einen neuen Bodenanstrich. Die Seepocken und vor allem das Seegras bekomme ich in meinen Tauchgängen nicht mehr abgebürstet. Den Slipwagen haben wir für zwei Tage gemietet, doch da Astrid wieder sehr pingelig an die Arbeit geht, brauchen wir die doppelte Zeit. Sie findet immer noch eine Stelle, an der zu schleifen es sich lohnt. Daß Astrid so sorgfältig arbeitet, kommt dem Boot zugute, so kreuzt »Kathena faa« nach sechs Jahren noch makellos weiß und ohne Kratzer durch die Meere. Legt am Strand ein Kanu ab, hat Astrid die Fender bereits rausgehängt.

Auf dem Weg nach Lumut, hundert Meilen weiter im Norden von Singapur, treffen uns einige schwere Sumatras. Diese Böen sind zwar von kurzer Dauer, verursachen aber mit ihren zehn bis zwölf Windstärken eine aufgewühlte See und erfordern vor allem, da sie plötzlich einfallen, schnelles Handeln: In Sekundenschnelle müssen die Segel runter.

Diese Böen entstehen durch die vielen und gefährlichen Gewitter, die sich hier zusammenballen und ihre Nahrung in der hochgespannten Feuchtigkeit Sumatras finden. Daher auch ihr Name: Sumatra-Bö.

Über die erste Bö steht im Logbuch:

»Regen in meiner Wache und darin versteckt trifft uns eine mordsschwere Bö. Sie heult heran. Astrid kann es gar nicht glauben, daß der Lärm aus der Luft kommt, sie hält am Himmel nach einem Flugzeug Ausschau. Ich bin im Nu am Mast und werfe die Fallen los. Flink, in gewohnter Weise, habe ich die Segel eingebänselt.«

Nach einer Stunde ist alles vorbei, ohne daß wir Schaden genommen haben. Kym und ich krümmen uns vor Lachen: Unsere liebe Astrid hält eine Bö für ein Flugzeug! Ich bemerke endlich mal wieder etwas Aufflammendes, so ein Glänzen in unseren Augen, als würden sie sagen: Mit den Naturgewalten werden wir doch spielend fertig. In der Tat, dies war das erste Reffen seit unserem Taifun vor einem halben Jahr. Und auch alle weiteren Böen »meistern« wir prima.

Lumut: Ein kleines altes Städtchen an der Westküste Malaysias, das einen unwiderstehlichen Reiz ausübt. Kasuarina-Bäume entlang der Hauptstraße, überdachte Gehwege mit chinesischen Geschäften und indischen

Kuchen-Kedais, ein gammliger Markt, auf dem malaysische Bauern ihre Produkte anbieten, alles erinnert an die längst vergangene Kolonialzeit. Wir liegen in einer hundertprozentig geschützten Bucht, die von verschwenderisch wuchernder tropischer Vegetation umgeben ist. Sogar einen klitzekleinen Yachtclub gibt es hier. Zwar nicht hübsch – aber gemütlich. Wir haben ihn ziemlich allein, die Mitglieder, die überwiegend in der landesinneren Stadt Ipoh beschäftigt sind, besuchen ihn nur am Wochenende.

Ja, und endlich treffen wir hier ein Segelboot, das auch auf großer Fahrt ist. Freilich eine Freude, denn unsere letzte Begegnung mit einer Fahrtenyacht liegt bis zu den Salomoninseln zurück. Die »Sandpiper« ist eine Idee länger als unser Boot und zeigt die englische Flagge. Wir begrüßen uns mit Handschlag. Bob und Angela haben das Boot in Singapur erworben und sind auf dem Weg nach Europa. Die beiden haben etwas ganz Außergewöhnliches an Bord: einen Affen. Für Kym das Erlebnis! Er ist begeistert, wagt sich allerdings nur zögernd heran. Pixi, so heißt der Affe, oder vielmehr das Affenweibchen, reicht ihm bis zur Schulter. Sie ist ein Pigtail-Makaki (aus der artenreichen Familie der Makaken) von der Ostküste Malaysias. Dort werden diese Affen dressiert, Kokosnüsse von den Palmen zu holen.

Angela klärt uns weiter über diese Rasse auf: »Die Makaken sind gutmütig und spiellustig, aber andererseits auch schnell erregbar, jähzornig und mürrisch. Kym sollte sehr vorsichtig sein.«

Pixi darf nicht frei an Bord herumlaufen, und sie hat offensichtlich immer schlechte Laune. Sie ist nämlich an einer kurzen Leine am Mast befestigt, weil sie sonst alle Taue durchbeißt und Segel zerfetzt. Sie besitzt mit ihren fünf Jahren kräftige Gliedmaßen, eine fliehende Stirn, und ihre Augen werden überschattet von starken Knochenwülsten. Von vorn betrachtet sieht sie recht liebenswürdig aus, schaut man aber genauer auf die Hinterbakken mit den großen rosafarbenen Schwielen, in deren Mitte immer ein Stück Kot steckt, so ekelt's einen. »Jetzt weiß ich auch, warum Angela Blätter an Land sammelt«, bemerkt Kym.

Bei einem Bordbesuch sagt Angela: »My bed is so narrow, Pixi takes so much room.« Astrid kann es nicht glauben und fragt zurück, ob der Affe wahrhaftig mit ihr in einer Koje schläft, was Angela bejaht. Natürlich ißt Pixi auch mit am Tisch. Am liebsten Reis und Curry. Bei Salat oder Gerichten, die sie nicht sonderlich mag, nimmt sie den Teller und schüttet das Essen auf Angelas Schoß. Angela erzählt gerne von Pixi, so wie wir von unserem Kind.

Leider wird Kym einen Tag vor unserer – geplanten – Abfahrt von Pixi in die Hand gebissen. Das hat er nicht erwartet, nachdem er Pixi seit Tagen gefüttert hat. Kym spielte mit einem Stock, und der Affe wollte ihn auch haben, Kym ließ nicht locker, und da passierte es.

Arzt, Tetanusspritze. Für drei Tage trägt Kym seine geschwollene Hand in einer Schleife spazieren. Wir müssen deshalb noch bleiben.

Eine Woche länger können wir beobachten, wie Angela jeden Morgen ihren Affen abknutscht.

Malaysia ist reich an Kautschuk, an Kopra, an Edelholz, aber auch an exotischen Früchten. Im Yachtclub probieren wir endlich Durian, auf die uns Freunde ständig aufmerksam machen; man nennt sie hier »Königin der Früchte«. Die kürbisgroße runde Frucht schmeckt nicht schlecht, wenn sie bloß nicht so penetrant riechen würde. Astrid definiert den Geruch als »Knoblauch-Käse-Mischung«.

Kym sagt kurz: »Misthaufen«. Ich drehe mich suchend um und sage: »Ist Pixi in der Nähe?«

Wir bestellen lieber einen Teller Rambuttans. Diese roten Früchte, mit weichen Stacheln umgeben, sind so groß wie eine Kastanie und haben glasiges, saftiges Fleisch. Schmecken einfach Klasse!

Am 7. Juli 1978 sind wir in Georgetown, dem Hafen von Penang. Der Ankerplatz ist offen, wir geben die fünffache Länge Ankerkette, bevor wir an Land gehen. Gemeinsam schauen wir uns ein paar Sehenswürdigkeiten an, einen großen Buddha. Giftschlangen in einem Tempel und den alten Leuchtturm, der seit 1854 die Reflexe aufs Meer wirft. Penang ist eine Blumeninsel, und freie Plätze sind von Arecapalmen eingerahmt (deren malaysische Bezeichnung der Insel den Namen Penang gab). Viele Häuser sind im chinesischen Stil gebaut. Die Menschen sind durch die Technik und Zivilisation verwandelt: Sonnenbrillen statt Zöpfe, die Männer durchweg in dunklen Hosen und blütenweißen Hemden, Frauen in weitgeschnittenen Pyjamas oder hautengen Kleidern. Reizvoll und exotisch ist das, beeindruckend auch. Die Sadt, die uns seit Madang am besten gefällt.

Am anderen Tag haben wir zum Mittagessen einen jungen Gast an Bord. Mehr aus Neugier denn aus Sympathie haben wir Andreas von dem hinter uns ankernden Boot eingeladen. Unser junger Landsmann ist nämlich mit einem recht skurrilen Schiff angekommen. Das ehemalige Rettungsboot aus Aluminium, das auch schon bessere Tage gesehen hat, ist acht Meter lang, 2,80 Meter breit und völlig offen. Das Vorschiff, provisorisch mit einer Plane abgedeckt, bildet die Kajüte, der Mast dieser kiellosen Slup besteht aus einer Bambusstange. Das Fahrzeug sieht mehr nach einer Marihuana-Höhle als nach einer Yacht aus.

Nicht einmal ein Stück Ankerkette ist an Bord. Vergangene Nacht trieb Andreas in einer Sumatra-Bö an uns vorbei. Spontan fragte ich deshalb unseren Gast, weshalb er denn nur mit einer Trosse ankert. Die Antwort trifft uns wie ein Schlag: »Die Kette haben wir Rak mitgegeben. Der ist uns auf See gestorben, an Hepatitis.« Wir sehen uns an und denken uns unseren Teil. Der segelt doch allein. Ist wohl zu lange in den Tropen und will sein Seglerlatein anbringen. Etwas mager sieht er aus, jung ist er und blond. Pickel im Gesicht. Es sprudelt jetzt aus ihm heraus, mit vielen Gedankensprüngen wie bei jemandem, der lange keinen Menschen hatte, mit dem er reden konnte.

»Wir waren zu dritt an Bord, und alle hatten wir die Gelbsucht. Das war zwischen hier und Sumatra. Nachdem es Rak erwischt hatte, konnte auch ich nicht mehr über Bord springen und mein hohes Fieber abkühlen. Ich war schon zu schwach, um ohne Hilfe wieder an Bord zu kommen. Lusch, der andere, döste in seinem Fieber sowieso nur unter der Vorschiff-Persenning.«

Aus den Schilderungen von Andreas Slebioda, dem Skipper des Rettungsbootes, formt sich nach und nach eine phantastische Geschichte. Der Hochspannungsbauer aus Bochum fährt mit dem Auto in Richtung Indien, um dort die faszinierende Welt der östlichen Mystik kennenzulernen. Seine Mittel sind beschränkt. In Karachi ist er das ständige Benzinproblem schließlich leid. Er glaubt, daß ein Boot genau das richtige für ihn ist. Eines zum Segeln natürlich – ». . . da braucht man nicht viel zum Leben.« Gesegelt hat er zwar noch nie, aber »mit ein bißchen Gefühl kann das doch jeder!«

Im Hafen von Karachi tauscht er dann sein Auto gegen die »Al Tawukkal« ein, das mit einem Zweizylinder-Lister-Diesel ausgerüstete Aluminium-Rettungsboot. In Eigenarbeit wird eine bald beschaffte Holzstange als Mast aufgerichtet und mit drei Drahtseilen abgestagt. Eine Persenning, im Vorschiff über ein paar Bretter gespannt, genügt ihm als Kajüte. Nautische Ausrüstung: Seekarten und ein Kompaß. Mit einem Primuskocher, einigen Wasserkanistern und einem alten Kühlschrank, in dem die Karten und einige Bücher trocken gehalten werden sollen, legt Andreas am 17. Dezember 1977 in Karachi ab. Da er keine Navigationskenntnisse hat, ankert er während seiner Reise einfach irgendwo an der Küste. Ohne vor unlösbare Probleme gestellt zu werden, erreicht er mit seiner Schaukel nach ungefähr 1500 Seemeilen Galle auf Ceylon.

Hier lernt er die beiden Asienwanderer Rak und Lusch kennen – Christian Horrak, 25 Jahre alt, Ex-Zeitsoldat der Bundeswehr, und Lutz Richtarsky, ebenfalls 25 Jahre, Fernmeldetechniker; beide stammen aus Landshut. Andreas denkt an die ewige Rudergeherei und ringt sich dazu durch, seine neuen Freunde mitzunehmen. Noch in Galle werden mit der vergrößerten Crew die Ballaststeine über Bord geworfen, denn »mit den beiden Bayern erübrigt sich der Ballast«, meint Andreas. Die »Al Tawukkal« nimmt Kurs auf die Malakka-Straße. Es ist Ende Mai, der Südwest-Monsun verhilft dem Boot zu beachtlichen Etmalen, bis der Mast bricht – für den Skipper offensichtlich keine Schwierigkeit. An dem notdürftig gelaschten Stummel wird ein Notsegel befestigt, die Fahrt geht weiter. Die Malaise empfindet Andreas im Nachhinein als gar nicht so schlimm: »Mit dem kleineren Segel kam bei dem fast achterlichen Wind auch nicht mehr so viel Wasser ins Boot geschwappt.«

An seinen Kameraden hat er wenig Freude. Von der Seekrankheit geschwächt, nehmen sie nur noch widerwillig Essen zu sich und kauern apathisch unter der Persenning im Vorschiff. Der Aufgabe, die sie an Bord übernehmen sollten, dem Rudergehen, waren sie ohnehin nicht gewachsen. Die vorgesehene Wacheinteilung wurde nur eingehalten, solange noch die Küste Ceylons in Sichtweite war.

Nach acht Tagen erreichen sie die Inselgruppe der Nikobaren – eine beachtliche Zeit für die 800 Seemeilen. Es muß schon eine Portion Glück dabei gewesen sein, wenn man bedenkt, daß sie nur einen Kompaß zur Verfügung hatten. Aber die Nikobaren sind für Ausländer verbotenes Gebiet! Die Polizei verhindert mit vorgehaltenen Karabinern den beabsichtigten Landgang der drei Abenteurer. Es dauert lange, ehe man Einsicht zeigt und den Seewanderern endlich hilft. Sie bekommen einen neuen Mast: aus Bambus! Die Skepsis von Skipper Andreas schwindet bald. »Der ist leicht, da kann ich die Segel länger stehen lassen.«

Mit der »Al Tawukkal« voller Bananen geht es weiter in Richtung Penang an der malaysischen Westküste. Rak und Lusch sind körperlich und seelisch nur noch Wracks. Daß sie auf den Nikobaren das Schiff nicht verlassen durften, hat ihnen den Rest gegeben. Inzwischen haben sie auch noch Fieber bekommen und dämmern nur noch im Vorschiff vor sich hin. Andreas fühlt sich ebenfalls schwach und setzt deshalb Kurs auf den nächsten Hafen ab. Das ist Lhok Sumawee auf Sumatra. Aber unbekümmert, wie sie in See gegangen waren, hatte niemand an Visa für Indonesien gedacht. Sie werden dort wie Kriminelle behandelt und nach zwei Tagen ausgewiesen. Man ankert vor dem Hafen, weil es einfach nicht mehr weitergeht.

Die mitgegebenen Medikamente helfen nicht. Ihr Zustand verschlechtert sich zusehends. Aber auch hier dürfen sie nicht bleiben, ein Boot der Hafenbehörde schleppt sie weiter auf See hinaus und überläßt sie dort ihrem Schicksal.

An Bord herrscht jetzt nur noch Lethargie. Zu allem Übel ist der Wind sehr schwach, sie kommen nur in den nächtlichen Sumatra-Böen voran. Die Maschine verliert so viel Öl, daß sie sich nicht trauen zu motoren. Am dritten Tag nach der Ausweisung stirbt Rak, seine Gefährten finden ihn morgens tot auf der Ruderbank. Den ausgemergelten Leichnam schlagen sie in ein Tuch ein, umwickeln ihn mit der Ankerkette und übergeben ihn dem Meer. Krank und gebrochen, mit der schrecklichen Vision des nahen Todes vor Augen, treiben sie noch zwei Tage, ehe Penang in Sicht kommt. Es fehlt ihnen die Kraft, sich über die Rettung zu freuen. Lusch geht ins Krankenhaus, wo er 14 Tage bleibt. Nach seiner Entlassung fliegt er über Bangkok zurück nach Deutschland.

Andreas geht nach der Untersuchung im Krankenhaus in ein Hotel. Bei dem deutschen Konsulat meldet er sich erst nach einigen Tagen. Konsul Hildebrandt protokolliert die Geschichte unter Eid. Mit der Unbekümmertheit seiner 21 Jahre hatte Andreas die grausige Reise offenbar schon verarbeitet, als er uns an Bord davon erzählte. Der Gedanke, sein Unternehmen abzubrechen, kommt ihm gar nicht.

Andreas segelt zwar nicht mit einem Ordner Sicherheitsvorschriften unterm Arm, aber der Bursche hat etwas, das ich an ihm bewundere: Schneid. Astrid ist nicht meiner Meinung. Sie übt Kritik an seinem leichtsinnigen Unternehmungsgeist. Sie rümpft die Nase, wenn ich täglich bei ihm an Bord rumbastle, damit er wenigstens das Notwendigste repariert kriegt. Ich finde: besser sich lange Haare wachsen zu lassen, immer in derselben Hose rumzulaufen und Haferflocken mit Stäbchen zu essen, als dem Stumpfsinn zu verfallen oder gar auf Überfälle und Bomben aus zu sein.

Als Andreas am 12. Juli mit dem Ziel Australien Penang verläßt, meint er: »Eine Weltumseglung wäre nicht das Schlechteste – allein! Das hat Sinn.« Vorschläge, wie die Seetüchtigkeit seiner »Al Tawukkal« zu verbessern sei, überhört er, nur den Tip für die Errichtung einer festen Kajüte interessiert ihn: »Da könnte ich auch mal ein Mädchen einladen.«

Wie wir später erfahren, erreichte er allein Australien. Dort will er für ein Jahr arbeiten, um endgültig sein Boot zu verbessern.

Einige Tage nach dem Abenteuer kommt Madama

Françoise Moitessier mit ihrem Kutter »Croc-Blanc« aus Lhok Sumawee. Sie fragt als erstes nach den drei jungen Deutschen: Der Hafenmeister von Sumawee mache sich Sorgen . . .

Françoise ist die Frau des berühmten französischen Weltumseglers Bernard Moitessier, der Non-Stop um die Erde segelte und den dafür ausgesetzten Geldpreis ignorierte. Ich lernte die Moitessiers 1966 in Alicante an der spanischen Mittelmeerküste kennen, als sie mit ihrer Ketsch »Joshua« den Törn von Tahiti ums Kap Hoorn nach Alicante beendeten. Ich hatte gerade meine erste »Kathena« gekauft und große Pläne im Kopf, und damit ich ihnen einen Schritt näherkommen konnte, brachte Bernard mir damals die Grundbegriffe der astronomischen Navigation bei. Später auf der Reise mit Astrid traf ich die beiden nochmals – in Tahiti.

Françoise machte in Alicante und auch in Tahiti immer einen distanzierten, verhärmten Eindruck, sie wirkte nicht impulsiv und war auch irgendwie abwesend in ihren Bewegungen.

So begrüße ich sie hier in Penang bei ihrer Ankunft mit einem Freund an Bord auch mit einer gewissen Zurückhaltung. Doch wie hat sie sich verändert! Sie ist runder geworden und sieht mit ihren fast 50 Jahren blendend aus. Die große Überraschung für uns: Sie quillt über vor Freundlichkeit. Sie macht den Eindruck eines verliebten Mädchens.

Von Bernard lebt sie seit langem getrennt. »Geschieden bin ich nicht«, sagt sie, und: »Er ist immer unzufrieden, mit nichts zu beglücken. Da ist Philippe ganz das Gegenteil: Der hat mich wieder zum Leben erweckt.«

Bernard und seine »Joshua« befinden sich in Französisch-Polynesien.

Wir feiern mit Françoise und Philippe die »Stürmung der Bastille« und ihre ersten gemeinsamen 10 000 Meilen. Und wie es sich für Franzosen gehört: mit Pernod!

15

Pulau Kentot, Ko Pipi und andere Inseln

>»Damit es Euch noch besser geht, hier die aktu-
ellsten ›Ereignisse‹ aus Mitteleuropa – samt
Preisen. Soeben haben wir Öl für die Heizung
getankt (100 Liter 28 DM). Heute war Asch-
eimertag (6 kleine Eimer – 12 DM monatlich).
Gestern abend für zwei Personen Fleisch ge-
grillt (20 DM). Vorige Woche Bootschuhe gekauft, allerdings die besten (Paar 102 DM).
Augenblicklich trinken wir einen halben Liter
Bier (Flasche 1,10 DM). Einfache Brötchen
(Rundstück) zum Frühstück: 23 Pfennig. Frischer Fisch ist beinahe unerschwinglich, Kokosnüsse sind selbst zu Liebhaberpreisen nicht
zu haben.«
>*Ortwin F. aus Hamburg*

Palmen. Wohin man blickt: Palmen. Wohin man geht:
Palmen. Man fällt über Palmen, man klettert auf Palmen.
Wir liegen unter Palmen. Wir leben von Palmen.
»Kathena faa« ist an einer Palme vertäut. 90 Prozent der
Reise spielt sich in Gegenwart dieses erstaunlichen Bau-
mes ab. Und da der Herrgott die Palmen in der gesamten
Südsee so verschwenderisch ausgestreut hat, beginnt
auch dieses Kapitel mit Palmen und Kokosnüssen.

Schwuppdiwupp fallen die Nüsse in Pulau Kentot von
den hohen Stämmen. Mit der Machete schlagen wir die
grünen Früchte keilförmig auf und gießen die klare,
leicht sprudelnde Milch reihum in unsere durstigen Kehlen. Manche Nüsse enthalten bis zu einem Liter Flüssigkeit. Die geleerten Nüsse schlage ich anschließend mit

einem Hieb der Machete in zwei Hälften, und wir pulen das weiße, weiche Fleisch heraus. Astrid sagt dabei: »Darf man hier eigentlich Nüsse ernten?«

»Ich weiß es nicht«, antworte ich ziemlich gleichgültig. »Ein Dorf kann ich nicht sehen, so scheint das niemandem zu schaden.«

»Aber nur vielleicht. Da drüben – siehst du die Hunde und den Unterstand? Das zeigt doch, daß sich Menschen von Zeit zu Zeit um diese Insel kümmern.«

»Komm, werfen wir die Schalen lieber in die See, da schwimmen sie fort – falls doch noch jemand kommt.«

»Auf jeden Fall sind wir mal vorsichtig.«

Mir fällt ein – und eher aus Jux sage ich es: »Weißt du, daß das Wort ›Amok‹ aus dem Malaysischen kommt? Ich habe es neulich gelesen. Und weiter stand da, wenn die gutmütigen Malaysier sehr gereizt werden, kennen sie keine Gnade.«

Kym wechselt das Nüsse-Thema. »Diese Hunde hier«, sagt er mitleidig, »warum sind die so mager?«

Wir erwidern nichts und blicken die beiden herumstrolchenden Tiere genauer an. »Na, setz dich mal zu uns«, versuche ich eines heranzulocken. Ich erreiche damit aber das Gegenteil: Beide verschwinden vorübergehend im Gebüsch.

»Mein Gott, sind die klapprig«, sagt auch Astrid.

»Da kommen ja noch mehr Hündchen, zwei, drei, vier kleine Hündchen. Och wie süß, darf ich die anfassen, Mami?«

»Das sind ja drollige Dinger und noch ganz jung. Komm, Wilfried, du mußt noch mal auf die Palme: Die Hunde wollen auch was zu fressen haben. Ganz offensichtlich sorgt niemand für sie.«

Es ist der 21. Juli 1978. Wir befinden uns in der sichelförmigen Bucht von Pulau Kentot in der Langkawi-Gruppe, 60 Meilen nördlich von Penang. An den Kaps dieser Insel kräuseln sich die Wellen von den einfallenden Böen. Über die Gipfel der umliegenden, unzähligen, zerklüfteten und steil aufragenden Inseln treiben leichte Wolken wie Rauchfahnen. Langkawi ist ein Archipel für Mystiker. In ehrfürchtigem Schweigen segeln wir mit dem frühen Licht des Tages an den mächtigen, theatralischen Felskulissen vorbei. Hier und da öffnen sich Schluchten, mit Dschungelvegetation bewachsen und kleinen Sandstränden davor. Besonders eindrucksvoll sind die hohen, erodierten Steilhänge, von denen Wasserfälle herabstürzen. Nie wieder sahen wir auf so engem Raum eine derart faszinierende, stille Schönheit.

Innerhalb dieser Inseln kommen wir uns ein bißchen verloren vor. Unsere große kleine Welt schrumpft. Ich habe das Gefühl, »Kathena faa« wird täglich kleiner. Außerdem ist Kym größer geworden. Er beansprucht mehr Platz. Zu den Muscheln, die er sammelt, kommen nun auch noch Steine, Korallen, Treibholz, Käfer und Blätter. Astrid verzweifelt angesichts der überfüllten Schaps: »Wohin mit all deinem Kram, Kym? Wohin damit? Du siehst, ich habe keinen Platz dafür.«

»Aber du sagst doch, zu Hause gibt es diese Muscheln und Steine nicht. Ich will sie mitnehmen für mein Zimmer«, kämpft er.

»Eigensinniger Bursche«, sagt Astrid und gibt nach. Irgendwo macht sie noch eine Ecke zum Verstauen frei . . .

Hier, vor Pulau Kentot, fasse ich zum erstenmal den Gedanken, auch über diese Reise ein Buch zu schreiben. Für Kym ist es gedacht, damit er später eine runde Sache mit geordneten Bildern in der Hand hat und so die Reise nachvollziehen kann. Eine Kladde ist schnell gefunden: Auf den Deckel male ich eine Felsküste, wie ich sie hier von meinem Kartentisch aus sehe, daneben eine Wolkenformation und die Bucht mit der Palme, an der »Kathena faa« mit einer Leine belegt ist. In der Mitte schreibe ich den Titel: »Kokosnuß & Corned beef«. Ich bin ganz begeistert von meinem Arbeitstitel, der vom Herkömmlichen abweicht und den – so meine ich voll Überzeugung – sicherlich jeder Verleger brauchbar findet. Beides – Kokosnuß und Corned beef – sind die ständigen Begleiter dieser Reise. Ich muß allerdings gestehen, daß ich bei meinem wochenlangen Aufenthalt in dieser Bucht nie über die erste Seite, ein paar Stichworte und Kapitelüberschriften hinauskomme. Die Atmosphäre rundum nimmt mich vollends gefangen. Ich bin den Bergen, den vorbeisegelnden Kanus, der Landschaft mit ihren tropischen Pflanzen erlegen. Und abends: Hm, bei Petroleumlicht arbeitet es sich auch nicht gut mit Papier. Dann haben wir in dem Cockpit liegend – den Sternenhimmel ganz für uns allein.

Die Hunde in dieser Bucht werden schnell unsere Freunde. Kym füttert sie jeden Morgen mit gekochtem Reis. Für den Nachtisch hole ich Nüsse von den Palmen. Der Alte, der Vater, den wir Kentot nennen, wirft uns treue Blicke zu und weicht nicht mehr von unserer Seite, wenn wir die Insel umwandern. Die kleinen schwarzen und schwarz-weiß-gescheckten tauft Kym mit viel Geduld: Piffin, Alexa, Schnappdendieb, Langkawi.

Es ist nicht so, daß die Namen endgültig sind, es kommen auch kleine Umbenennungen vor. Da wird z. B. aus der Alexa eine Senta und so weiter.

Kym will ganz allein für die Hündchen verantwortlich sein. Er geht auch für sie angeln. Er verscheucht einen Bussard, der die Kleinen auf dem trockengefallenen Riff attackiert. Aber sechs Hunde fressen eine ganze Menge. Als einer der Fischer, die hier gelegentlich ankern, sich für einen Welpen interessiert, überlegt Kym lange, bevor er sich entschließt, Piffin dem Kapitän Tong Su-Hung anzuvertrauen. Wir reden Kym zu: »Piffin wird es an Bord besser haben, jeden Tag kann er Fisch und Reis fressen, soviel er will.« Dennoch bekümmert ihn der Verlust des Spielgefährten am nächsten Tag, und abends sagt er mit traurigem Gesicht: »Der Kapitän war ein Chinese, die essen doch Hunde.«

Unsere vierbeinigen kleinen und großen Freunde auf dieser unbewohnten Insel fressen zu viel. Als Reis und Nudeln zur Neige gehen und die Kekse ebenfalls verfüttert sind, segeln wir zwischendurch zur zwölf Meilen entfernten Ortschaft, um neue Vorräte zu bunkern. Als erstes denken wir jedoch an unsere Mägen und setzen uns in eine der offenen Eßstuben. Wir geben unsere übliche Bestellung auf: »Tiga orang makan nasi« – drei Menschen essen Reis. Es gibt dazu kleine Teller mit Ayam (Huhn), Udang (gebackene Krevetten), Kambing (Hammel). Das schmeckt wie immer vorzüglich, und den Hinweis von Bekannten, bevor wir Malaysia ansteuerten – »Ihr werdet euch wundern, wie ausgezeichnet die malaysische Küche ist« – finden wir bestätigt. Und als Getränk bestellen wir Ayer Limau – frisch ausgepreßte Zitronen mit Zucker und Eiswürfel.

Als wir wieder zurück sind in Pulau Kentot, begrüßen uns die Hunde mit Freudengebell. Die Welpen kommen uns sogar entgegengeschwommen. Sie stürzen sich auf das mitgebrachte Fressen: Dosenmilch mit Crackern. Als Zugabe hole ich frische Nüsse für alle – uns inbegriffen. Mit den Tieren fühlen wir uns wie im Paradies. Das geht wochenlang so weiter. Ab und zu unterbricht unsere Stille nur das eine oder andere Fischerboot, das hier kurz ankert, um Netze zu flicken und Nüsse zu holen. Nachdem wir hier einen Monat gelegen haben, kommt jedoch ein Kanu mit Außenborder. Es sind offensichtlich die Besitzer der Insel. Sie spähen an Land herum, kurven anschließend einmal um die »Kathena faa« und blicken dabei böse drein. Anderntags kommen sie wieder, ohne uns zu begrüßen, begucken sich ihre Palmen erneut und nageln ein Brett an einen Baum: Was soll das? Als die Männer weg sind, schleichen wir an Land und Lesen: »Kelapa di-sini«. Kelapa heißt Kokosnuß. Was Di-sini heißt, wissen wir nicht, aber das daneben gemalte Gewehr läßt es uns vermuten.

Die Fischer und wir haben enorm unter den Nüssen gewütet. Schuldig fühlen wir uns nicht, die hungrigen Hunde haben den größten Teil vertilgt. Trotzdem machen wir »Kathena faa« gleich seeklar.

Bei der Abfahrt segelt ein Bussard ganz knapp über Alexa hinweg. Erst Astrids Geschrei und Winken mit dem Handtuch verjagen den Greifvogel. Wir würden von den jungen Hunden gern den kleinen schwarz-weiß-gescheckten Schnappdendieb mitnehmen, aber die Schwierigkeiten mit den jeweiligen Behörden in Häfen (Quarantäne, Impfungen) halten uns davon ab. Kym ist deshalb sehr geknickt.

Vom malaysischen Langkwai aus müssen wir die naheliegende Grenze nach Thailand »überschreiten«. Dafür haben wir uns mit Bedacht stürmisches Wetter ausgesucht. Die Thais und die malaysischen Fischer liefern sich erbitterte Schießereien. Allein in diesem Jahr war in den Zeitungen von sechs thailändischen Überfällen die Rede. Wir denken uns: Bei rauhem Wetter ist das Risiko einer unangenehmen Begegnung für uns geringer. Wir werden nicht so gut ausgemacht. Außerdem sind es nur gut hundert Meilen.

Steifer Wind kommt aus West bis Nordwest. Also Kurs hart am Wind. Mit einem in die See hämmernden Bug liegt »Kathena faa« gut an der Kreuz. Der in Port Klang frisch gestrichene Boden bewährt sich dabei.

Nach nur einer Nacht ist alles überstanden. Kein Fischer kommt uns zu nahe. Unter der thailändischen Küste begrüßen uns markante, hochaufragende Felseninseln. Schwarz drängen sie herauf, wie lauter Kathedralen aus Pfeilern, Türmen und Spitzen. Ein Anblick, den wir nicht vergessen werden. Ich würde zu gerne in eine dieser Buchten stoßen, aber wem Leib und Leben lieb sind, der sollte hier einen Bogen machen, wurde uns gesagt.

Logbuch vom 27. August 78:

»Als wir querab der Insel Ko Pipi stehen, lamentiert Astrid: Sie will aus Angst nicht einlaufen. Kym und ich wollen unbedingt in die herrliche Bucht. Hunger und klares Wasser reizen. Astrid hat übertriebene Bedenken, und so nehmen wir sie in die Mangel: ›Schau, da brauchen wir nicht in der Nacht nach Phuket segeln.‹ Und Phuket ist eine Stadt. Schließlich ›fügt‹ sich Astrid. Die U-förmige Bucht hält, was sie von See aus verspricht. Wirklich berauschend der Liegeplatz, und alle Menschen im Dorf sind freundlich.«

Als Liegezeit geplant ist nur eine Nacht, da es aber stürmt und regnet und das Barometer immer mehr fällt, können wir uns nicht in Richtung Phuket aufraffen. Kym spontan: »Prima, meinetwegen können wir noch hundert Tage hierbleiben«, und er geht mit seiner Fischerleine auf den Steg vor dem Dorf. Mit lebenden Sardinen, die er sich zuerst als Köder mit einem winzigen Dreizackhaken fängt, holt er armlange Barakudas raus. Seine Beute brauchen wir: Unser Proviant geht zur Neige.

Wir bleiben über diesen Tag hinaus. Wir tauchen. Wir spielen Fußball mit den Kindern. An Bord malen wir Kajütwände, Kochecke und Backskisten aus. Wir kleben, wie üblich, zu lange an einem Platz. Um endlich wegen Post und Proviant nach Ko Phuket zu verholen, muß Astrid uns drohen: »Wir haben nur noch ein Pfund Reis, und die Hälfte geht heute mittag in den Kochtopf.«

»Der da auf dem Kanu, den hab’ ich hier noch nie gesehen. Vorsicht! Wenn der noch einmal kommt, führt er was im Schilde . . .«, sagt Monsieur Berthe zu uns. Er wohnt an der Bucht bei Phuket, wo wir ankern. Und er warnt uns: »Laßt euren Jungen niemals aus den Augen, nie allein am Strand laufen und spielen. Hier gibt es Kidnapper.« Astrids Vorsicht nach dieser Warnung ist lästig. Kym darf nicht allein an Land, er darf nicht zu den anderen Jungen, um zu spielen. Ist das ein Kind im

Paradies? – Wir streiten, und schließlich ignorieren wir Berthes Warnung. Und es geht gut . . .

Monsieur Berthe ist Indochine-Franzose und treibt regen Handel mit Muscheln. Er hat dafür ein eigenes Tauchboot in der Bucht verankert. Gegenwärtig baut er eine hohe Mauer um sein Haus, obendrauf werden Glassplitter einzementiert. An den Fenstern hat er Metallgitter. Das Ganze sieht aus wie eine Festung. Nachts nimmt er ein Gewehr mit ans Bett. Neonröhren brennen ums Haus. Drei Hunde bewachen sein Heim. »Abends geht keiner auf meiner Straßenseite am Haus vorbei«, verkündet er stolz. Der Mann ist offensichtlich gefürchtet. Vor seinem Haus zum Strand hin spielen auch nie Kinder. Sein kleiner Junge darf nicht allein vom Grundstück. Monsieur Berthe: »An der Malay-Thai-Grenze wurden vor Jahren vier meiner Muschelsucher mitsamt Boot versenkt, daraufhin revanchierte ich mich – an die zwanzig Piraten-Fischer schoß ich nieder. Seitdem ist Ruhe.«

Auch eine Karriere: Glassplitter, drei scharfe Hunde, in jedem Raum eine Feuerwaffe, den Tresor ans Bett gekettet und das Haus angeleuchtet.

Am Nachmittag schießt ein Thai in dieser Bucht des öfteren auf eine Pricke im Wasser. Monsieur Berthe klärt uns auf, warum. »Der schießt sich ein für die Nacht, um seine Ananasplantage besser zu bewachen.« Die Knallerei stört uns bald nicht mehr. Auch Kym hat sich daran gewöhnt.

In Ko Phuket verproviantierten wir uns neu. Vorbei ist es mit den malaysischen Produktbezeichnungen – Tiger-Bier, Tiger-Kaffee, Tiger-Nudeln, Tiger-Zündhölzer – die ich belustigend fand. Hier gibt es nur Büchsenaufkleber wie XML, Poxy oder Dixy. Dafür aber die besten frischen Ananas der Welt. Mein Gott, schmecken die lecker! Und zehn Stück, die bei uns für drei Tage reichen, kosten soviel wie eine Schachtel Zigaretten.

Weil uns Ko Pipi so einzigartig gefallen hat, segeln wir dorthin zurück. »Kathena faa« schwoit für lange Zeit am Ankerplatz unter den Felskulissen. Ip, ein 16jähriger Junge aus dem Dorf, begrüßt uns jeden Tag an Land: »Where you go?« Eine Antwort erwartet er auf seine Standardfrage nicht, denn um sein Englisch ist es schlecht bestellt. Auf Fragen gibt's bei ihm nur eine Antwort: »Yes.«

Die Bewohner wundern sich über uns. Daß hier ein Segelboot wochenlang vor Anker liegt und die Crew nur an Muscheln und Fischen Interesse zeigt, haben sie offenbar noch nie erlebt. Sie haben, vermute ich, gar keine Vorstellung davon, warum wir freiwillig und zum Spaß auf See gehen. Dazu noch mit einem Kind. Sie halten uns für verrückt. Unser Leben stellt für sie eine sinnlose Existenz dar. Womöglich reizt dieses Unverständnis auch zu Überfällen auf Yachten im Fernen Osten; eine Yacht paßt eben nicht in das Ordnungsbild dieser Menschen.

Wir feiern hier Kyms sechsten Geburtstag. Von mir hat er die gewünschten »lebenden« Kakerlaken in einem leeren Marmeladenglas bekommen. Es war schwierig, welche aufzutreiben, da wir nur ganz wenige an Bord haben – im Gegensatz zu früheren Reisen, wo sie uns nachts von der Decke ins Gesicht fielen. Kym spielt mit ihnen: Wettrennen über den Tisch. Krümel auffressen. Krümel von dem Kuchen, den die Dorfbewohner spendiert haben.

Am 4. November hieve ich den Anker an Deck für einen längeren Seetörn: Ceylon, die nächste Insel, die heute Sri Lanka heißt, liegt 1200 Meilen über den Indischen Ozean. Bangend sehen wir die Küste Thailands achteraus verschwinden. Wir segeln in der Übergangsperiode zweier Windsysteme los, das bedeutet, daß wir auf dem gesamten Weg nach Ceylon – 6° nördlicher Breite – mit Kalmen zu rechnen haben. Würden wir diesem

Gebiet nach Norden ausweichen, drohen uns die Zyklone im Golf von Bengalen; im Süden dagegen weht noch der Südwest-Monsum, das würde bedeuten: ständiger Gegenwind um Stärke fünf.

Sechs Wochen später hätte der Nordost-Monsum sich eingespielt und die Überfahrt wäre gewiß einfacher, doch das Risiko dieser zeitigen Abreise gehen wir ein, da wir für die Atolle der Malediven einen längeren Aufenthalt einplanen.

Im Logbuch steht über den zweiten Tag:

»Wie vorausgesehen, lang anhaltende Windstillen, Hitze. Horizont wie in Nebel gehüllt. Kym ist zu bemitleiden, seit Wochen hat er offene Entzündungen an den Beinen, auch der täglich eingenommene Löffel Marmite (Hefekonzentrat) hilft nicht. Die Hauptursache ist die ständige Berührung mit Seewasser.

Als ich die Andeutung mache, daß ich mit zwanzig Tagen nach Ceylon rechne, verzieht Astrid ihr Gesicht wie ein Sträfling, der auf die Teufelsinsel verbannt werden soll.«

Die Flauten beherrschen uns auch in den folgenden Tagen. Das Meer liegt dabei ohne jede Spur einer Bewegung. Ein enger Dunstkreis umhüllt uns. Der Horizont ist nicht zu sehen. Die Hitze ist unerträglich, und zwei Stunden vor und nach der Kulmination können wir uns nur unter Deck Schatten suchen, um nicht in dem Cockpit einem Sonnenstich zu erliegen.

Einzelne Windstöße, die heimlich von der Kimm her näher schleichen, sehen aus, als gieße jemand Öl auf die spiegelglatte Fläche. Man kann jedoch nie vorhersagen, wie lange so ein Windhauch anhält, und da jeder Luftzug ausgenutzt werden muß, bedeutet das immer, die Genua zu setzen, um das bißchen Wind einzufangen. In diesem Dreieck Phuket, Nicobaren, Nordkap von Sumatra – erleben wir kenternde Tidenströmungen von unvorstellbarem Ausmaß. Beim ersten Mal schießen Astrid und ich wie zwei aufgeschreckte Hühner an Deck. Trotz vorher glatter See schwappt Wasser aufs Deck! Tosende Brandungsgeräusche umgeben uns. Was soll das? Hier ist doch offene See ohne Untiefen. Noch eine halbe Stunde lang segeln wir durch die aufeinanderprallende Tide.

In diesen windstillen Tagen schauen Kym und ich den Fischen zu, die sich ständig am Boot aufhalten. Vier kleine fingerlange Fischchen bleiben für Tage am Ruderblatt oder der Selbststeueranlage. Ab und zu schießen sie vor zum Rumpf der »Kathena faa«, um ein Planktontierchen zu verschlingen. Unterm Kiel hält sich ein Schwarm armlanger blauer Fische mit hellgelbem Schwanz auf, die wie auf Kommando geschlossen ausscheren, wenn ich im hohen Bogen in die See jumpe. Kym will natürlich auch auf See schwimmen. Gemeinsam tauchen wir und sehen, wie der Kiel des Schiffes wie ein Schwert in das Blau des Meeres dringt. Astrid sitzt derweil auf dem Kajütdach und hält Ausschau nach Haien und anderen Raubfischen.

Es herrscht Flaute auch am 6. Tag: Stille. Morgenrot – Abendrot, der ganze Tag ist tot.

Der 7. Tag beginnt ebenfalls mit Stille. Eingekeilt zwischen zwei Windsystemen, harren wir auch heute der Dinge, die dem Logbuch positiv zugeschlagen werden können: Meilen!

Astrids Sorge – je länger auf See, desto eher besteht die Möglichkeit, in Unwetter zu kommen – ist berechtigt. Die Zyklon-Zeit ist noch nicht vorüber, und mit dem Taifun-Erlebnis reicht es ihr noch heute. Sie bekommt Beklemmungen in den Todes-Flauten. Wir haben zu allem Übel nichts Ordentliches zu lesen, die Radiosendungen sind geisttötend. Die Stimmung an Bord ist gereizt.

Nein, unsere Reise ist nicht, wie ich erhofft hatte, eine einzige Spazierfahrt durchs Paradies. Öfter als sonst schreibe ich in mein Logbuch, das eigentlich schon mein Tagebuch ist:

»Wie überbrücken andere Segler diese großen Strapazen – physisch wie psychisch? Fest steht: Astrid leidet erbärmlich. Seekrankheit plus Mangel an Selbstvertrauen (Kollision, Gegenwind, Zyklon und die heutige Flaute) führen zu einer inneren Unruhe, wie ich sie noch nie bei ihr erlebt habe. Was ist aus dem sorglosen und sich ohne Bedenken in ihre erste Weltumseglung stürzenden Mädchen geworden? So aktiv, so aufopfernd sie im Hafen ist und alles macht, so ohne Initiative, ohne Humor ist sie auf See. Ich bin sicher – aber auch beschämt –, daß ich ihr mit dieser Fahrt endgültig das Segelleben verleidet habe. In Singapur wollten wir ja die Reise abbrechen, aber die Anzeige – FOR SALE – brachte keinen Käufer für die »Kathena faa«. Mein Vorschlag, das Boot allein zurückzusegeln und sie und Kym nach Hause fliegen zu lassen, wurde brüsk zurückgewiesen. Astrid würde sich nie die Blöße geben, aufzuhören, die Reise vorzeitig allein abzubrechen. Vielleicht quält sie sich auch deshalb, weil sie die Verbindung zwischen uns nicht abreißen lassen möchte. Ich weiß es nicht. Auf See kann so etwas nicht diskutiert werden und an Land auch nicht. Keine Lust. Gespräche darüber sind nicht möglich. Mit Kochen, Navigieren, Ordnungmachen, Segeln und Kym beschäftigt, fühle ich mich ausgelastet. Astrid brütet vor sich hin. Wie sie einen schwarzen Vogel, der sich an Bord niederlassen will, wegscheucht, ist schon irritierend.«

In ganz kleiner Schrift füge ich zum heutigen Tag noch hinzu: »Ich vermute, in einem Haus renkt sich alles ein – und so wird es ein zerbrochenes Wir nicht geben.«

Am 10. Tag weist das Logbuch endlich mal was Positives auf: »Kym hat sich gefangen. Er baut sich Bauernhöfe und Landschaften aus Lego und malt Bilder, in denen natürlich ›Kathena faa‹ und die Palme das Hauptmotiv sind. Er ist gar nicht mehr mürrisch und ungeduldig wie in den ersten Tagen. Neueste Feststellung: Er kann es nicht vertragen, bei unseren Bordspielen – Memory und

Kartenspielen – zu verlieren. Heute malt und schnippelt er Schneemänner. Und das bei 35 Grad unter Deck!«

11. Tag: . . . Wind! Das wird ein Etmal von 126 Meilen. Wir haben es bitter nötig – es rüstet uns auf und macht munter.

12. Tag: . . . Mißmutig mache ich mich ans Logbuch. – Wind von vorn. Der Strom, gestern noch unser großer Freund, hat uns gleichfalls verlassen.

13. Tag: . . . Weil wir wieder einmal eine Zeitgrenze überqueren, stellen wir die Borduhr eine Stunde zurück. Was ändert das? Die Sportsendung der Deutschen Welle mit den Bundesliga-Ergebnissen und Kommentaren beginnt jetzt um 23.05 h. – Fantastisch fotogener Sonnenuntergang!

14. Tag: . . . Fische beißen nicht an. Entweder wir segeln zu schnell oder zu langsam. Kyms Abendgebet hilft nicht: »Lieber Gott, gib uns morgen einen hübschen Wind, damit die Fische beißen.« Das Leuchtfeuer von Little Basses an der Südosthuk von Ceylon ist 50 Meilen zu sehen. Das paßt nicht in meine Navigation und macht mich sichtlich nervös, doch meine Berechnung stellt sich als richtig heraus. Irgendwelche Wolkenspiegelungen müssen den Schein so weit reflektiert haben.

15. Tag: . . . Motoren in Sicht der Küste, um nicht vom Strom abgetrieben zu werden. Das Motorengeräusch gefällt mir ganz und gar nicht. Kym sieht die Dinge klar, wenn er sagt: »Mami will immer gleich motoren und Papi nie die Segel reffen.«

Das Reffen war gestern wieder eine Frage. »Typisch Wilfried« (Astrid). Mindestens ein Dutzend Mal machte ich mich auf den Weg zum Mast, um die Fock I gegen die Fock II auszuwechseln. Doch an der Winsch ändere ich mehrmals meine Meinung. Die schöne Fahrt . . . ich will sie nicht mindern . . . Astrids Stimme aus der Kajüte: »Nun wechsel doch endlich . . . die Fock ist brüchig.«

Ihre unerträgliche Lethargie und Schwermut wirft

Astrid zwanzig Meilen vor Galle über Bord. Da fängt sie plötzlich – wie vor jedem Hafen – an Bord zu wirbeln an. In zwei Stunden ist alles blitzblank und ordentlich. Kym und ich verdrücken uns währenddessen zum Vorschiff, um den Lotsenfischen vorm Bug zuzuschauen. Als wir wieder in die Kajüte »dürfen«, gibt es auch kein Haar auf dem Teppich oder einen Krümel unterm Kocher. Makellos laufen wir in den Hafen von Galle ein.

Wir machen lange Gesichter bei der Ankunft: Der Hafen stinkt. Kym sagt kurz und kräftig: »Scheiße!« Astrids Rüffel berührt ihn nicht – diesen Ausdruck hat er ja von uns gelernt. Als erster Mensch begrüßt uns ein alter Fischer, der mit seinem Kanu vorbeikommt: »Have empty bottle?« In Ceylon sind also noch leere Flaschen gefragt. Die Bevölkerung lebt ziemlich armselig. Die Abfallkartons der Schiffe werden eifrig nach Plastikbehältern, alten Latschen und leeren Flaschen durchsucht. Astrid bringt sogar ihre -zig Plastiktüten aus Singapurs Kaufhäusern an den Mann. Auf dem Markt tauscht sie eine Tüte gegen drei Avocados.

Drei Tage später zieht ein schwerer Zyklon über Sri Lanka. Er hinterläßt 15000 zerstörte Häuser, 100000 Obdachlose, 500 Tote. An der Ostküste des Inselstaates wurden zwei Tanker zerschlagen. Nach dem in der Zeitung abgebildeten Satellitenfoto zog der Wirbelsturm genau über unseren vor einigen Tagen gesegelten Kurs . . . Astrid fühlt sich in diesem Unwetter wohl. Sie ist überglücklich, das Rennen mit dem Zyklon um drei Tage gewonnen zu haben. An Tagen wie diesen lebt sie innerlich wie im Paradies (aber ist der Preis nicht zu hoch?). Mit zwei Bugankern kann uns im geschützten Hafen Galle nichts passieren. Es regnet mächtig. Astrid sitzt gelassen im Ölzeug am Heck, wäscht Wäsche und füllt die Tanks mit dem Regenwasser auf und hört später genüßlich Mozart.

16

Die Malediven

»Letzte Nacht habe ich geträumt, daß ich mit Dir, Astrid, gesprochen habe. Du hast gesagt, daß Kym schon im April in die Schule muß, und wir alle haben uns den Kopf zerbrochen, wie das zu schaffen wäre. Am Ende meines Traumes habt Ihr umgedreht und seid nach Neuguinea zurückgesegelt.«
Astrids Mutter in einem Brief

Mitternacht. Eine milde, weiche Tropennacht. Von der Insel weht der süßlich-angenehme Duft von Kopra zur »Kathena faa«. Am Heck baumelt eine Ankerlaterne. Ich liege an Deck und betrachte die Vielzahl der Sterne: Orion, Aldebaran, Sirius. Ich kann nicht schlafen, obwohl ich müde bin. Die Anstrengung des heutigen Tages klingt nach und hält mich wach.

Begonnen hat es in der Früh mit der Anspannung, in jeder Wolke die Atolle der Malediven zu entdecken. Bis wir endlich die erste Palmenkrone aus dem Meer ragen sehen, sind wir bereits reichlich erschöpft. Kurze Zeit später kommt fast ein Dutzend Eilande in Sicht. Alle sehen gleich aus, ähneln sich wie ein Ei dem anderen: Runde und ovale Inselchen mit weißen Sandstränden, grauen Riffen und dunkelgrünen Palmenwipfeln. Trauminseln. Doch bevor sie es wirklich sind und sie für uns nicht zum Alptraum werden, müssen wir mit Kompaßpeilung, Seekarte, Zirkel und Dreieck herausfinden, wohin die Insel vor dem Bug in die Seekarte gehört.

Danach genießen wir das Landevergnügen auf Landu im Miladummalu-Atoll. Es gibt ein richtiges Atoll-Willkommen mit Papaya, Mangos und Muschelketten. Die Bewohner stehen vor ihren weißgetünchten Häusern, die aus Korallengestein zusammengefügt sind. Ordnung und Sauberkeit herrschen in ihrem Dorf, das fällt uns besonders nach drei Wochen Ceylon auf. Selbst Blätter und Blüten sind auf den Wegen zusammengekehrt.

Die Bilderbuchankunft wird rasch von einer dunklen Wolkenwand mit Winddrehung zunichte gemacht. Aus dem schönen sicheren Liegeplatz in Lee der Insel wird innerhalb von Minuten ein gefährlicher. Der auflandige Wind bringt »Kathena faa« in Legerwall. Unter dem Kiel haben wir durch die Drehung nur noch einen Fuß Wasser und darunter scharfe Korallenblöcke. Eine schoppige See läßt den Bug auf und ab tanzen, so stark, daß wir das Gefühl haben, gleich reißt die zerrende Ankerkette den Bugbeschlag aus dem Deck. Schnell müssen wir hier weg. Ganz schnell! Gemeinsam machen wir uns an die Arbeit. Verdammt, da hängt das Ankertau auch noch an den Korallen fest! Kym hilft. Gekonnt manövriert er mit Motor und Pinne in dem Cockpit, während Astrid und ich Hand über Hand ganze 70 Meter Kette und Tau einholen. Eine Arbeit, die auch Eisenbiegern auf dem Bau Mühe machen würde. Astrid hat, wie üblich, zu feste mitgewuchtet. Ihre Wirbelsäule in Nackenhöhe schmerzt hinterher so schlimm, daß sie sofort in die Koje muß.

Vor Wataru, eine Segelstunde entfernt, haben wir Schutz gefunden. Und jetzt liege ich an Deck: Zwei von zweitausend Malediveninseln können wir bereits nach dem ersten Tag abhaken. Auch hier haben wir 38 Meter Wassertiefe und deshalb 80 Meter Kette und Tau gesteckt, die morgen früh einzuholen sind.

Auf dem Weg nach Süden zum Male-Atoll entpuppen sich die Malediven als eine einzige Verzauberung. Wir segeln von Insel zu Insel. Abends, im rötlichen Schein der untergehenden Sonne, wissen wir nicht, was schöner war: Segeln mit sieben und acht Knoten in schäumender See, wobei der Bug zeitweilig wegtaucht und wir währenddessen auf dem Kajütboden sitzen und uns kalten Reis und Corned beef spendieren; oder mit Taucherbrille und Schnorchel nach Muscheln zu suchen und Fische zu speeren. Auch uns Pazifik-Reisenden verschlägt's bei soviel Schönheit die Sprache. Keine leere Flasche, keine alte Gummisandale, kein Teerklumpen an den Stränden! Nur wenige dieser paradiesischen Inseln sind bewohnt. Vor Male, dem Hauptort der Malediven, sind es 45 Meter Wassertiefe. Starke Stromverwirbelungen reißen den Anker aus dem Grund. Wir holen das Ankergeschirr – um die 80 Meter lang – wieder an Deck und werfen neu. Auch beim zweitenmal findet der Anker keinen richtigen Halt, und wir driften. Nochmals holen Astrid und ich die ganze Schose an Deck. Erst beim drittenmal faßt der Anker. Oje! Erregt und total fertig fallen wir in das Cockpit. Ein vollbesetztes Touristenausflugsboot passiert uns am Heck. Die Kameras der Passagiere machen klick, klick. Die Inselbesucher denken bestimmt: Mein Gott, mit einer eigenen Yacht hier herumzugondeln, das muß schön sein!

Ein einheimischer Fischer kommt mit seinem Doni (Bootstyp in den Malediven) zur »Kathena faa« und wirft uns einen frischen Thunfisch an Deck. Im Nu ist unsere Ankerqual aus den Gesichtern gewischt. Diese freundschaftliche Geste macht uns wieder munter.

Endlich kommt das Boot mit den Beamten zur Einklarierung, derentwegen wir überhaupt hier ankern. Sie sind freundlich und geben uns ein unbefristetes Visum. Sie fragen gar, wie die Überfahrt von Ceylon war. Astrid über diese vier Tage: »Da war der Lehrjunge am Schalter des Wettergottes.« Was bedeutet, das Wetter war sehr unbeständig. Die Beamten geben uns noch den Rat, den sicheren Ankerplatz im fünf Meilen entfernten Furana aufzusuchen.

In Furana floriert die Bräuneindustrie. Die strenggläubigen Mohammedaner der Malediven waren beim Aufbau des Tourismus besonders clever. Sie schafften für ihre Touristen eine Art paradiesischer Gettos. Furana zum Beispiel, ein Korallenatoll, das man in einer halben Stunde auf samtweichem Sand umwandern kann, wobei man nur auf Bungalows mit kleiner, gedeckter Terrasse stößt und nicht eine einzige Eingeborenenhütte findet. In Furana sind alle Betten belegt. Wir werden gleich von zwei Deutschen, Ilse und Hans, zum Dinner eingeladen. Die Atmosphäre erinnert etwas an Wildwest. Keine hübsch hergerichteten Tische, die Gäste im Achselhemd oder Abendkleid. Zu essen gibt's für mich nicht viel: Hauptgericht – Fisch! Die zahlreichen Taucher stellen die geringsten Ansprüche. Sie gucken eine Stunde unter Wasser, möglichst in 40 bis 50 Meter Tiefe – und dann ist für sie der Tag gelaufen. Sie sind müde. Fischespeeren und -angeln ist verboten, vom Korallen- und Schneckensammeln wird abgeraten, was im Grunde ein Witz ist, denn von den Maledivern werden ganze Riffe abgebrochen, zerstört, um Schutzwälle zu bauen, damit die See den Sand nicht wegspült oder sich eventuell noch mehr Sand ansammelt und die Insel sich vergrößert.

Die Malediven werden weiterhin im Programm der Reiseveranstalter bleiben. Weitere Inseln werden in »Resorts« – in Bungalowdörfer – umgewandelt. Wir sind nicht neidisch – andere wollen auch mal im Sand spielen und frische Kokosnußmilch trinken. Außerdem gibt es wirklich genügend Inseln in den Malediven, damit jeder seinem Interesse nachgehen kann.

Wir segeln weiter. Unsere Insel, auf der wir Weihnachten verbringen wollen, ist so winzig, daß Kym sich sorgt: »Hoffentlich findet der Weihnachtsmann mich hier auch!« Der Weihnachtsmann bringt Kym ein selbstgebasteltes »Mensch-ärgere-dich-nicht«-Spiel. Es war gar nicht einfach für mich, auf unserem kleinen Boot die

Figuren zu schnitzen und anzumalen, ohne daß er es bemerkt. Sein Weihnachtsfest wird mit einem Weihnachtsmann aus Schokolade, der aus Hamburg per Luftpost kam, abgerundet.

Im Ari-Atoll, ein Tagestörn westlich von Male gelegen, ankern wir vor einer Sandbank mit wenig Gebüsch drauf. Es ist Mittagszeit, und wir haben Hunger. Ich springe mit meiner Harpune über Bord und schwimme mit kräftigen Zügen zum Riff, doch was erwartet mich dort? Das Riff ist tot. Ich finde keine lebende Koralle, alles ist grau und zerbrochen. Doch, was Wunder, es gibt eine Menge Fische. Ich speere im Handumdrehen vier Stück.

Als Astrid und Kym die Fische im Bauch haben, sagt Kym, auf der Bank liegend, so nebenbei, daß sein Arm weh tut und ganz steif ist. Astrid rast aus der Kajüte zu ihm. Sie wird kreidebleich und fühlt sofort seinen Puls. Sie denkt an eine Fischvergiftung. Doch Kym hat sich einen Scherz erlaubt – sein Arm war nur eingeschlafen. Astrid beschäftigt die Sache weiter. Der Gedanke, es könnte ein vergifteter Fisch darunter gewesen sein, hält sich. Erst meine erklärende Vermutung, daß es am lebenden Riff eher giftige Fische gibt als am toten, läßt sie entspannen.

Wenn wir durch die Lagune segeln und ich vom Mast nach verborgenen Riffen Ausschau halte, fühle ich mich wie in einem Flugzeug, das im Tiefflug über die Atolle rauscht. Das ist praktische Geographie. Ein Traum von Farbe. Inseln, Riffe, See, Brandung – Inseln, die vergehen, Inseln, die neu entstehen.

Wunderschön aber sind jene flachen Bänke, die noch keine Inseln sind und vielleicht noch lange brauchen werden, ehe die Karthographen sie verzeichnen. Es sind kleine Atolle mit Lagunen, die sich eben aus dem Meer zu heben beginnen und sich anstrengen, zu den zweitausend Malediveninseln noch ein paar hinzuzufügen.

Wenn ich sie so aus dem Mast betrachte, glaube ich den Werdegang dieser künftigen Inseln erkennen zu können: Zuerst ist da nur das fast gleichmäßige Rund des Korallenriffs. Es hat stellenweise schon Sand. Das Innere aber ist noch hellgrünes Meer. Flugsand und zermahlene Korallen werden nach und nach das Innere der »Insel« auffüllen, das Meer verdrängen. Wind und Vögel bringen die ersten Samenkörner. Gräser wachsen. Von den Nachbarinseln schwemmen Kokosnüsse an. Und eines Tages wachsen die Palmen mit ihren meterlangen Wurzeln. Mangroven finden ebenso ihren Weg übers Meer. Eines Tages wird es eine Insel sein – grün und weiß – wie alle anderen.

Kunafoldu ist – das spüren wir, ehe der Anker im Grund ist – unsere Abschiedsinsel. Klein und überschaubar ist dieses Eiland. Wir sind allein. Allein mit Boot und Insel. Ein Paradies, wie wir es oft auf dieser Reise hatten – nur dies ist das letzte. Wir fühlen uns gleich zu Hause. Wir schwimmen hinaus zum Riff. Hier tut sich die uns altbekannte farbenprächtige Welt auf. In dem Korallengeäst blüht, kriecht und wimmelt es, Fische in allen Farben, leuchtend blau, rot, grün, gestreift, gezackt, gehörnt, gepunktet.

Kym fasziniert diese bunte Welt genau wie Astrid und mich. Er hat mit dem Tauchen allerdings einige Monate ausgesetzt, nachdem ihn ein Korallenfisch in die Fingerspitze gebissen hat. Aufregend ist für ihn noch mehr als für mich, wenn ich die große Mördermuschel ärgere, in dem ich die Spitze meiner Schwimmflosse zwischen die geöffneten Schalenhälften stecke. Ruckartig schließen sich dabei die beiden Hälften. Die Schließkraft ist enorm, ich muß richtig ziehen, bevor ich die Flosse wieder frei habe. Die Mördermuscheln (Tridacna) sind am Korallengestein festgewachsen und haben hier in Kunafoldu eine Größe von zwei bis drei Fuß. Es ist vorgekommen, daß Schwimmer aus Versehen mit dem Fuß in das fleischige

Innere der Mördermuschel gerieten, festgehalten wurden und ertranken.

Nach dem Tauchen suchen wir im seichten Wasser unter Steinen nach Muscheln und inspizieren das runde Inselchen. Wir finden – oh, wie schön – ein Wasserloch mit Brackwasser. Astrid jubelt: »Jetzt haben wir auch noch Wasser zum Wäschewaschen!«

Das Erlebnis von Kunafoldu ist wahrhaftig Wasser: tiefblau unterm Kiel, türkis in der Lagune und etwas salzig im Wasserloch unter den Palmen. Nur sternschnuppenhaft ist in dieser Idylle die Erinnerung an vergangenen Ärger, wie zum Beispiel die Piraten. Was für einen schönen Ort als Ausgangspunkt für die vielen bevorstehenden Seetage haben wir uns ausgesucht: Nur fünf Meter vom Riff liegt »Kathena faa« an Korallen vertäut, und zur Insel trennen uns vierzig Meter flaches Wasser, dann kommt der Sandsaum der Insel und danach das grüne Mangrovendickicht und schließlich das Grün der vielen großen und kleinen Palmen.

Ich höhle mit einem Stecheisen ein Stück Treibholz aus, um Kym daraus ein Doni zu bauen. Die Ausleger und Masten schneiden wir beide aus Ästen zurecht. Astrid näht aus rotem Tuch die Segel dafür. Da das Bötchen herrlich schnell segelt und mit dem feststellbaren Ruderblatt den Kurs hält, freut Kym sich mächtig. Nur gut, daß die Wassertemperatur über 25 Grad liegt, so kann er stundenlang im Wasser stehen.

Astrid nimmt all ihr Küchengeschirr – Töpfe, Pfanne, Kessel – mit an Land, um sie im Sand zu scheuern. Sie sagt dabei: »Es gefällt mir hier so gut, ich war eben ernstlich im Zweifel, ob wir gestern angekommen sind. Die Zeit läuft ganz schön.«

Ja, und was uns jetzt noch fehlt, ist Zeit! In das Logbuch schreibe ich: Für morgen stellen wir – um die verbliebene Zeit besser zu nutzen – ein Programm auf:

– Kym noch ein Doni bauen, damit wir Regatten segeln können
  – tauchen und Muscheln suchen
  – unter Wasser fotografieren
  – außenbords den Bootsrumpf waschen
  – Inselrundgang.

Etwas schwermütig wird mir bei dem Gedanken, daß dies nur noch eine Woche anhält und wir das alles für Jahre nicht mehr oder eigentlich nie wieder erleben werden. Von hier an wird gesegelt, und dazwischen werden wir nur mit Häfen vorliebnehmen müssen, in denen wir uns versorgen. Es ist nicht anders zu machen, Palmeninseln für uns allein sind von jetzt ab passé.

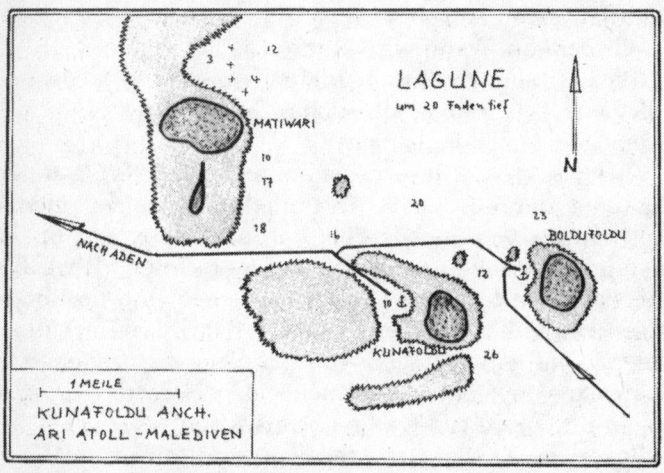

Freitag, den 19. Jan. 79

»Tagelang keine Eintragungen im Logbuch. Ich bin's leid. Die Schönheit dieser Tage läßt sich sowieso durch Aufzeichnungen kaum einfangen. Wir sind zufrieden mit unserem Dasein. Die Zeit ist ausgefüllt mit Erlebnissen in der Natur und uns selbst. Kein »Schlechtwetter« trübt in diesen Tagen die Stimmung – der familiäre Frieden ist intakt. Nach drei Jahren in einem Wohnraum,

243

der kaum die Fläche zweier Doppelbetten ausfüllt. Und während dieser Zeit konnte niemand von uns zu seinen Eltern oder Freunden ausbrechen, es blieb höchstens der Sprung über Bord, um sich beim Schnorcheln abzureagieren, oder ein Inselrundgang . . ., wir genießen das Unwiederbringliche mit einer gewissen Wehmut . . .«

Während dieser Tage lese ich die »Spandauer Tagebücher« von Albert Speer. Dieses Sachbuch über seinen zwanzig Jahre langen Gefängnisaufenthalt fasziniert mich. Besonders seine Reflexionen – das alles zu lesen mit einem Bilderbuch-Inselchen vor Augen und über türkisfarbenem Wasser zu schweben – nehmen mich gefangen. Ich liebe es so, daß ich es nur eingeteilt lese: hundert Seiten täglich.

Wir beraten, wann wir abfahren sollen/müssen.

Astrid drängt nicht auf Abfahrt.

Kym selbstverständlich auch nicht.

Ich dränge ebenfalls nicht.

Nur: Unsere Zeitreserve ist aufgebraucht. Kyms erster Schultag, der 6. August, rückt unerbittlich näher, und es sind noch 4800 Seemeilen bis Europa. Davon ist nur im ersten Drittel mit günstigem Wind zu rechnen, der restliche Teil erwartet uns mit starkem Gegenwind im Roten Meer und unbeständigen Wetterverhältnissen im Mittelmeer. Und eine Woche vor Schulbeginn wollen wir spätestens in Deutschland sein. Also werden wir uns fügen und »Kathena faa« seeklar machen.

Bevor es soweit ist, segelt Astrid allein mit der »Kathena faa« ein paar Schläge vor dem Inselchen auf und ab, damit ich dies Fleckchen im Bild festhalten kann. Dafür habe ich mich mit meinen Kameras in eine Palmenkrone verholt. Beim Aufholen der Fotoausrüstung stürze ich fast samt Fotoapparat mit einem abgebrochenen Zweig in die Mangroven. Ich hatte es zu eilig, das bezaubernde Panorama aus der Vogelperspektive zu knipsen. Auch Kym ist, ohne es zu ahnen, mein fotogenes Objekt. Er segelt sein Bötchen in voller Zufriedenheit im seichten Wasser unter mir. Für ihn ist es wirklich das Paradies: regelmäßiger Tagesablauf, Sand, Wasser, Nüsse, Fische, Wärme. Und niemand stört ihn.

Melancholie liegt über unseren Abfahrtsvorbereitungen. Ich packe die Achterluke mit frischen Trinknüssen voll. Astrid gerät ins Grübeln wegen unseres Trinkwassers – 110 Liter nur. Eine letzte Wäsche im Brunnen. Werkzeug, Machete, Messer, Wäscheleinen am Strand zusammenklauben, Dingi fein säuberlich falten und hinterm Mast festlaschen. Ein trauriger Blick zu den Krebsen am Wassersaum. Ein letzter Gang um Kunafoldu, um noch mal unsere Spur zu ziehen.

Bald danach sind wir auf offener See mit Kurs Aden, mehr als 1800 Meilen entfernt. Vor uns das tiefe Blau mit kleinen weißen, überkippenden Wellen. Gegen die Cirruswolken zeichnen sich Fock- und Großsegel dunkel ab. Das Sperrholzblatt der Aries pendelt – mal nach Steuerbord, schnell für kurz nach Backbord, wieder Steuerbord. Die Kompaßnadel zeigt um die 300 Grad an.

Der scharfe Bug der »Kathena faa« wirft das Wasser im hohen Bogen zur Seite. Der Nordost-Monsum treibt uns mit Höchstfahrt. Übers Heck im Gegenlicht der morgendlichen Sonne versinkt die letzte Palme von Kunafoldu.

Ich gehe unter Deck, trage Luftdruck, Kurs, Mißweisung, Segelstellung, Fahrt und Logstand in mein Logbuch ein. Astrid liegt in ihrer Hundekoje – sie hat Hunger. Kym sagt freudig: »Jetzt kann ich wieder meinen Lego-Karton hervorholen.«

Die Bugwelle summt: faa . . . faa . . . faa . . .

17

Die letzte Meile

> »Ihr werdet eines Tages die Nachtwachen ver-
> missen, das mitternächtliche Segelwechseln,
> die bedrückenden Flauten, den Mangel an Ab-
> wechslung und Information, ja sogar das Do-
> sen-Einerlei und die urige Enge an Bord. Das
> innere Kapital, das Ihr Euch in den letzten
> Jahren erarbeitet habt, müßte sich eigentlich
> verzinsen für Euer ganzes restliches Leben.«
> *Ute S. aus Kalmthout/Belgien*

Der Nordwest-Monsun ist makellos auf unseren Kurs
zugeschnitten: Mit halbem und raumem Wind segeln wir
in der ersten Woche erstaunliche 1065 Meilen. Zufrieden
mit diesem Ergebnis, sitze ich in dem Cockpit und
schlürfe an meinem Glas Kakao: Das wird eine Rekord-
reise nach Aden! Ganz sicher, denn um diese Jahrzeit
verläßt der Monsun uns nicht. Allerdings wird er uns
kräftig durchschütteln.

Kym stört das nicht. Er spielt, wie gehabt: Im Moment
klebt er Collagen aus Tierbildern, aus Zeitschriften aus-
geschnippelt, zusammen. Er denkt aber auch an sein
künftiges Leben: An einer Pappuhr, die er sich bastelt,
übt er die Uhrzeiten: »Damit ich nicht zu spät in die
Schule komme!« Ihn interessiert immerhin auch die Frei-
zeit in der Heimat, von der wir immer reden – und die er
bewußt gar nicht kennt: »Kann man dort auch Fische
fangen?« Noch reizvoller erscheint ihm die Aussicht,
endlich Fahrrad fahren zu lernen.

Astrid verhält sich in diesen Seetagen ebenfalls wie
üblich: Sie verläßt die Hundekoje nur, wenn unbedingt

notwendig. Ich muß gestehen: Wie distinguiert sie mit ihrer Seekrankheit fertig wird, das macht ihr so leicht keiner nach.

Die Kühle der Nächte erfordert Decken zum Schlafen, die wir seit Neuseelands Zeiten nicht mehr benützen. Sie wecken in Astrid Heimatgefühle. Nach einem Blick auf meinen Sextanten sagt sie: »Nach dieser Reise brauchen wir ihn nicht mehr, wir hängen ihn dann an die Wand.«

»Ja, vierzehn Jahre arbeite ich nun schon damit. Das war mein erstes Navigationsinstrument. Weißt du noch, wie ich ihn dir damals stolz in Gibraltar gezeigt habe?«

»Da hattest du ihn gerade gekauft.« Und um Astrid ein wenig zu erschrecken, füge ich mit einer Spur von Selbstironie an: »Eigentlich fehlt mir ein Puzzle in meinen Kursen um die Welt: die Kap-Hoorn-Region.«

»Da segelt heutzutage jeder rum. Regatten führen gar ums Hoorn.«

»In meinen Nachtwachen habe ich mir dafür ein Boot zurechtgelegt: Ein leichtes muß es sein, möglichst aus Aluminium. Slup gerigt, um elf Meter lang, Mittelkieler. Spartanisch eingerichtet und ohne Motor könnten wir es uns leisten.«

»Du Träumer. Weißt du, wenn es mir besser ginge, würde ich ordentlich lachen.«

»Ohne Träume möchte ich nicht leben.«

»Und ich nicht ohne dich. Aber sag mal, was willst du machen, wenn wir zurück sind?«

»Aha, da sind wir wieder bei unserem alten Thema: dem neuen Anfang. Ich bleibe dabei, mit Seglern und anderen Gästen durchs Mittelmeer zu hoppeln, mache ich nicht noch mal. Außerdem bekommen wir nie das Geld für ein größeres Boot zusammen.«

»Vielleicht leiht uns jemand sein Boot.«

»Ach, laß mal, diese Art Selbständigkeit ist eine Quälerei.«

»Ich wäre wieder mit Cap Ferrat einverstanden. Du fährst, ich mache Buchungen und . . .«

»Nein, ich suche mir eine feste Anstellung. Eine mit regelmäßigem Einkommen, Urlaub und Versicherung.«

»Und ich gehe in den Schuldienst.«

»Leider schlechte Aussichten bei der Vielzahl von Lehrern.«

»Ich finde schon was. Wir werden sehen.«

»Wir haben beide die falschen Berufe«, versuche ich unsere Zukunftsaussichten herunterzuspielen, »neben der Lehrerschwemme gibt es auch bald die Weltumseglerschwemme.«

»Hauptsache ist erst mal, wir bringen »Kathena faa« heil in den letzten Hafen – und uns!«

Unausgesprochen bleibt, daß mit der Zeitreserve auch unsere Kraftreserve aufgebraucht ist. Neben der körperlichen Anstrengung auf See auch noch die geistige und psychische an Land. Über all die Jahre auf neue Menschen einzugehen, deren Sprache meist fremd, deren Verhalten uns oft rätselhaft war, schlaucht ganz schön. Aber ohne die überwältigenden Freundschaften hätten wir die Reise wohl auch nicht machen wollen.

»Wenn wir doch schon das Rote Meer gepackt hätten. Das Schlimmste auf dieser Reise ist, wenn man die obligatorische Tasse Wasser zur Körperpflege nicht hat . . .«

»Was tut der Kym da immer am Schrank im Vorschiff«, sage ich zu Astrid, »irgendwas verheimlicht er uns.«

»Kym? Was machst du fortwährend am Schrank?«

»Ich . . . ich nehme eine Prise vom Apfelshampoo.«

»Waaas . . . tust du da?«

»Ich rieche das so gerne, Mami. Das ist wie Äpfel essen.«

»Äpfel? – Wird Zeit, daß du welche kriegst.«

Am 4. Februar 1979, nach genau dreizehn Tagen, kommen wir in Aden an. Das Durchschnittsetmal von 140 Seemeilen für die 1822 Meilen ist für unser Boot einzigartig. Auch, daß wir nicht einen einzigen Segelriß zu verzeichnen hatten oder eine gebrochene Schot, zeugt davon, daß »Kathena faa« noch gut in Schuß ist.

Der Landfall beeindruckt uns. Schroffe, nackte, kahle Felsen, die sich zum Teil senkrecht zu zackigen, fast sechshundert Metern hohen Spitzen erheben.

Aden ist die Hauptstadt der Volksrepublik Jemen. Das kleine, strategisch sehr wichtige Land an der südlichen Meerenge des Roten Meeres wird nach kommunistischen Richtlinien regiert. Astrid hat deshalb Angst. Beim Ansteuern des Hafens drückt sich ihre innere Unruhe dadurch aus, daß sie sich nervös am Arm, am Bein, im Gesicht krabbelt und zwischendurch immer wieder zum Fernglas greift: Da muß doch ein Boot kommen und uns mit MP empfangen! Doch es kommt ganz anders. Ein Lotsenboot weist uns einen Ankerplatz vor dem alten Clocktower zu. Nachdem kurz Pässe und Impfkarten von den Offiziellen eingesehen sind, wünscht man uns einen guten Aufenthalt. Keine Frage nach dem Warum, Weshalb.

Die Stadt macht einen trostlosen Eindruck. Verödete Einkaufsstraßen, vergammelte Häuser, ein schmutziger Markt, eine verkommene Moschee sehen wir. Kym fasziniert ein Kamel, das einsam und allein über eine Kreuzung der Innenstadt trabt. Ich erinnere mich an Aden vor fünfzehn Jahren (zu meiner Seefahrerzeit), als es noch britische Kolonie war. Die Geschäfte im damaligen Freihandelszentrum waren vollgepackt mit allen Gütern der Welt. Die Händler kamen sogar mit Booten bis zu unserem vor Anker liegenden Frachter, um laut und nachdrücklich ihre japanischen Radios anzubieten. Da wurde gehandelt bis aufs Blut. Dasselbe in der Stadt bis spät in die Nacht. Heute sind die Waren, die erhältlich sind, mit Einheitspreisen fixiert. Ich mache mir den Spaß und kontrolliere dies, weil es mir einfach unglaublich erscheint, den Arabern das Handeln abzugewöhnen. Also gehe ich in drei große und fünf winzige abgelegene

Läden und wahrhaftig: Das Glas Marmelade kostet überall das gleiche – zwei Mark das Pfund.

Den Jemeniten sind Gespräche mit Ausländern und Besuche in deren Häusern untersagt. Selbst mit den sonst in aller Welt geschwätzigen Taxifahrern ist nicht zu reden. Erst von einem bulgarischen Entwicklungshelfer erfahren wir so ein bißchen, wie es in einer arabischen Volksrepublik zugeht. Die Sowjets sind für das Militärische zuständig. Die Sicherheitsbelange liegen in den Händen der DDR, die hier mit einer prächtigen Botschaft präsent ist. Für die politisch Widerspenstigen sorgen die Jemeniten allein. »Sie kommen in den siebten Distrikt«, erzählt uns Georgi Richev.

»Jemen hat aber doch nur sechs Distrikte«, fragt Astrid naiv, die sich an Hand eines Buches informiert hat.

»Sicher gibt es nur sechs. Die Gefangenen kommen in ein Flugzeug, das ins Hinterland fliegt, und über der Wüste öffnet sich die Tür. Dort erwartet sie der ›siebte Distrikt‹ – der Himmel!«

Richev ist als Tomatenmark-Experte hier. Da die Tomaten-Saison lediglich zwei Monate andauert, ist er unzufrieden mit der wenig ausfüllenden Tätigkeit. Er zeigt uns den Intershop, wo man gegen US-Dollar Lebensmittel und einiges technische Gerät zollfrei kaufen kann. Neu für uns ist, daß auf dem Markt Eier und Zwiebeln nur in geringen Mengen verkauft werden und man dafür anstehen muß, wobei allerdings auch Russinnen in der Schlange stehen.

Eingeteilt ist auch der Bierkonsum, wenngleich auf außergewöhnliche Art. Wir gehen in den Seemannsclub und bestellen eine Flasche Radeberger Pils Luxusklasse, dem einzigen Bier hier. Es ist später Nachmittag und der Club proppenvoll. Alle Gäste, ausnahmslos Araber, haben mehrere Flaschen auf ihren Tischen stehen. Erst als wir die zweite Flasche dieses gutschmeckenden DDR-Bieres bestellen wollen und keines mehr kriegen, geht

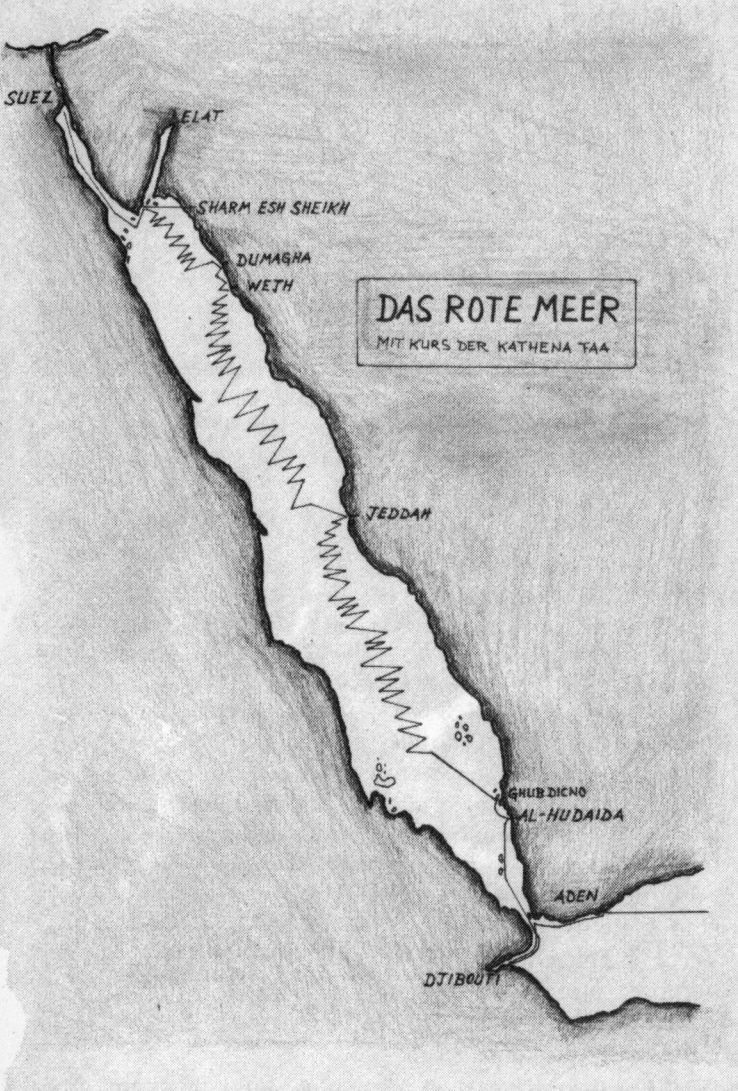

SUEZ

ELAT

SHARM ESH SHEIKH

DUMAGHA
WETH

DAS ROTE MEER
MIT KURS DER KATHENA TAA

JEDDAH

GHUB DICNO
AL-HUDAIDA

ADEN

DJIBOUTI

uns ein Licht auf, warum auf Vorrat gekauft wurde. Der Club darf nur 50 Kästen Bier pro Tag verkaufen, und wenn die geleert sind, ist eben Feierabend. Am nächsten Tag sind wir cleverer. Wir gehen frühzeitiger unser »Radeberger« trinken. Von Gehen kann im eigentlichen Sinne keine Rede sein, ich humple durch die Aden-Tage. Ein tropisches Geschwür am Knie quält mich. Es bringt sogar die Hafenpolizei zum Einsatz. Als Astrid nämlich abends die Beule mit einem Messer öffnet und den Eiter ausdrückt, schreie ich dabei so laut, daß die Wachleute am Kai auf uns aufmerksam werden und rüberkommen, um nachzusehen, was los ist.

Mit Georgi Richev machen wir einen Ausflug zur Zisterne, der einzigen Sehenswürdigkeit Adens. Es handelt sich um ein System von Staubecken für Regenwasser in einer engen Schlucht, vor fünfhundert, vor tausend Jahren angelegt (niemand weiß das so genau), voll mit Gras und Büschen, mit Blumen wie in einem botanischen Garten, aber ohne Wasser. Es hat seit fünf Jahren nicht geregnet.

Nach diesem Ausflug setzen wir Segel fürs Rote Meer. Mit gemischten Gefühlen gehen wir an die 1300 Meilen bis zum Suez-Kanal. Wie heiß in jeder Hinsicht das Rote Meer wirklich ist, zeigt, daß viele Segler hier in den vergangenen Jahren Schwierigkeiten und Bruch erlebten. Piraten, Bürgerkriege, politische Unbeständigkeit, Gegenwinde, Stürme, starker Schiffsverkehr, unberechenbare Strömungen, Riffe, Hitze, Bakschisch sind die mannigfaltigen Ursachen. Die Warnungen von Freunden, die Passage durch das Rote Meer nicht zu nehmen, sind vielfältig. Sogar der Chefredakteur der deutschen YACHT-Zeitschrift legt uns nahe, diesen Weg nicht zu nehmen. Nur: Um das Kap der Guten Hoffnung wollen wir auch nicht. Nachdem ich es zweimal umschippert habe, bietet es keinen Reiz.

Durch die Meerenge von Bab-el-Mandeb – dem »Tor

der Tränen« – entern wir das Rote Meer. Ein Südsturm treibt uns mit Höchstfahrt voran. Nur mit Sturmfock machen wir sieben Knoten. Alles läuft bestens, bis die Aries nicht mehr mitmacht. Ein Stück Treibholz hat das Ruderblatt der Selbststeueranlage zerfetzt. Nun müssen wir von Hand steuern. Um nicht den Rest des Blattes zu verlieren, löse ich, kopfüber am Heck hängend, die Flügelschraube und nehme es an Deck.

Bei Windstärke neun, mit Sturmfock und Hand um die Pinne, steuern wir in eine wilde Nacht hinein. Auf der einen Seite die korallengespickten Hanishinseln, auf der anderen die Küste mit weit ins Meer reichendem flachem Gewässer. Das einzige Leuchtfeuer in dieser Nacht – Abu-Ali – ist eine Funzel ohne Tragweite. Mein Gott, war das aufregend, bis ich es endlich in meiner Wache gefunden hatte! Der quer setzende Strom? Der Kompaß ist lange nicht kompensiert worden! Haben wir genauen Kurs gesteuert? Tausend Sachen gehen einem dabei durch den Kopf. Daß man im Grunde nichts oder zumindest nicht viel machen kann, weckt Angst und Zweifel.

Am anderen Morgen sind wir in Al-Hudaida, einem Hafen der arabischen Republik Jemen. Wir sind zwar damit dem Sturm auf See entronnen, haben jedoch anstelle eines nassen Decks den Sand der Wüste an Bord. Eine Sandwolke nach der anderen treibt dieser Sandsturm durch den Hafen. Eine feine Sandschicht hat auch das Innere der Kajüte überzogen. Segel und Takelage sind damit bedeckt und sehen aus wie mit Zement bestreut.

Umgeben sind wir von hübsch bemalten Daus aus Eritrea. Sie holen hier Proviant für ihren Unabhängigkeitskampf gegen die Äthiopier: Zucker, Zigaretten, Öl, Mehl, Milch und Matrazen können wir ausmachen. Ich stoße mit dem Fuß gegen einige Kisten und frage die Leute, ob da Waffen drin sind. Die recht gut Italienisch sprechenden Eritrerer lachen daraufhin nur.

Al-Hudaida ist ein betriebsamer Hafen. Auf Reede warten immer um die zwanzig Schiffe darauf, entladen zu werden. Einige haben Liegezeiten bis zu einem Monat. Die Jemeniten werden nicht fertig mit den angelandeten Gütern. Die Hafenflächen sind hoffnungslos verstopft. Vieles ist vergammelt, bevor es die Hauptstadt Sana im Landesinneren erreicht. Der Lagerplatz für die Frachten ähnelt einer Müllkippe. Ich fotografiere das – trotz Verbot, heimlich, auch vor Astrid.

Vor der Sandbank Ghub Dicno, dreißig Meilen nördlich von Hudaida, legen wir einen Neutralisierungstag ein. So nennen wir Tage, die nach einem strapaziösen Hafen liegen und an denen wir nichts tun. Oft liegen sie vor einer unangenehmen Weiterfahrt. Ab hier erwartet uns Gegenwind. Das Plätzchen der Geborgenheit besteht ganz aus Sand und Korallen und ist an keiner Stelle höher als zwei Meter. Nirgendwo zeigen sich auch nur Ansätze von Pflanzenwuchs. Krebse am Strand und tote Muscheln sind alles, was wir vor Ghub Dicno finden – und Ruhe. Trotzdem lebt hier mehr, als wir auf den ersten Blick feststellen: Fische en masse und Möwen.

In den Radio-Nachrichten hören wir von kriegerischen Auseinandersetzungen an der Grenze zwischen Nord- und Südjemen. Und auf der Deutschen Welle die Sendung: »Kölle in aller Welt.« Es ist Karneval. Helau! Astrid zieht daraufhin ihre Lippen mit einem Stift nach. Kym, der das sieht, stellt mit Augenblinzeln fest: »Hier ist doch nicht Singapur!«

Unter Berücksichtigung der »verlorenen Zeit« vor der Sandbank (ich muß gestehen: mit einem Neutralisierungstag gaben wir uns selbstverständlich nicht zufrieden) streichen wir unseren Plan, Suakin im Sudan anzulaufen, und stecken den direkten Weg nach Jeddah ab: 450 Meilen.

Eine harte Ypsilon-Segelei beginnt. Mit gerefftem Groß und kleiner Fock wirft sich unser Boot tapfer in eine steile

Gegensee und hüllt sich in fliegende Gischt, die teilweise bis zur Saling hinaufspritzt.

Getreu unserem Plan halten wir uns an die Mitte des Roten Meeres. Das hat indes den Nachteil, daß unsere Schläge hin und zurück immer wieder die Dampferrouten kreuzen. Das bedeutet also scharf aufpassen. Tag und Nacht muß einer von uns in dem Cockpit Wache halten.

»Kathena faa« arbeitet sich voran, legt Tag für Tag Strecken zwischen 60 und 90 Meilen zurück, gewinnt aber dabei nur zwischen zehn und vierzig Meilen nördlicher Breite. An einem Sturmtag sacken wir sogar trotz Gegenanhalten mit gerefftem Großsegel sechs Meilen ab – zurück nach Süden!

Kym ist in diesen Tagen störrisch. Wegen der Schräglage kann er nicht richtig spielen. Vor allem mangelt es an neuem Spielzeug. So lassen wir ihn bei erträglichem Wetter schon an Deck murmeln rollen. Da macht ihm in Anpassung an die Schiffsbewegungen Spaß. Er spielt mit Ausdauer. Neulich vergaß er einige Murmeln, und ich hatte plötzlich (selbstverständlich nachts) beim Segelwechseln Murmeln unter den Füßen. Verschmitzt gestand er mir am Morgen, daß er mich damit ärgern wollte.

In unserer neunten Nacht im Roten Meer sichten wir die Unmenge Lichter der Hafenstadt Jeddah. Mekka, Koran, Lord Jim, Pilger, Öl fällt mir bei dem Namen ein. Aber auch, daß wir nach 52 Kreuzschlägen eine Ruhepause verdient haben.

Die Hälfte des Roten Meeres, wenn auch die einfachere, liegt hinter uns.

Im traditionellen Suk (Markt) von Jeddah bekommen wir einen Eindruck von der wirtschaftlichen Blüte dieses Landes. Prallgefüllte Läden mit einem reichhaltigen Warenangebot aus aller Welt. Selbst so simple Dinge wie Brettchen zum Glätten von Putz und Beton sind importiert. Jeddah ist keine Stadt mit Herz, aber eine mit

Bauplatz. Überall in der Stadt wird gewühlt: Hochhäuser, Kanalisation, Straßen, Brücken. Weil es so ist, gibt es unzählige Ausländer, die diese Arbeiten ausführen und von denen uns einige den Aufenthalt versüßen, indem sie uns zum Essen einladen. Der Lohn für viele Europäer ist einmalig: fünf- bis achttausend Mark netto im Monat. Dafür nehmen sie gerne Unannehmlichkeiten in Kauf, wie z. B. wenig Abwechslung oder keinerlei alkoholische Getränke. Und so ist hier nicht, wie auf Bauplätzen oder in Häfen sonst üblich, das Thema Nr. 1 Frauen, sondern: Alkohol. Wer trinken will, muß sich Geschmuggeltes auf dem Schwarzmarkt besorgen.

Unser Abschied von Jeddah ist einzigartig auf dieser ganzen Reise. Ich gehe mit unseren Pässen zur Hafenpolizei, um auszuklarieren. »Was?« sagt der Beamte. »Sie haben doch nur Genehmigung für eine Woche. Und heute ist schon der zehnte Tag . . .« Peng! Er schlägt die Pässe zu, und alles weitere geht sehr schnell. Im Nu sitze ich im Polizeiwagen zwischen zwei Beamten, und ab geht es ins »Kalabus«, wie sie böse sagen. Ins Gefängnis! Mein Gott, auch das noch. Und das im Saudiland, wo es im Gefängnis nichts zu essen gibt und . . . Doch beim Hafentor, nach fünfhundert Metern, lösen sich die steifen Gesichtszüge der Beamten: »Was a good joke?« fragen sie und reiben sich die Hände. Der Spaß geht mir jedoch in die Glieder. Ich jedenfalls kann das gar nicht spaßig finden.

Eine Stunde nach diesem Schreck legen wir klamm und ohne Mumm ab. Hätten nicht Freunde unsere Leinen losgeworfen, ich bin sicher, wir wären noch geblieben. Auf See erwartet uns gestandene Unbequemlichkeit: Nordwest, Stärke fünf – von vorn! Spray bis in das Cockpit. Kym spielt Murmeln – unter Deck. Astrid und ich lösen uns in den Wachen ab und dösen abwechselnd. Im Laufe des Tages werden keine zehn gescheiten Sätze gesprochen.

Über die beiden Buchten Wejh und Dumagha an der saudiarabischen Küste, wo uns leider nur jeweils ein befristeter Aufenthalt von einem Tag gewährt wird, erreichen wir Sharm-el-sheikh. Sechzig Kreuzschläge sind es diesmal insgesamt gewesen, um dorthin zu kommen. In diesem israelischen Touristenort wollen wir Kraft für den Rest des Roten Meeres, den Golf von Suez, speichern. Düsenartiger Nordwest, starker Schiffsverkehr und viele Bohrinseln erwarten uns in diesem Schlund des Roten Meeres.

In Sharm-el-sheikh liegt »Kathena faa« in kristallklarem Wasser, umgeben von bizarren Korallen und tropischen Fischen in einer atemberaubenden Landschaft – vor den grandiosen Granitbergen Sinais. Drei Tage wollen wir verweilen, doch der Polizeimann gibt uns nicht eine Stunde. Dies sei kein Einklarierungshafen, sagt er, und wir müßten nach Eliat. Das liegt 130 Meilen weiter. Na, denken wir, da ist wieder einer, der sich einen Scherz erlaubt. Schließlich ist heute der erste April. Aber das ist es nicht, wie sich später herausstellt. Ein Hafenschlepper unterstreicht seine Worte, er kommt zur »Kathena faa« und wartet so lange, bis wir den Ankerplatz mit Kurs auf die offene See verlassen haben. Auf unseren Fehler machen uns die anderen hier liegenden Segler, die auch nie in Eliat waren, aufmerksam: Wir gaben als letzten Hafen Jeddah in Saudi Arabien an, und darauf reagieren die Israelis allergisch. Im nachhinein fiel uns auf, daß der jovial uns gegenübersitzende Beamte plötzlich ganz kleine Augen bekam. Und wir dachten, über so etwas wären die Israelis erhaben.

Nun, der liebe Gott hat Mitleid mit uns in unserer Misere. Er schickt für den Golf einen leichten Wind und den, was Wunder, aus dem südlichen Quadranten. Das ist äußerst, äußerst selten um diese Jahreszeit, und deshalb trauen wir uns gar nicht, darüber zu reden.

Nach vierzig Stunden und 180 Meilen erreichen wir

Suez. Paradox: Wir haben gerade geankert und das Dingi aufgepumpt, da dreht der Wind ruckartig auf Nordwest, seine übliche Richtung, und bläst in Sturmstärke. Eine andere Yacht, die wir hier treffen, benötigte für den Golf im Kampf gegen Wind und See sieben Tage.

Jetzt liegt vor uns nur noch der Suez-Kanal, und alle Schwierigkeiten sind bewältigt. Die erste Hürde nehmen wir spielend: den Agenten – denn ohne Agenten keine Passage. Er fordert den dreifachen Preis der Kanalgebühren (159 US $) für die Erledigung der notwendigen Papiere bei der Kanalbehörde. Wir akzeptieren ihn. Nicht, weil wir üppig Geld an Bord haben, sondern einfach, weil wir müde sind. Realistisch denken wir nur noch in der Phantasie. Ist es teuer, ist es teuer? Wir nehmen es, und damit Schluß . . .

Täglich gibt es einen nach Norden und zwei nach Süden bestimmte Konvois durch den Kanal. Yachten kommen immer zum Schluß an die Reihe. Sie benötigen normalerweise zwei Tage für den 87 Meilen langen Suez-Kanal. Da Segeln im Kanal verboten ist, motoren wir unverdrossen diese Meilen ab. Wir übernachten in Ismaelia und wechseln dort auch den Lotsen. Beide verlangen nicht nur eine Stange Zigaretten, sondern handfeste zwanzig Dollar! Und für die Familie Kleidung und Spielzeug, und dies und das von Deck. Die Lotsen, die Yachten durchführen, sind natürlich nicht die Qualifizierten von den großen Schiffen. Es sind Bootsleute von den Kanalschleppern. – Übrigens: Die Angst vor den entgegenkommenden Tankern ist unberechtigt. Wir spüren weder außergewöhnlichen Ruderdruck noch Sog, der uns vom Kurs wegdrückt.

Als wir glücklich in Port Said am Steg des dortigen Yacht-Clubs liegen, finden wir endlich Ruhe – und Muße, nach langer Zeit wieder richtig an Bord ein Essen mit frischem Gemüse vom Markt zu kochen. Unsere sportliche Bilanz für das Rote Meer kann sich auch sehen lassen: Für die direkte Distanz von 1300 Meilen benötigten wir 22 Tage, aber mit den vielen Kreuzschlägen segelten wir 1952 Meilen ab. Eine verdammt gute Zeit, wenn man bedenkt, daß wir Klima, Politik, Geographie und den Wind gegen uns hatten. Aber wir haben auch ein verdammt gutes Boot. Und wir haben es gemacht . . . und deshalb tüdeln wir uns einen an . . . Mit echtem ägyptischen Rotwein.

Und dann sind wir im Mittelmeer. Finike an der Südküste der Türkei erreichen wir nach vier Tagen, nachdem wir am Anfang und am Schluß gar keinen und im Mittelstück zuviel Wind hatten.

Mit Motor und Landprise geht es weiter nach Kastellorizon, einem Felseneiland mit einem vollendeten natürlichen Hafen. Mit dem Heck liegen wir vor der winzigen Ortschaft am Kai vertäut und genießen noch einmal das Alleinsein als Yachtsegler. Danach auf unserem weiteren Weg durchs Mittelmeer – Rhodos, Symi, Santorin, Kalabrien, Korsika – gibt es Yachten über Yachten. Etwas hämisch registrieren wir: Steuerbord und Backbord nur noch »Fly und Charter«. Wir werden zum Glas Wein eingeladen, meine verheilte Schußverletzung verschafft uns Aufmerksamkeit. Doch die Konversation versackt im Trivialen. Wieviel Wasser könnt ihr bunkern? Wo hat es euch am besten gefallen?

Kym erklärt: »Palstek kann ich, meine Schuhe zubinden nicht.«

Astrid schwärmt: »Ich würde so gern im Badezimmer rumrumoren.«

Mein Beitrag: »Wir sind reif fürs Trockendock«, wird belacht.

»Was, ihr wollt nach Deutschland zurück? Da ist alles schwieriger geworden. Keine Arbeit, ihr werdet nicht zurechtkommen.«

Mit flappenden Segeln nähern wir uns Beaulieu an der französischen Südküste. Ein Hauch von blütengetränktem Landwind empfängt uns. Symbolisch segeln wir auch die letzte Meile – bis in den Hafen, wo wir in der Stille des Morgens »Kathena faa« festmachen. Geschafft! Ein kostbarer Augenblick. Das Hurra ist klein, die innere Freude dafür um so größer.

An Bord erinnert nach einer Woche schon nichts mehr an die dreieinhalb Jahre: Die Dekoration in der Kajüte ist runter, die Mitbringsel sind verpackt, Kyms diverse Kanus gleichfalls, die Segel gewaschen, das Boot poliert. In dem Cockpit bringe ich in Pinkbuchstaben den Hinweis A VENDRE (zu verkaufen) an. Es sieht so aus, als ob's das war.

Wir setzen uns in den Zug nach Düsseldorf. Bald werde ich wieder Schecks brauchen.

Anhang 1
Nichts Bestimmtes –
nur ein paar Wahrnehmungen

Unser Boot und die exotische Fremde haben wir in Beaulieu »abgestellt« – und uns selbst in einer typischen Neubauwohnung bei Düsseldorf im dritten Stock mit Blick auf eine Fabrik auf der einen Seite und einer Vielzahl von Fernsehantennen auf der anderen. Hier in diesem Haus, das nicht schwankt, versuchen wir nicht nur räumlich einen festen Standpunkt zu finden, denn mit dieser Reise ist auch die seglerische Phase unseres Lebens abgeschlossen. Freunde und Bekannte von uns halten dies für eine Floskel. Ich nicht.

Doch in Gadames, in der lybischen Wüste, war ich schon, damals 1958, mit dem Fahrrad und allein. Ägypten, Persien und Indien habe ich gleichfalls auf meiner Radtour durchstreift. Japan erlebte ich als Tramp. Und später, von 1966 bis 1968, umsegelte ich als erster Deutscher allein die Welt in einem relativ kleinen Holzboot. Gleich danach machte ich mit Astrid noch einmal den Törn um die Erde.

Ich glaube, damit ist meine Sehnsucht nach der großen Freiheit gestillt, jetzt brauche ich das Segeln, das abenteuerliche Leben in einer wilden Welt nicht mehr als Mittel zur Selbstverwirklichung. Viele Leute meinen, ich hätte die Nase voll, aber das ist es nicht. Das zu sagen, erscheint mir äußerst unfair gegenüber meinem bisherigen Leben. Eher geht es mir wie Kafkas Hungerkünstler, der ja auch nicht hungerte, weil er nichts zu essen hatte, sondern weil ihm nichts schmeckte. Die Standortmeldungen in der »Yacht« von gut einem halben Hundert deutscher Segelyachten, die sich auf Ozeanfahrt befinden, wirken in diesem Sinne auf mich erschreckend. Sie zerstören meine Poesie von solcherart Reise. Sicher geht es jedem Segler so, daß er, wenn er auf der anderen Seite vom Atlantik gleich auf seinen Vereinskameraden trifft, ein wenig Schmerz in seiner Freude verspürt. Das war wohl mit ein Grund, warum wir uns bei der letzten Fahrt eine so strapaziöse, aber abgelegene Route aussuchten. Wir trafen zwischen Fidschi und Ceylon insgesamt keine Handvoll Fahrtensegler! Und deshalb gebe ich jedem jungen Segler, der mich fragt, ob es sich heute noch lohnt, in die Welt zu segeln, den Rat: Geh, geh, so schnell wie möglich, bevor es der Probleme zu viele werden.

Nach 104 000 Seemeilen unter eigenen Kielen in 14 Jahren, in denen ich alle Boote stets ohne ernstliche Schäden zurückgebracht habe und nie auf See fremde Hilfe anforderte noch benötigte, bin ich ein bißchen stolz. Daneben habe ich und haben wir alle Reisen aus eigenen Ersparnissen finanziert, da hat weder Vater noch Mutter etwas beigesteuert, noch hat eine Firma uns in irgendeiner Weise gesponsert. Mit diesen Reisen haben wir bewiesen, daß man auch ohne Protegé etwas erreichen kann. Ich habe es nur geschafft, weil ich an die Simplifizierung der Dinge glaube und mein Talent zum Improvisieren mich nie verlassen hat.

Aber so zielbewußt und mit Elan, wie wir uns an die Verwirklichung unserer Abenteuer machten, so amateurhaft, im echten Sinne des Wortes, haben wir sie vermarktet. Wir kassierten in kleinen Beträgen ab. Hier ein kleines Geschäft, dort ein Geschäft: 148 Mark für einen Bericht in der »Rheinischen Post«, ein Interview mit der »Deutschen Welle« wurde mit 100 Mark honoriert, 3400 Mark gab es für einen zwölfseitigen Bericht mit der »Yacht«, für drei Autogrammstunden bei der AOK 900 Mark, und »Bild« zahlte für die Piratengeschichte 500 Mark. Das sind nur Beispiele – (in Brutto).

Zu wenig für einen neuen Anfang, um als Außenseiter Fuß zu fassen. Wir brauchten einen Beruf, um das

Vakuum, das automatisch nach einem Leben, wie wir es führten, entsteht, auszufüllen, Astrid hat sich bei der Schulbehörde gemeldet, um wieder als Lehrerin tätig zu werden, jedoch sind ihre Aussichten gering. Auf wiederholte Anfrage erhielt sie lediglich die lapidare Antwort: Ihre Angaben sind wie die von 26 anderen auch im Computer, der die Stellen verteilt.

Ich habe gleichfalls nichts Konkretes. Vielleicht ist das mit ein Grund, warum ich mich außergewöhnlich lange an diesem Manuskript festhalte. Auch heute, nach gut einem halben Jahr Hiersein, sitzen wir alle drei in unserer spärlich eingerichteten Drei-Zimmer-Wohnung, meistens in einem Zimmer zusammen. Einladungen ignorieren wir. In unserer selbstgewählten Isolierung fühlen wir uns am wohlsten. Mit unserem Teekessel, der all die Jahre auf der »Kathena faa« überstanden hat, und dem mitgebrachten Ceylon-Tee sind wir gedanklich oft unterwegs. Irgendwie haben wir dann das Gefühl, unser Leben ist stehengeblieben. Es geschieht einfach nichts. Wir leben in den Tag hinein. Manchmal zweifle ich, ob wir eine bürgerliche Integration überhaupt wünschen.

Schauen wir dann zum Fenster hinaus und sehen Kym mit andern Kindern radeln, dann denken wir, daß Kym eigentlich bei dem Umzug von der Hundekoje ins Doppelbett die geringsten Schwierigkeiten hatte. Obgleich er anfangs rummäkelte, »schrecklich, so eine Wohnung, ich kann dich gar nicht finden«, oder von dem Schulgelände zutiefst enttäuscht war, »och, oller Betonhof«.

Bei der Einschulung unter den vielen hundert Kindern muß er sich ziemlich verloren vorgekommen sein. Diese Welt erschien ihm nicht ganz geheuer. Krampfhaft hielt er sich mit beiden Händen an Astrid und mir fest. Er wollte nicht in den Klassenraum. Wir mußten schließlich mit einem kleinen Schubs nachhelfen. Ja, und später fand ich, ihm sei die Anpassung an die Landgesellschaft am besten gelungen.

Kym, der an Gruppenverhalten überhaupt nicht gewöhnt ist, verhält sich in den ersten Schulwochen still und neugierig. Jeden, der ihn fragt, wie ihm die Schule gefällt, verblüfft er: »Ich gehe gerne in die Schule.« Wie seine Lehrerin sagt, sitzt er in den Unterrichtsstunden nicht wie die anderen Kinder müßig zurückgelehnt, sondern immer vorgebeugt, wißbegierig – und beobachtet die Lehrerin. Auf eigenen Wunsch sitzt er in der ersten Reihe.

Auch auf dem Schulhof lernt er schnell, sich durchzusetzen, dank seiner durch vieles Dingirudern entstandenen Muskeln. Auf unserer Straße legt er sich mutig und ohne Furcht mit großen Kindern an. Seine größte Enttäuschung nach dem gepflasterten Schulhof ist die eine Turnstunde in der Woche. Und da die Kinder sich noch umziehen müssen, bleiben ihnen nur mehr 20 Minuten eigentliches Turnen. Dafür hat Kym zwei Unterrichtsstunden Religion!

Auch beim Basteln ist er mit außergewöhnlicher Konzentration dabei. Er, der nie im Kindergarten war, hat mehr Geschick bewiesen als viele andere Kinder. Im Unterricht gibt es keine nennenswerten Probleme. Nach dem ersten halben Jahr sieht Kyms Beurteilung der Klassenlehrerin positiv aus: »Er hat einen guten Anfang gemacht, nur sein Wortschatz ist kleiner, als der der anderen Kinder meiner Klasse. Womöglich verfügen die anderen Kinder über einen reicheren Wortschatz durch das Fernsehen.« Astrid hält sich zwar nicht für einen Psychologen, meint aber: Das Fernsehen bereichert den Wortschatz nicht. Ein Kind hat in jeder Altersstufe im Gehirn eine bestimmte Speicherkapazität für Vokabeln. Ein Teil davon ist bei Kym durch Wörter besetzt, die nun nicht mehr abgefordert werden: Bordausdrücke, Englisch, Malaysisch. Es dauert eine Weile, bis diese »Kästchen« wieder frei werden; kein Grund zur Beunruhigung.

Neulich kam er entrüstet aus der Schule: »Die Lehrerin hat mir mein Taschenmesser abgenommen!« In seiner impulsiven Aufwallung ging er gleich an unseren Karton mit Erinnerungsbildern, um ihr auf einem Foto zu zeigen, daß er selbst mit einem so langen Messer wie einer Machete umgehen kann.

Und der Straßenverkehr: Damit konnte er sich nicht anfreunden. Warum darf man nicht über die Straße gehen? Warum an der Ampel warten? Inzwischen hat er sich an Vorschriften gewöhnt, verkehrssicher ist er keineswegs. Zum Glück wohnen wir in einer Sackgasse.

Nachteile sind ihm bestimmt nicht durch das Bordleben entstanden. Eher hat er positive Eigenschaften mitgebracht: Pflichtbewußtsein und Ordnungssinn. Nach langem Wählen hat Kym einen Freund gefunden. Einen mit massig viel Spielzeug. Ich erinnere mich noch, wie Kym ihm sein Zimmer zeigte und stolz auf die Weltkarte deutete, auf der »sein« Kurs eingezeichnet ist: »Wenn ich groß bin, segle ich mit meinem Boot noch mal!«

Kym ist einige Jahre im Paradies aufgewachsen, wer kann das von sich schon sagen.

Anhang 2

Anmerkungen zu Boot und Reise

Das Boot: »Kathena faa« war mein viertes Segelboot. Nach zwei Holzyachten und einer Stahlyacht war sie mein erstes Glasfiberboot. Ich war sehr zufrieden mit diesem Material. Gerade weil wir ausgiebig in abgelegenen tropischen Gewässern schipperten, erwies sich GFK als idealer Werkstoff. Kein Wurm, keine Korrosion konnte dem Unterwasserschiff schaden, auch wenn man es wie wir über zwei Jahre nicht aus dem Wasser holte. Deck, Aufbauten sowie die Außenhaut schützten wir mit Politur, die wir zweimal jährlich sorgfältig auftrugen.

»Kathena faa« wurde 1972 nach Plänen des holländischen Yachtkonstrukteurs van de Stadt auf der Werft Tyler in England gebaut. Der erste Eigner segelte das Boot unter dem Namen »Buttercup of Birnham« nach Neuseeland und verkaufte es dort. Wir erwarben das Boot im Februar 1976 in Auckland.

Selbststeueranlage: »Kathena faa« steuerte sich auf allen Kursen und bei allen Winden mit einer Windfahnensteuerung der Firma Aries (Nick Franklin, Cowes, England) allein. Ich würde allen Ozeanseglern für Boote bis zu zwölf Tonnen zu diesem robusten Gerät aus gegossenem Aluminium raten.

Navigation: Ein Trommelsextant, eine Omega-Armbanduhr als Chronometer, ein 3-Wellen-JVC-Transistorradio für den Empfang von Zeitzeichen, die HO-249-Tafeln sowie das Jahrbuch waren die Mittel für die astronomische Ortsbestimmung. Wer mehr wissen möchte über Navigation, dem kann ich das ausgezeichnete Büchlein von Bobby Schenk »Astronavigation« empfehlen. Einen Teil unserer Seekarten ließen wir uns von Bade und Hornig, Hamburg, nachschicken.

Wasser: Unsere Tanks an Bord faßten 270 Liter. Das mußte in den Atollen ohne Grundwasser und Regen oftmals bis zu zwei Monaten reichen. So kann man sagen, daß wir selbst über lange Perioden mit fünf Litern pro Tag auskamen.

Der Motor: Ein 15-Volvo-Diesel brachte uns über all die Jahre ohne zu mucken. Für mich als hilflosen Mechaniker war das ein kleines Wunder. Voraussetzung dafür war allerdings eine regelmäßige Wartung: Ölfilter und Motorenöl wurden beispielsweise alle 30 Fahrstunden gewechselt. – Die Höchstgeschwindigkeit betrug bei glatter See 6 Knoten mit einem Verbrauch von 1,25 Liter die Stunde. Die Tankkapazität von 50 Litern erwies sich als ausreichend.

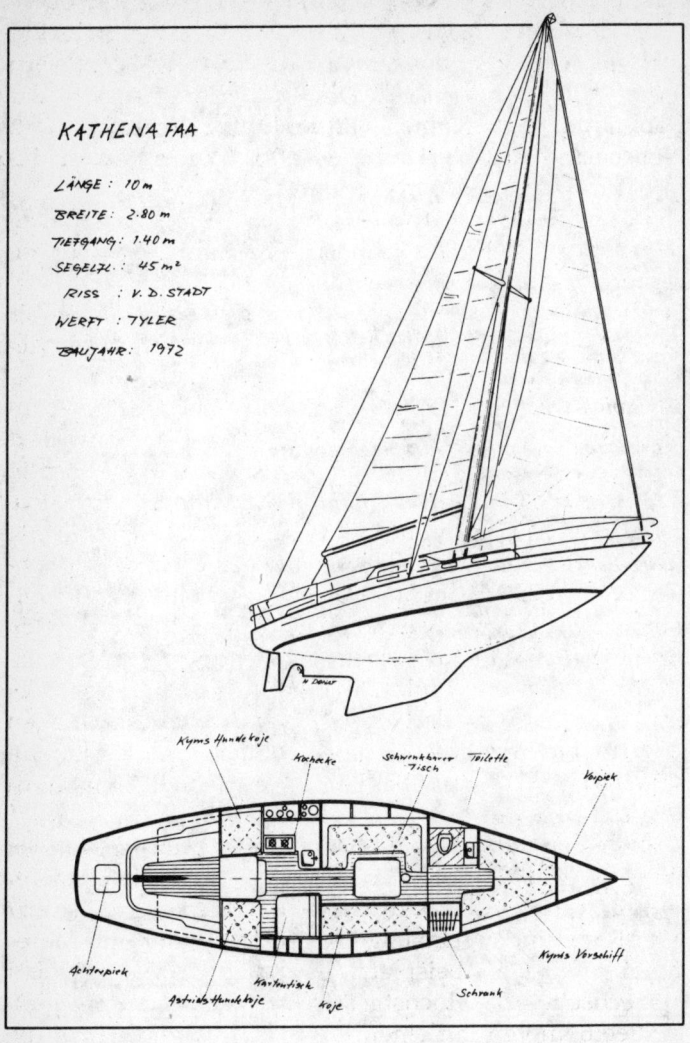

KATHENA FAA

LÄNGE : 10 m
BREITE : 2.80 m
TIEFGANG : 1.40 m
SEGELFL : 45 m²
RISS : V. D. STADT
WERFT : TYLER
BAUJAHR : 1972

H. DEHLF

Kyms Hundekoje   Kochecke   Schwenkbarer   Toilette   Vorpiek
                              Tisch

Achterpiek   Kartentisch   Koje   Schrank   Kymis Vorschiff
       Stirlids Hundekoje

ASTRIDS LOG:

von / nach	Abfahrt/Ankunft	Meilen	Bemerkungen
AUCKLAND			14. Febr. Boot gekauft
IN NEUSEELAND GEWÄSSER		130	Unsere 21600 NZ.$ teuer
WHANGAREI – SUVA	25.4. – 7.5.76	1299	Kathaumpa kocht an Deck
SUVA – KANDAVU	3.6.	52	
IN KANDAVU		55	
KANDAVU – LAU INSELN	18.6. – 20.6.76	270	Kambara, Komo, Oneata, Fulanga
LAU – SUVA	5.7. – 6.7.76	225	
SUVA – ANDAVATI		305	über Ovelau, Nabaya, Mango
ANDAVATI – FUTUNA	30.8. – 1.9.76	193	Kinder bringen uns tägl. Brotfrüchte
FUTUNA – FUNAFUTI	12.9. – 17.9.76	407	
IN FUNAFUTI		22	Stilles blaues Wasser
FUNAFUTI – NUKEFETAU	11.10. – 12.10.76	67	Trinken viel Toddy mit d. Häuptling
NUKEFETAU – BETIO	18.10. – 24.10.76	694	
IN TARAWA LAGUNE		44	
BETIO – ABIANG	22.11.	34	
ABIANG – BUTARITARI	28.11. – 29.11.76	100	
BUTARITARI – MAJURO	4.12. – 7.12.76	310	Keine Post für mich.
IN MAJURO LAGUNE		14	
MAJURO – LIKIEP	2.1. – 3.1.77	220	INNEN + AUSSEN NASS!
IN LIKIEP LAGUNE		81	Warum sind Riffische bunt?
LIKIEP – KWAJALEIN	25.1. – 26.1.77	130	
KWAJALEIN – BIKINI	9.2. – 11.2.77	241	
BIKINI – PONAPE	20.2. – 24.2.77	564	Mangos!! 4 Dollar (Kilo)
PONAPE – ANT ATOLL	14.3.	32	1. Jahr ist um: 61 Ankerplätze
ANT – NUKUMANU	27.3. – 5.4.77	756	
NUKUMANU – KIETA	18.4. – 21.4.77	291	Werner, der Bäckersbursche verwöhnt uns
IN SALOMON INSELN		271	
THREASURY – ENGL.COVE	1.6. – 3.6.77	223	
ENGL.COVE – PUT-PUT	4.6.	33	Kym angelt Sardinen
PUT-PUT – RABAUL	9.6.	33	
RABAUL – DYAUL	25.6. – 26.6.77	125	
IN NEW IRELAND		139	Papua Neuguinea: Ein wunderschöner Teil der Reise.
LINGAN – GAROVE	14.7. – 16.7.77	194	
GAROVE – GARAGASSI	27.7. – 3.8.77	250	über Bali (Mission) u. Bilau
GARAGASSI – MADANG	7.8.	20	
IN MADANG		31	
MADANG – LAING ISL.		110	in Tagestörns üb. versch. Buchten
LAING – HERMIT ISL.	29.9. – 30.9.77	171	Theo schlachtet einen Hvsch für uns
HERMIT – NINIGO ATOLL	8.10. – 9.10.77	70	
NINIGO – DAVAO	20.10. – 20.11.77	1586	Fata Morgana auf See
IM GOLF v. DAVAO		38	1l. Bier nur 23 Pfennig

von / nach	Abfahrt / Ankunft	Meilen	Bemerkungen
SAMAL – SANDAKAN	5.1. – 13.1.78	640	
IM RIFFGEBIET NÖRDL. BORNEOS		150	Schüsse in meiner Wache.
PATANUAM – AGAL BAY	10.2.	42	Spindle Shell gegen Stoff getauscht
AGAL – BRUNEI		205	in Tagestörns üb. v. Buchten
MURA PT. – K. BALAIT	15.3. – 16.3.78	69	
K. BALAIT (FLUSSFAHRT)		40	heiß !! Wilfrieds verrückte Idee
BALAIT – BINTULU	1.4. – 2.4.78	126	Pfeffer + Coca Cola
BINTULU – PULAU AUR	8.4. – 14.4.78	536	
AUR – SINGAPUR	26.4. – 27.4.78	108	
SINGAPUR – P. KLANG	28.5. – 30.5.78	197	übernachtet vor Pulau Undan
P. KLANG – LUMUT	15.6. – 17.6.78	110	über Pankor
LUMUT – PENANG	5.7. – 6.7.78	92	Venus Comb gefunden
PENANG – LANGKAWI	18.7.	60	Segeln mit Fam. Kluge (Bremen)
IM LANGKAWI ARCHIPEL		112	Faszination !
LANGKAWI – KO PI PI	26.8. – 27.8.78	132	Hier möchte ich immer bleiben
PI PI, PHUKET + ANDERE INSELN		191	Rambuttan und Ananas
PHUKET – GALLE	4.11. – 19.11.78	1152	Galle → english tea
GALLE – LANDU	14.12. – 17.12.78	414	
IN DEN MALEDIVEN		273	Ein Ozean voll Inseln
KUNAFOLDU – ADEN	22.1. – 4.2.79	1852	Mitte Arabas.
ADEN – DJIBOUTI	10.2. – 11.2.79	158	
DJIBOUTI – AL HUDAIDA	14.2. – 16.2.79	240	
HUDAIDA – GHUB DICNO	19.2.	40	
DICNO – JEDDAH	27.2. – 8.3.79	644	
JEDDAH – WEJH	21.3. – 28.3.79	619	Ich fühle mich mies
WEJH – DUMAGHA	29.3.	30	Militär, entzückende Wüstenbucht.
DUMAGHA – SHARM E. SHEIKH	30.3. – 1.4.79	155	Aprilscherz
E. SHEIKH – SUEZ	7.4. – 3.4.79	192	Fahrt mit Kym zu den Pyramiden
SUEZ KANAL	8.4. – 9.4.79	87	150 US $ plus Argaz mit Lotsen
PORT SAID – FINIKE	19.4. – 23.4.79	374	"Odessa" von HEBE 2
FINIKE – RHODOS		127	üb. Kova Cove, Kastellorizon, Kalkan
RHODOS – SYMI	17.5.	22	Ich kaufte mir ein Kleid
SYMI – SANTORIN	20.5.	152	üb. Nisiros, Kos, Astipalea.
SANTORIN – PORTO KAYO	27.5. – 29.5.79	154	
KAYO – REGGIO CAL	31.5. – 4.6.79	392	
REGGIO – LIPARI	11.6.	45	Nochmal Sturm von vorn
LIPARI – P. VECCHIO	14.6. – 19.6.79	381	glückliches Wiedersehen mit Pani und Cyril.
OSTKÜSTE KORSIKA		120	
CAP CORSE – BEAULIEU	12.7. – 13.7.79	102	144 Fähnlein werden gehisst.
		20422	Seemeilen, 231 Ankerplätze
			144 Inseln / Inselchen.

Sturm: Zu Anfang meiner Segelzeit hantierte ich in Stürmen mit Schlepptrossen und Treibanker. Nachdem ich aber in einem schweren Sturm südlich der Azoren (mit der Kathena I) alle Trossen und Treibanker durch Schamfilen verloren hatte, merkte ich plötzlich, daß keine Seen mehr das Cockpit ausfüllten, obwohl der Sturm unvermindert weitertobte. Seitdem gehört ein Treibanker für mich ins Museum. Selbst in unseren schwersten Stürmen (Biskaya Anfang April 72 und Taifun Kim) lenzten wir vor Topp und Takel, ohne das Ausbringen irgendwelcher Gegenstände. Auf freiem Segelraum hielten wir das Heck zwei bis vier Strich zum Wind. Das Boot hob sich ohne Halt besser und leichter über die Wellen, und es kam in jedem Fall nicht soviel Wasser an Deck.

Das Geld: Auch wenn man noch so sparsam wirtschaftet und ausgiebig von Fischen und Kokosnüssen lebt, man braucht es doch. Unterwegs eine Beschäftigung zu finden, ist heutzutage schwieriger geworden. Ich habe noch während meiner ersten Reisen ohne Probleme in Tahiti, Port Moresby und Neuseeland Geld verdienen können. So lebten wir diesmal fast ausschließlich von unseren Ersparnissen: 625 Mark im Schnitt verbrauchten wir im Monat. Darin enthalten sind Bootspflege, Filme, Post, Kleidung, Proviant, Essen im Restaurant etc.

Versicherung: Das Boot war nicht versichert. Wir selbst waren nur krankenversichert bei der AOK als freiwillige Mitglieder. Die Abrechnung wurde relativ einfach gehandhabt: Wir bezahlten zunächst die Arztrechnung, schickten sie dann zur Kasse, wo sie uns zu den AOK-Sätzen vergütet wurde.

Dank: An meine Frau Astrid, die dieses Manuskript redigierte. An die Magazine »Yacht« und »Geo«, die Teile dieses Buches bereits veröffentlichten. An Ingrid und Ortwin Fink als unseren »europäischen Briefkasten« während der Reise. Sie ordneten nicht nur Post für uns, sondern sortierten und lagerten unsere belichteten Filme und Dias, die wir von unterwegs zu ihnen schickten. Weiter waren sie als erste Leser dieses Buches mit Anmerkungen und Hinweisen behilflich.

Fotografie: Alle in diesem Buch abgebildeten Aufnahmen sind von uns mit einer Nikon F2 aufgenommen. Uns standen verschiedene Wechselobjektive – 28 mm, 50 mm und 200 mm – zur Verfügung. Als Filmmaterial verwendeten wir überwiegend Kodachrome 25/64. Filme und Kamera wurden, um sie vor Feuchtigkeit zu schützen, in mit Reis gefüllten Blechdosen gelagert. Die belichteten Filme schickten wir so schnell wie möglich zum Entwickeln nach Stuttgart. Neben der Bildfotografie betrieben wir noch die Super-8-Filmerei mit einer Nizo 801, so haben wir für unsere alten Tage vorgesorgt.

Anhang 3

Seemännische Ausdrücke

Abdrift	seitliche Versetzung durch Wind und Seegang
achtern	hinten
Backbord	linke Schiffseite
Backskiste	Stauraum unter Sitzbänken
Baum	Rundholz, an dem die untere Seite des Segels befestigt wird
beidrehen	das Schiff ohne Fahrt treiben lassen
Besteck	Ortsbestimmung nach Längengrad und Breitengrad
Bilge	tiefste Stelle im Bootsrumpf
Breite	geographischer Breitengrad
Dingi	Beiboot
einhand	Ausdruck für Alleinsegler

Etmal	die von Mittag zu Mittag zurückgelegte Entfernung eines Schiffes
Fall	Tau zum Setzen der Segel
Fock	Segel vor dem Mast
Genua	Großes Vorsegel
Großsegel	Hauptsegel hinter dem Mast
Kabellänge	185 Meter
Klampe	Beschlag zum Belegen von Tauwerk
Knoten	Geschwindigkeit – Seemeile je Stunde
kreuzen	gegen die herrschende Windrichtung segeln
Länge	geographischer Längengrad
Lee	die dem Wind abgewandte Seite
Log	Gerät zum Messen der Fahrtgeschwindigkeit
Lot	Meßgerät zur Bestimmung der Wassertiefe
Luv	die dem Wind zugewandte Seite
Miß-weisung	die durch den Erdmagnetismus bewirkte Ablenkung der Kompaßnadel
Palstek	komplizierter Seemannsknoten
Persenning	Schutzbezug aus Segeltuch
Pinne	Hebel des Steuerruders
Plicht	vertiefter Sitzraum am Ruder
reffen	verkleinern der Segelfläche
Saling	Querstange am oberen Mast
schamfilen	Beschädigung durch Reibung
Schot	Tau zur Segelbedienung
schwoien	sich (vor Anker) drehen
Seemeile	1852 Meter
Sextant	Winkelmeßgerät zur Schiffsortbestimmung
Slup	Bootstyp mit einem Mast
Stag	Drahttauwerk, das den Mast längsschiffs hält
Steuerbord	rechte Schiffsseite
Want	Drahttauwerk zur seitlichen Verspannung des Mastes
Winsch	Winde
Zenit	höchster Punkt der Himmelskugel über dem Beobachter